Contemporánea

Camilo José Cela Trulock (Iria Flavia, A Coruña, 11 de mayo de 1916 - Madrid, 17 de enero de 2002), escritor y académico español, es uno de los autores imprescindibles de la literatura en lengua española. En 1925 se trasladó a Madrid con su familia y en 1934 comenzó estudios de medicina en la Universidad Complutense, que pronto abandonó para asistir como oyente a las clases de literatura contemporánea de Pedro Salinas. Salinas, a quien Cela enseña sus primeros poemas, fue una figura clave para el asiento de su vocación literaria. En 1940, Cela intentó una nueva carrera, esta vez derecho –que al cabo también abandonó–, mientras escribía su primera gran obra, *La familia de Pascual Duarte* (1942), que fue prohibida por la censura franquista en su segunda edición y luego debió publicarse en Buenos Aires. A esta primera novela siguieron, poco después, *Viaje a la Alcarria* (1948) y *La colmena* (1951), también publicada en Buenos Aires e inmediatamente prohibida en España. En 1954 el autor se trasladó a Mallorca y poco después, en 1957, fue nombrado académico de la lengua. Su obra, extensa y variada, se ha publicado con asiduidad desde entonces. Entre ella, además de los títulos ya mencionados, cabe destacar *El gallego y su cuadrilla* (1949); *Del Miño al Bidasoa* (1952); *San Camilo, 1936* (1969); *Mazurca para dos muertos* (1983, Premio Nacional de Narrativa), o *Cristo versus Arizona* (1988). A ellas habría que añadir su labor como articulista para distintos diarios. Entre los premios que recibió a lo largo de su vida es obligado citar el Príncipe de Asturias de las Letras (1987), el Nobel de Literatura (1989) y el Miguel de Cervantes (1995).

PREMIO NOBEL DE LITERATURA

Camilo José Cela

La rosa

DEBOLS!LLO

Papel certificado por el Forest Stewardship Council®

Edición establecida y presentada por Ignacio Echevarría

Primera edición: mayo de 2026

Los editores agradecen a la Fundación Pública Gallega Camilo José Cela
por los materiales facilitados para la presente edición.

Printed in Spain – Impreso en España

ISBN: 978-84-663-7915-1
Depósito legal: B-4.328-2026

Compuesto en M. I. Maquetación, S. L.
Impreso en Novoprint
Sant Andreu de la Barca (Barcelona)

P 3 7 9 1 5 1

Sumario

Nota sobre esta edición

Camilo José Cela se adentraba en la treintena cuando resolvió emprender la escritura de sus memorias. Decía que, para titularlas, barajó la posibilidad de emplear el famoso verso con que arranca la *Divina Comedia*: «En medio del camino de la vida...». Con estas palabras daba a entender Dante que los sucesos que se proponía narrar tuvieron lugar cuando él tenía treinta y cinco años. Por la época de Dante, a la luz siempre de los textos clásicos y bíblicos, se estimaba que la duración ideal de la vida del hombre era de setenta años. Hoy ese plazo se ha estirado, pero se sigue considerando que más o menos a los treinta y cinco años el hombre llega a la plenitud de su vida. En cualquier caso, son numerosos los escritores que, alrededor de esa edad, se sienten llamados a volver la mirada a su pasado. Fue el caso de Cela, que tenía treinta y cuatro años cuando comenzó a escribir sus memorias. Desde un principio supo que había de escribirlas muy parsimoniosamente, «a medida que me acordaba de las cosas y tenía sosiego para irlas apuntando». Y así lo demuestra la historia de su publicación.

Lo primero que debe decirse a propósito de *La rosa* es que se trata de unas memorias de infancia, pues se ciñen a la primera década de la vida del autor. Las memorias de infancia conforman, dentro del género de las memorias, una provincia muy caracterizada, que ha dado lugar a un buen puñado de obras maestras, entre las que se encuentran títulos como *Allá lejos y hace tiempo* de Guillermo Enrique Hudson, *Las palabras* de Jean-Paul Sartre, o *La lengua salvada* de Elias Canetti. *La rosa* bien puede alinearse sin complejos junto a estos y otros títulos igualmente notables. Es, valga decirlo de partida, un libro extraordinario. Lo es por sí solo, y lo es también en el marco de la obra de Cela, en la que ocupa una posición muy particular, desde la que emite notas muy propias, de una delicadeza y de una ternura infrecuentes en el autor.

En la «breve nota» que antepuso a la edición de *La rosa* de 1979, declaraba Cela: «Pueden creerme lo que en estas páginas les digo casi en secreto. Yo fui como aquí cuento que era, cuando no estaba tan lejos de ser como había sido y, pese a tantas zurras, sigo siendo: un niño que se creía diferente y que incluso encontraba meritorio el no saber subirse a los árboles».

Lo cierto es que cuesta reconocer en el niño mimado, remilgado, debilucho y bueno que protagoniza estas páginas al hombre grandullón, ceñudo, atrabiliario y socarrón comúnmente asociado al recuerdo de Cela. Sólo sus lectores más atentos y asiduos alcanzarán a percibir la relación íntima que existe entre aquel niño frágil y el bronco hombretón, entre la esencial cordialidad que emanan estas memorias de infancia y los acentos procaces y el nihilismo existencial que impregnan el estilo más característico de Cela. Sólo ellos estarán en condiciones de percatarse de hasta qué punto, en Cela, el impasible registro de la violencia que rige las relaciones humanas, del papel que en ellas juegan el sexo y las bajas pasiones —con el humor convertido en el último expediente de la piedad—, encuentra su explicación ultimísima, remota, en el edénico bucolismo de estas páginas.

La rosa —que el mismo Cela calificaba retrospectivamente como «un librillo sentimental y quizás ingenuo»— contiene algunas claves importantes sobre Cela. A su luz, por otro lado, se explica el importante relieve que Galicia fue adquiriendo en el tramo más tardío de su obra, en el que parecen emerger, profundamente reelaborados, no sólo algunos de los escenarios en que discurre la infancia del escritor y los tipos humanos que la poblaron, sino también la amestizada lengua en la que se educó su fino oído. Quien acuda al volumen de esta «Biblioteca Camilo José Cela» en Debolsillo titulado *Tres novelas gallegas* (en el que se recogen *Mazurca para dos muertos*, de 1983, *La cruz de San Andrés*, de 1994, y *Madera de boj*, de 1999) encontrará allí no pocas resonancias de *La rosa*, libro que, sin embargo, considerado en el conjunto de la trayectoria de Cela, permanece como encerrado en una campana de cristal, absorto en su propia e incontaminada atmósfera.

Treinta y cuatro años —la misma cantidad de años que tenía Cela al emprender la escritura de *La rosa*— transcurrieron antes de que el proyecto memorialístico emprendido con este libro tuviera continuidad. Publicado en 1993, cuatro años después de haber sido distinguido su autor con el Premio Nobel de Literatura (1989), *Memorias, entendimientos y voluntades* retoma el relato que Cela hace de su vida allí donde lo abandonó tanto tiempo atrás. Pero lo que retoma —conviene precisar— es sólo el hilo del relato, no su fibra, ni mucho menos su tan delicada tonalidad. Y es que la evocación sentimental es remplazada ahora por una crónica bastante mecánica de datos celosamente exhumados de los archivos personales del autor, que parece más preocupado en armar una cronología precisa de sus pasos —con la vista puesta en sus eventuales biógrafos y en los fondos de su entonces flamante Casa-Museo de Iria Flavia— que de revivirlos.

Se diría que Cela ya anticipó este peligro. En el prólogo de *La rosa* dice que es una «mala costumbre» la de escribir los libros de memorias en edad avanzada, cuando se ha perdido la frescura del recuerdo. Pero eso es lo que parece ocurrir en *Memorias, entendimientos y voluntades*, libro escrito por él cuando contaba ya más de setenta y cinco años. La subrayada excepcionalidad de *La rosa* reside en la manera en que Cela pone su inconfundible estilo al servicio de la intensa y radiante evocación en que se halla embarcado. En *Memorias, entendimientos y voluntades*, en cambio, es la virtuosa mano del novelista la que anima el recuento de unos hechos carentes por sí mismos de vivacidad, aunque casi nunca de interés ni, por supuesto, de gracia.

Cela comenzó a publicar sus memorias por entregas, conforme las iba escribiendo, de manera bastante discontinua. Las primeras aparecieron en el *Correo Literario* de Madrid del 1 de junio al 15 de noviembre de 1950. Tres años después, el semanario *Destino*, de Barcelona, volvió a publicar lo aparecido antes en *Correo Literario* añadiéndole nuevos tramos. Lo hizo en dos remesas entre las que mediaron cinco años: una primera del 25 de abril al 25 de julio de 1953, y la segunda del 4 de enero al 6 de diciembre de 1958. Pocos meses después, en noviembre de 1959, aparecía la primera edición de *La rosa* en volumen (Barcelona, Destino, colección «Ser o no ser»). Pero por alguna extraña circunstancia, que el mismo autor no se sintió capaz de justificar, esa primera edición no integró las últimas entregas aparecidas en la revista *Destino*. Tampoco las integró la reedición del libro de 1979, en la colección «Áncora y Delfín» de la misma editorial Destino, ni las posteriores (incluida la recogida en el volumen 20 de las *Obras completas* de Cela publicadas por Destino y Planeta De Agostini, aparecido en 1990). El descuido sólo se subsanó en la reedición del texto por la editorial Espasa Calpe, en el año 2001. Así fue gracias al hallazgo de las entregas perdidas por parte de Juan José Larrotcha, quien las publicó en *Ababol*, suplemento del diario *La Verdad* de Murcia, del 5 al 14 de noviembre de 1997, con una presentación suya. La presente es la segunda edición del libro que recoge esos añadidos (correspondientes a las pp. 220-258).

En el «Prólogo en forma de aparente divagación» que figuraba al frente de la primera edición de *La rosa* (1959) Cela daba cuenta de los avatares padecidos por su ambicioso proyecto autobiográfico. Éste se iba a desplegar en varios «trancos» integrados a su vez por varios tomos. El título común de toda la serie iba a ser *La cucaña*. En un principio, *La rosa* constituía el primer tomo de los «tres o cuatro» del primer tranco, cuyo título global era *Infancia dorada, pubertad siniestra, primera juventud*. Los siguientes habían de titularse *Castillo en el aire, La flor sin belleza* y *La hoguera*. Seguirían al menos otros dos trancos, titulados *El río de los desengaños* y *El pozo de los desengaños*. Este último estaba previsto que estuviera dividido en dos «singladuras»: *El jardín de Academos y el desollador de rabos de buey* y *Bandera blanca o no es triste la vuelta a la tierra*.

Este minucioso plan, establecido por Cela en 1958, quedó muy lejos de cumplirse. Como ya se ha dicho, sólo treinta y cuatro años después de publicada *La rosa* apareció *Memorias, entendimientos y voluntades*. Para entonces, tanto el título de *La cucaña* como la compleja arquitectura que amparaba ya habían quedado relegados al olvido. En 1993, sin embargo, Cela todavía acariciaba la idea de escribir un tercer tomo de memorias titulado *Turno de réplica*. En él, dice, «sin la menor licencia a la caridad y con pelos y señales y nombres propios y apellidos ciertos», pensaba «aclarar sucesos acaecidos en las aguas revueltas de los engañosos tremedales, los turbios trampales y los traidores regatos en los que algunos de mis contemporáneos hubieran querido verme airado». Pero este anunciado ajuste de cuentas tampoco tuvo lugar, y *La rosa* y *Memorias, entendimientos y voluntades* son cuanto en rigor puede entenderse como «memorias» de Cela, más allá de los numerosos artículos de toda especie en que el escritor evoca episodios particulares de su vida o a personas a las que conoció.

El texto de *La rosa* que aquí se edita es el de la «nueva edición íntegra» de 2001, cuya «Nota a esta edición» se sustituye por la más suculenta «Breve nota a esta edición» que figuraba al frente de la de 1979. Cierra el volumen, como todos los de esta Biblioteca de Camilo José Cela en Debolsillo, una somera cronología de la vida y obra del autor cedida por la Fundación Charo y Camilo José Cela.

IGNACIO ECHEVARRÍA

LA ROSA

*A mi madre, sin cuya colaboración
no hubieran podido escribirse estas páginas*

*Dunno what to call him, but he's mighty lak'
a rose.*

Frank L. Stanton

Prólogo en forma de aparente divagación

Esa fuente del dolor, llamé a la memoria en ocasión no distante,[1] ese hondo pozo del que pueden estarse sacando cubos de dolor durante toda una vida. La memoria es dolorosa y amarga como el espejo que nos devuelve la faz de la niñez y de la adolescencia, la faz pálida y enferma —quizá bellamente enferma y misteriosamente pálida— que no queremos ver.

No; recordar no es volver a vivir: es todo lo contrario. Ninguna vida deleita con su recuerdo. Alguna puede emocionar. Alguna otra puede llenarnos de nostálgica poesía. Pero todas las vidas, incluso aquellas que pudieran parecernos más bellas y rectilíneas, están henchidas de desgracia, están decoradas con el muerto papel pintado de la renunciación.

Recordar es saberse morir, es buscar una cómoda y ordenada postura para la muerte, esa muerte que ha de llegar precisa como un verso de Goethe, indefectible lo mismo que el cauteloso fin del amor, inexorable e idéntica al minuto postrero del condenado que sabe bien que el indulto se perdió en la mar sin oriente de las buenas y más ineficaces e ingenuas intenciones.

---

1. «La memoria, esa fuente del dolor» es el título de un cuento que publiqué en *La Hora*, Madrid, el 26 de febrero de 1950; fue posteriormente recogido en los libros *Baraja de invenciones* y *Nuevo retablo de don Cristobita* y en la antología *Mis páginas preferidas*.

Mienten los que, al ver un niño, dicen: «¡Dichosa edad! ¡Quién pudiera volver a los diez años!». No; los diez años no sirven más que para quienes los viven y en el instante preciso en que los viven. Pero no sirven, ¡ay!, para recordarlos. Ninguna edad presta bienestar al recuerdo.

Los libros de memorias son bellos en el sentido en que pueda serlo una florecilla silvestre de galana color y olor hediondo. He leído bastantes libros de memorias, quizá muchos libros de memorias, todos los que han caído en mis manos, y ninguno me ha dejado en el alma más lección que la de la fatal conformidad. El «a lo hecho, pecho» muy bien pudiera ser la amarga constante de los libros de memorias. Querer intentar lo contrario sería vana empresa, loco propósito, una meta que no debemos obstinarnos en querer alcanzar. Si no se puede lo que se quiere —decía Leonardo da Vinci—, se debe querer lo que se puede.

El sentido de la propia limitación es la primera señal de la inteligencia. Y el querer cantar y volar como los pájaros, sin tener la garganta y las alas que tienen los pájaros, es el primer síntoma de la locura o de la insensatez, esa demencia para uso de hijos de familia sin una excesiva imaginación.

La memoria, precisamente, nos recuerda que todo en este mundo acabó como el rosario de la aurora. El más puro ideal se vio siempre lastrado por el exigente y acuciador estómago del idealista. Sólo los héroes y los santos, que son la violenta excepción, han podido luchar —flor de ascética histeria— contra la necesidad de comer caliente todos los días.

Pero los libros de memorias, si acres y desabridos, son también aleccionadores y morales, a veces incluso con sobrada crueldad. Los libros de memorias han de ser —suelen ser— un tratado de consciente humildad, un compendio de desnuda, de descarnada sinceridad. De nada vale vestir con el brillante oropel que todo quiere taparlo el mondo y lirondo montoncillo de huesos del recuerdo. La memoria sirve al examen de conciencia, al recuento de los buenos pasos y de las malas pasadas. La ficción no sirve sino a otros géneros literarios diferentes.

Suele ser costumbre escribir los libros de memorias al final de la vida, cuando la muerte se sabe ya cercana y el ánimo se siente dispuesto al resignado y suplicante balance de los tiempos que fueron. A mi juicio, es una mala costumbre o, cuando menos, no una costumbre buena, una costumbre que se deba seguir con los ojos cerrados. Los libros de memorias pueden muy bien, incluso deberían siempre, escribirse sobre la marcha, sin esperar a que la memoria se aje, se pierda o se confunda, sin aguardar tampoco a cumplir esos problemáticos setenta u ochenta años que nadie sabe si llegaremos a cumplir. Los libros de memorias son un poco el cuaderno de bitácora de nuestro incierto o decidido navegar, de nuestro navegar que, a veces, no rinde viaje en el puerto que se pensaba, sino que termina de mala manera y en medio de la mar abierta.

La experiencia, de otra parte, ese favor que se exige al escritor de sus propias memorias, no es tampoco, contra lo que pudiera parecer a primera vista, el sedimento de los años, sino el poso del dolor. El que sufre, según nos dijo Cicerón, tiene memoria. La edad del dolor, la hora del sufrimiento, no es la de la vejez: es la de la juventud que se pierde, es la de la primera cana, la del primer puente en la dentadura, la del primer hondo surco en la frente, la del tiempo en que uno quisiera llorar con desconsuelo y sin fin.

La vejez suele ser cínica y acomodaticia, egoísta y poco respetable. Nadie pierde la vergüenza con más facilidad que un viejo que se agarra a la vida con desconsideración y que sería capaz de las mayores abyecciones por prolongarla unas semanas. La vejez marca los años en que el hombre quiere justificarse, disculparse, pedir perdón. Y esos años postreros, esos años que se viven casi de regalo y un poco como de prestado, no son buenos para la sinceridad; suelen venir viciados por la decepción, por el mal humor, por el artritismo y por el miedo.

No todos los viejos escriben sus memorias —y en España menos que en lado alguno—, pero sí todos los jóvenes que mueren jóvenes se van para el otro mundo sin tomarse la precaución de contarnos lo que vieron, lo que sintieron y lo que les hicieron padecer.

Por sentirse respetuosos con el tabú de la edad, nos dejaron sin su propia experiencia Garcilaso y Bécquer, el conde de Villamediana, Larra, Ganivet, García Lorca y todos los que se murieron antes de lo previsto. Bien mirado, nos hicieron un flaco servicio.

Naturalmente, estamos muy lejos de pensar que han de ser los escritores y los hombres públicos —y sólo los escritores y los hombres públicos— los encargados de redactar los libros de memorias. Un zapatero que haya sido testigo de algo interesante o curioso puede escribir un libro de memorias que no le vaya a la zaga en importancia al del poeta, al del novelista o al del político. Un sargento, un torerillo de plaza sin enfermería, un músico callejero que quiere hablar con sinceridad de lo que ha visto —si ha visto algo— nos puede dar más luz sobre un momento determinado que diez gruesos y farragosos tratados de historia.

La gente, sin embargo, teme a las memorias como teme al testamento o a la confesión. Y como temen, algunos, a la entrada en la Academia. Quizá este miedo sea algo bastante parecido al pudor, un sentimiento del que nadie podría decir si es insano o conveniente, sencillo e instintivo o deliberado e intelectual. Verdaderamente, ante todos los pudores se plantea la misma duda, idéntica disyuntiva.

Mi padre, que es hombre al que juzgo valiente y con ingenio, se me negó en absoluto a escribir sus memorias cuando yo le animaba a emprender la tarea. Yo creo que tendría muchas cosas que decir y muchas anécdotas que contar, pero es evidente que no le da la gana. Está más allá de los setenta años, ha sido testigo presencial de mil acciones grandes o pequeñas, vio cinco guerras, sufrió una revolución y docena y media de revolucioncillas, engendró doce hijos, crió y colocó a siete, padeció todos los regímenes políticos posibles, vive joven y animoso, tiene claro el recuerdo y no le faltan ganas de trabajar. Yo creo que está en óptimas condiciones para escribir sus memorias, pero se niega en redondo a hacerlo.

La actitud de mi padre, sin embargo, no me causa extrañeza, la considero la actitud normal. No es el miedo a la muerte lo que frena las plumas: es el miedo a la vida, el miedo a volver sobre los pasos ya andados.

Porque los pasos que se anduvieron, insisto, no suelen ser bellos y amables, sino amargos y transidos de dolor.

El Dante tiene un bello verso —«*en medio del camino de la vida*»— que pensé utilizar para título de estas memorias. Cuando estas líneas aparezcan, yo acabaré de estrenar los treinta y cuatro años.[2] A mi edad le cabe, como anillo al dedo, el sentido del verso de la *Divina Comedia*. En medio del camino de la vida, los años transcurridos permiten que las cosas se vean ya con cierta perspectiva, y los años por transcurrir —esa cuenta cuyo precoz fallo no puede ni debe importarnos dan el lastre y el aplomo necesario para no desorbitarlas.

Si hay edades críticas en la vida de los hombres, no hay duda que ninguna llega a serlo tanto como la que tengo mientras esto escribo. La niñez está tan próxima —o tan lejana— como la vejez, y a lo ya vivido espera la igualdad e incógnita contrapartida de lo que falta por vivir.

Cuando tenía diecisiete o dieciocho años, miraba a los treinta y cuatro como una meta perfecta, como una meta que, tras alcanzarla, podría ya permitirnos una muerte tranquila y veloz. Mi presunción venía viciada por la extrema juventud. Hoy veo las cosas de muy distinta manera y quizá no por miedo

2. Cuando estas líneas aparecieron en las páginas de *Correo Literario*, exactamente el 15 de junio de 1950, yo acababa de estrenar los treinta y cuatro años.

a la muerte, como pudiera parecer, sino por un miedo no demasiado explicable a dejar las cosas a medio hacer: esas cosas que después siempre se quedan, fatalmente, a medio hacer.

En medio del camino de la vida pudiera ser un título de cierta exactitud e incluso de cierta hermosura, pero quizá demasiado literario, excesivamente libresco. Las memorias no son un género literario puro —como pudiera serlo la novela o la poesía—, y los títulos de los libros de memorias, por tanto, permiten menos licencias, menos arabescos y florituras. Después hablaré un poco de esto de los títulos.

Siempre he sentido respeto, o al menos un mínimo respeto, por la relativa pureza de los géneros literarios, en la que, de otra parte, tampoco he creído nunca demasiado. A veces, este respeto no me dio resultado eficaz y sí me produjo, en cambio, desazones y quebraderos de cabeza. Entonces procuré olvidarlo y dejar que las cosas salieran por donde pudieran. Si mi táctica fue buena o mala, acertada o errónea, es cosa que yo no sé. A mí me sirve.

Digo esto a cuenta de que los libros de memorias se me antojan de sustancia diferente que las biografías o, apretando más, que las autobiografías. La memoria no abarca toda la vida, sino que está limitada por una serie de cortapisas y de barreras infranqueables. La biografía engloba al libro de memorias, es más amplia, más precisa, más rigurosa. En otro sentido, podrían decirse las cosas al revés: el libro de memorias engloba a la biografía, porque la propia vida no es más que una parte, una mínima parte de todas las vidas que nuestra memoria recuerda.

Sea lo que fuere, lo que sí parece probable es que el libro de memorias es menos científico, más arbitrario que la biografía. Su orden no requiere de tanta exactitud y podría imaginarse como un portillo abierto sobre el corazón que se quiere confesar de una manera quizá un tanto turbulenta.

Al libro de memorias, bien mirado, se le exige más concisión y menos teoría, más anécdota y menos interpretación. Salvo desde la pura esquina de lo literario, a nadie importa —a ningún lector de libros de memorias— qué es lo que le pasó al autor antes de comenzar la vida que puede justificar sus memorias. Al redactor de sus propias memorias se le exige —a mí me parece que con harta razón— que cuente lo que le pasó en su oficio y lo que vio mientras lo pudo ejercer. El lector de libros de memorias quiere conocer la historia que no se le suele servir y pide a esos libros que no le defrauden con vanas especulaciones. Al torero, al político, al escritor, al maestro de esgrima, al militar que escribe sus memorias se le pide que cuente sin rebozos, de una manera directa, sin afeites ni adobos de clase alguna, las horas que vivió en el ruedo, en el Gobierno o en la oposición, en el mundo de los periódicos, los ateneos y las editoriales, en la plancha o en el campo del honor, en las batallas y en los prólogos y los epílogos de esas batallas. Lo que a estos hombres haya podido acaecer antes de ser novilleros, o directores generales, o emborronadores de cuartillas, o aprendices, o tenientes; esto es, lo que a estos hombres haya podido suceder de niños y de adolescentes, antes de iniciarse en el oficio que llenó sus vidas, es algo que sólo interesa de pasada y de una manera muy relativa: es algo que sólo sirve para presentar o enmarcar al personaje y que no debe pasar jamás de ahí.

Ahora bien, esta a modo de previa presentación, aunque somera, es, a mi juicio, si no de todo punto necesaria, sí muy conveniente. Las cosas se entienden mejor no viéndolas aisladas, sino en relación con el mundo en que se desenvuelven, y con el estado, bonancible o tumultuario, cariñoso o repleto de oprobio y de indignación, desde el que el actor inicia su caminar.

Por eso he creído conveniente tomarme, como me he de tomar, esta licencia que me permite situar al personaje C. J. C. en el medio desde el que arrancó, un medio del que, ciertamente, no puede quejarse. Ni tampoco lo hace.

Yo sé muy bien todo lo que en mi personaje de hoy hay de heredado o de aprendido en sus primeros años. Y el lector, si yo no se lo digo, corre el riesgo de quedarse sin saberlo. Un riesgo, sin duda, que no debe preocuparle demasiado, porque se puede vivir muy feliz sin saber quiénes fueron Fernando el Católico, o Cristóbal Colón, o Napoleón Bonaparte. Pero, en fin, puestos a averiguarlo...

Yo tengo, como pienso que tendrán todos los escritores, mis normas o mis preferencias, simplemente, para la titulación. La titulación con desnudos nombres propios se me antoja caduca, pasada; obedece, a mi juicio, a un momento literario pretérito: *David Copperfield*, o *Armancia*, o *Madame Bovary*, o *Pepita Jiménez*, o *Ana Karenina*, son nombres de novelas del xix, de grandes novelas, sin duda, pero tituladas con una técnica que ha envejecido.

El título, de otra parte, precisa de mayor complejidad: la suficiente para que sea, realmente, un título y lo bastante equilibrada para que ese título no pierda claridad. Los títulos, a mi entender, han de ser fáciles de recordar, llamativos, sencillos, alusivos, no excesivamente poéticos y sin signos ortográficos. Lo que acabo de decir, sin ánimo —créaseme— de pensar que he descubierto la pólvora, parece un acertijo, aunque no lo sea. Me refiero, como es fácil ver, a los títulos de novelas o a los de memorias, que con menos adornos, menos afeites y menos virguerías casi pueden titularse como las novelas. En los libros de poesía, a la titulación le está permitido volar por aires más inciertos o misteriosos.

Los títulos de una sola palabra están llenos de peligros; se apoyan no más que en el ingenio, y el ingenio, que obra por condensación, se pierde si esa condensación se quiere apurar demasiado: *Pan* o *Hambre*, de Hamsun; *Pequeñeces*, *Canguro* o *Ulyses* no son títulos buenos; son títulos, en general, inferiores al texto al que designan.

Es curioso pararse a ver que los títulos de una única palabra ganan en belleza con la sola anteposición del artículo: *El fuego*, de Barbusse; *La busca*, de Baroja; *El idiota*, de Dostoievski son títulos bellamente concretos, elegidos con sabiduría.

Los títulos con signos ortográficos son malos siempre: *Quo vadis?*, *¡Qué verde era mi valle!*, *Esas nubes que pasan...* no son títulos decididos en un momento de inspiración. Las comas, los puntos suspensivos, los signos de interrogación y de admiración son elementos de los que se debe prescindir.

Los títulos de la novela neorrealista americana tampoco son de los mejores. Les sobra intención —una intención casi nunca necesaria—, no son claros ni fáciles y vienen a resultar con frecuencia excesivamente nostálgicos y sensibleros: *Por quién doblan las campanas* es una buena novela presentada bajo uno de los títulos peores. *A la sombra de las muchachas en flor*, de Proust, que nada tiene de americano ni de neorrealista, es bello, pero impreciso y complicado.

No creo que haya leyes fijas sino, en todo caso, leyes aproximadas para esto que pudiéramos llamar técnica de la titulación. Lo que quizá sí haya sean modas o preferencias, que evolucionan con los tiempos y cambian con las personas.

Uno de los hombres que mejor tituló jamás en España —me refiero a Pío Baroja— nos muestra un catálogo lo bastante amplio para complacer al aficionado más exigente.

Estos breves escarceos estéticos se me han ocurrido a cuenta de la titulación de estas páginas. *En medio del camino de la vida* quiebra por poético. La imprecisión, para no confundir, ha de ir aliada con la brevedad. De otro lado, *En medio del camino de la vida* —además del defecto que le veo y que ya dejé dicho al tildarlo de literario y libresco— recuerda demasiado directamente a *Desde la última vuelta del camino*, un bello título de libro de memorias, bello en su autor y en la intención de su autor.

A estas páginas, que no pueden ser amables, aunque procuraré quitarles acritud, las he titulado *La cucaña*, por evidentes razones de semejanza y de parentesco entre ese juego cruel y la vida literaria española; casi estaría por decir que el paralelo podría establecerse no con la vida literaria, sino con la vida española en general, la vida de la calle, la vida que late, con amargor y con paciencia, en cada pulso, en cada frente, en cada mirar.

La vida española —la vida literaria española, que de la otra no me he de ocupar sino muy de pasada— es una larga y reciamente plantada cucaña que se levanta en medio de la plaza pública, con la superficie engrasada a conciencia —para que nos escurramos—, frotada con hojas de ortiga —para que nos rasquemos— y conectada con los cables de la luz para que, a ser posible, nos muramos electrocutados.

El público, que es el mismo pueblo que —deliberadamente maleducado por sus gobernantes— se refocilaba con el garrote cuando el garrote era el más emocionante y barato espectáculo, rodea la cucaña, rugiendo, y escupe y tira piedras al escalador.

A pesar de todo, los escritores sacamos fuerzas de flaqueza y procuramos alcanzar el salchichón que cuelga de su extremo; un salchichón escuálido, reseco y de carne de burro, que quizá no merezca demasiado la pena ir por él.

Pero no hay otro. No vale lamentarse.

Estas memorias, si los hados y los vientos les son propicios, van a publicarse ahora en forma de libro, que es la que más conviene a la letra impresa. Ignoro, cuando esto escribo, hasta dónde abarcarán en su conjunto, aunque sé bien que en este su primer tranco —que quizá conste de tres o cuatro tomos— no han de llegar más acá del día de San Camilo de 1936.

El primer libro de *Infancia dorada, pubertad siniestra, primera juventud* se llama, como el lector —que lo tiene en su mano— podrá ver, *La rosa*. El segundo se titulará *Castillo en el aire*; el tercero, *La flor sin belleza* y el cuarto, si llega a madurar, *La hoguera*. Si sale alguno más, ya se bautizará a su tiempo.

Sobre la Guerra Civil escribiré mi novela, si Dios me da vida, dentro de quince o veinte años. Para entonces quizá redacte también el segundo tranco (de los tres de que constarán) de mis memorias —con la posible y saltarina excepción a que más abajo aludo—, de estas páginas que ahora empiezan a aparecer bajo la general denominación de *La cucaña*. Queda para entonces el definitivo bautismo de cada uno de los dos que faltarán para que su conjunto pueda considerarse como completo. Por si, andando el tiempo, me sirvieran, apunto aquí ahora, con carácter provisional y para no olvidarlos, los títulos que pudieran llevar: II, *El río de los desengaños*; III, *El pozo de los desengaños*. Esta tercera etapa quizá vaya dividida en dos singladuras: *El jardín de Academos y el desollador de rabos de buey* y *Bandera blanca o no es triste la vuelta a la tierra*. Un poco larguillos son pero, en fin, de aquí a entonces, quizá se depuren y adelgacen. *El jardín*, etc., puede ser que lo escriba a continuación de *Infancia dorada*, etc. El segundo tranco para mejor ocasión, para esa coyuntura que, al paso que vamos, muy bien pudiera ser que no se me presentara en vida.

Breve nota a la edición de 1979

Estas memorias precoces e infantiles (ninguno de ambos señalamientos requiere mayores precisiones) cayeron, hace ya muchos años, en las manos de un buen editor pero no en el índice de una flexible colección. A veces pasa que, por cualquier minúsculo y ajeno vicio de origen, un libro tarda en reaccionar y en abrirse camino; tampoco hay prisa porque el tiempo es el aliado natural de la literatura, el escobillón que espabila las modas, decanta las calidades y barre las escorias de la anécdota. En la literatura española contemporánea hay demasiada anécdota y muy escaso aplomo, lo cual siempre confunde y casi siempre desorienta.

La rosa, el tomo I de mis memorias, de *La cucaña*, es un librillo sentimental y quizás ingenuo que escribí mojando la sosegada pluma de la mansedumbre en el tranquilo tintero de lo que siempre se recuerda con una alegre y confusa nostalgia. Ahora que va a empezar a caminar más de cara al público lector, que es el juez supremo de cuanto los escritores hacemos e intentamos, no he querido retocarlo ni en la más mínima esquina sino ofrecerlo tal cual es y me salió en su tiempo; yo creo que es preferible no disfrazar las cosas porque la máscara jamás es vida y sangre fluyendo por las venas sino muerte y nieve golpeando las paredes del corazón.

Con todos sus fraudes, en mi familia solemos preferir la sorpresa de la vida a la pirueta de la muerte; eso va en gustos, sí, pero también en actitudes.

Pueden creerme lo que en estas páginas les digo casi en secreto. Yo fui como aquí cuento que era, cuando no estaba tan lejos de ser como había sido y, pese a tantas zurras, sigo siendo: un niño que se creía diferente y que incluso encontraba meritorio el no saber subirse a los árboles. No creo que importe demasiado el hecho de que, desde entonces a acá, haya transcurrido más de medio siglo y hayan llovido chuzos de punta sobre los españoles y también sobre el mundo entero. La historia es un chaparrón mantenido en el que, a veces, se hace una clarita para ver volar los minúsculos y pintados pájaros que no escriben la historia: el verderol, el jilguero, el chamariz y, entre tantos otros de bellísimos nombres y siluetas, el niño que navega, incluso con naturalidad, por las nubes más altas y confusas.

C.J.C.

Palma de Mallorca, 2 de enero de 1979,
el mismo día que dejé de ser senador

Mi padre y la familia de mi padre

Mi padre se llama como yo, y yo me llamo como mi hijo. Mi abuelo se llamó como se llama mi padre, y mi nieto, cuando lo tenga, se llamará, probablemente, como nos llamamos todos.

Camilo no es un nombre muy bonito, es un nombre extraño, que suena como a francés o a ruso, pero a mí me hubiera parecido una necedad que mis padres, guiados de un criterio de estética o de historia de guardarropía, me hubieran puesto, al bautizarme, Gustavo Adolfo, o Julio César, o Víctor Manuel, o Marco Antonio; estos son nombres de negros de las Antillas.

Yo creo que a las tradiciones familiares no debe uno oponerse, entre otras cosas, porque nadie nos puede garantizar que cambiemos a mejor y no a peor.

Camilo José me parece más bonito que Camilo a secas; pero de esto —y de este— ya hablaré cuando le llegue el turno.

La familia de mi padre tiene cierto lustre y cierta antigüedad en la historia de Galicia. Aquí, sin embargo, no voy a hablar más que de la familia que conocí o de la que escuché recuerdos inmediatos. La otra, en esta ocasión, no interesa; las familias cambian en dos o tres generaciones, y los bisnietos, por regla general, nada tienen que ver nunca con sus bisabuelos. En mi familia tenemos un mariscal y un beato; pero esto, bien mirado, es algo que sucede a la mayoría de las familias españolas.

El mariscal fue Pedro Pardo de Cela, que jugó el naipe de la Beltraneja y perdió, con la partida, el gaznate. En mi familia —como dije en mi discurso de gratitud cuando me impusieron la encomienda de Isabel la Católica[1] y señaló, como era su deber, toda la prensa— no guardamos rencor a la reina. El tiempo todo lo borra.

El beato se llamó fray Juan Jacobo Fernández. Si lo traigo a estas páginas y en esta ocasión es porque hojeando el *Espasa*, he visto que su papeleta está equivocada. El enmendar errores sobre la familia es siempre entretenido y, a veces, hasta plausible. El *Espasa* le llama fray Juan Santiago, que no es lo mismo, a pesar de la equivalencia de los nombres, que fray Juan Jacobo. El beato se llamó así con su cuenta y razón, y no deja de tener cierta gracia el hecho de que el hijo de un enciclopedista y correspondiente de D'Alembert —su padre el médico don Benito, mi tatarabuelo, casado por la Iglesia con doña María Benita, mi tatarabuela, el 26 de mayo de 1794— llegara a los altares con el nombre de pila de Rousseau. En el artículo «Epicedio en prosa en alabanza de un mártir gallego»[2] y en los libros *El bonito crimen del carabinero*,[3] *Viaje a la Alcarria*[4] y *Judíos, moros y cristianos*[5] —y no recuerdo si en algún lado

1. El 20 de abril de 1953, en Cultura Hispánica.
2. *El Español*, 6 de noviembre de 1943, reproducido en la revista *Fénix*, diciembre del mismo año, y recogido en las dos ediciones de *Mesa revuelta*.
3. En el prólogo que titulé «Habla el autor», que tracé sobre el cañamazo de la «Ficha de un escritor universitario», revista *Haz*, abril de 1945.
4. Al pasar por el convento del Carmen, en Pastrana, cap. XI.
5. Al pasar por el convento de San Pedro Alcántara, en el vallecico del Avellaneda, a la salida de Arenas de San Pedro, cap. VII.

más— hablo de él; lo digo por si alguien quiere conocer más detalles.

El lugar del nacimiento —Cea, provincia de León— que da el *Espasa* también está equivocado. El beato nació en el lugar de Moire, parroquia de Santa María de Carballeda, ayuntamiento de Piñor de Cea, provincia de Orense, y no «hacia 1808», como también asegura el *Espasa*, sino exactamente el 25 de julio de 1808.

Pocas hojas más adelante, donde el *Espasa* se refiere a don Modesto Fernández y González, el pariente del que enseguida pasaré a hablar, se vuelve a aludir, y también con error, a fray Juan Jacobo, a quien ahora, ¡menos mal!, no se le cambia el nombre, aunque se le hace nacer en Carballeda de Avia y se afirma que fue beatificado por sentencia de la Sagrada Congregación de Ritos el 17 de diciembre de 1885. En esta fecha, León XIII firmó la Comisión de la Introducción de la Causa, pero la beatificación no se produjo hasta el 10 de octubre de 1926, siendo papa Pío XI.

De aquel día me acuerdo muy bien. Hacía calor en el atrio de Santa María de Carballeda y a mí me apretaba la chalina que me habían puesto de adorno. Los familiares del beato entramos en la iglesia bajo palio y según privilegio. La cosa prometía haber sido muy lucida y edificante, pero acabó de mala manera, porque los parientes, que éramos muchos más de los que podía cobijar el palio, nos dábamos empujones y patadas para no quedar fuera. Mi tío don Claudio Montenegro, del que después hablaré, mandó a un criado a buscarle el perro —un mastín lobero de aspecto feroz, que se llamaba, paradójicamente, Wilson—, y cuando se lo trajo le soltó la cadena y lo achuchó contra todos los parientes venidos de fuera menos contra mi padre y contra mí. Con la acertada medida de mi tío Claudio las cosas se arreglaron algo, porque algunos parientes huyeron. En la refriega, mi padre perdió el bombín y a mí me rompieron una manga del traje que llevaba, un traje de terciopelo morado con cuello y puños de encaje. Los feligreses que no eran de la familia asistieron al lance subidos a los árboles y a los tejados y no se metieron donde no los llamaban; a mí, que conozco a los míos, me parece que fueron muy sabios y prudentes.

Mi parentesco con el beato es claro. Fray Juan Jacobo fue hermano de Rosa, la abuela de mi padre, venida al mundo el 18 de abril de 1810. A fray Juan Jacobo lo martirizaron en Damasco el 7 de julio de 1860.

En mi familia, hasta llegar a mí y a mi hermano Jorge (cito por orden cronológico), no ha habido escritores o, al menos, no ha habido escritores medianamente importantes o conocidos. El nombre de Camilo de Cela que aparece al pie de algunos artículos de *La Correspondencia de España*, de *El Contemporáneo* y de *La Ilustración Española y Americana* es la excepción, y fue el pseudónimo de Modesto Fernández y González, primo de mi abuelo, delegado de Hacienda en Madrid durante muchos años y autor de un libro titulado *La Hacienda de nuestros abuelos* que le dio gran nombre.[6] Este gran nombre, sin embargo, no lo mantuvo y hoy está muy olvidado. Benito Varela Jácome, en su *Historia de la literatura gallega*,[7] ni lo registra; creo, sin embargo, que este historiador es injusto, ya que da cabida en sus páginas a mi sobrina M. Teresa Serrano Pérez-Cela, muchacha que no pasa —ni lo intenta— de ser una aficionada simpática. Antonio Couceiro Freijomil, en su *Diccionario bio-bibliográfico de escritores gallegos*,[8] habla de Manuel

6. El *Espasa*, en el artículo correspondiente a su nombre propio, registra el pseudónimo. Y cualquier lista de nombres figurados, también; manejo en esta ocasión el libro *Unos cuantos seudónimos de escritores españoles...* por Maxiriarth, Rivadeneyra, Madrid, 1904.

7. Porto y Cía., Editores, Santiago de Compostela, 1951.

8. Editorial de los Bibliófilos gallegos, vol. I. A-E, Santiago de Compostela, MCMLI.

de Cela, director de los semanarios tudenses *Túy humorístico* y *La Opinión*; fue hermano de mi padre y, como veremos a su debido tiempo, quien me sacó de pila.

Otro pariente conocido —conocido por el tantas veces mentado *Espasa*— fue don Cesáreo Fernández Losada, inspector general de Sanidad en Cuba y cirujano famoso en su tiempo. Fue el que asistió a Prim, en el palacio de Buenavista, al poco rato del atentado de la calle del Turco. Con el general Pardo tuvo más suerte que con Prim, y a don Fernando Primo de Rivera y Sobremonte, primer marqués de Estella, siendo capitán general de Madrid, le sacó por la espalda la bala de revólver que le metió el capitán Clavijo por el pecho, y por el pecho la bala que le metieron por un hombro en la guerra. Fue médico de Isabel II y curó al moro Muley-Abbas, después de firmar la paz. Lo de Prim no lo dice el *Espasa*, y lo de que curó al sultán de Turquía, que lo hizo llamar desde Constantinopla y le mandó un barco de guerra a Barcelona, para recogerlo, tampoco.

Este es el lado que pudiéramos llamar conservador y ecuánime de la familia, porque también tuvimos parientes chiflados e iluminados, gentes que andaban con la cabeza a pájaros.

Darío Cela fue un pintor estimable que no quería enseñar a nadie sus pinturas. La Diputación de Orense le dio una beca para Roma, pero cuando le indicaron que debía corresponder con un cuadro, contestó que él no admitía condiciones, y no fue. Anduvo vagando por el país, bebiéndose unos cuartos que tenía y, cuando se le acabaron, montó una industria pintoresca: una tómbola de empanadas de pollo, de lomo o de lamprea, a elegir, con la que andaba de romería en romería ofreciendo las delicias del paladar, en combinación con la suerte a patacón.

Darío Cela fue tío de mi prima Ofelia, mujer simpática, decidida y algo curandera, profesora de piano y viuda del boticario don Farruquiño Valle-Inclán, hermano de don Ramón María, el marqués de Bradomín.

Otro pintor que hubo en la familia fue Raimundo Cela, que está en el Brasil ganando mucho dinero, según me confirmó Manuel Augusto García Viñolas, especializado en retratar políticos, generales y damas de la buena sociedad.

A Raimundo Cela lo conocí en Vigo, en casa de mi padre, donde estuvo pasando una temporada con nosotros. Después regresó al Brasil con ánimo de hacer algún que otro viaje a España, pero no volvió. Mi padre le escribió una carta reiterando la invitación, pero él contestó que no podía venir porque estaba muy ocupado. «Mi padre —decía en su carta— ha tenido la mala ocurrencia de morirse, y esto me ha ocasionado muchas molestias.»

Raimundo Cela era hijo de mi tío José, hermano del abuelo. Mi tío José se fue al Brasil a ver qué pasaba, y su hijo es ya un brasileño de pro. Así da gusto.

Mi tío José quería mucho al abuelo y, una de las veces que vino del Brasil, le trajo un loro de regalo. Hacía ya muchos años que los dos hermanos no se veían, y en casa del abuelo todo fueron preparativos y emociones para recibir al viajero. El tío José desembarcó con su loro en Lisboa y allí tomó el tren para ir por tierra hasta Túy, donde vivía el abuelo, por Valença do Minho. Como no dijo el día exacto que llegaría, nadie salió a recibirle, y el tío José, cuando llegó a la estación de Túy, se bajó del tren, se metió en una taberna y mandó el loro con un niño que andaba por allí y que se quiso ganar un real. Después cogió el primer tren y se marchó otra vez al Brasil, donde murió.

Mi tío don Claudio Montenegro es un gran caballero medieval, con la cabeza llena de ideas extrañas. Tiene los ojos azules y una poblada barba blanca y cuando habla lo hace siempre con una gran propiedad y en un gallego encantador y musical.

Mi tío don Claudio Montenegro se hizo abogado en Santiago de Compostela. Después se vino a Madrid, a caballo, para revalidarse doctor, y, cuando acabó, regresó al campo, colgó sus títulos de bachiller, de licenciado y de doctor en las paredes de su casa, se quitó las botas y se puso a cultivar la tierra como un patricio romano.

Mi tío Claudio tiene dieciocho hijos legítimos y treinta o cuarenta naturales, y vive con todos en su casa de las montañas de Piñor «cazando y alabando a Dios» que, según él, son las dos únicas cosas que a un hombre deben preocupar. La costumbre de tener hijos naturales se está perdiendo, y la raza, a consecuencia de eso, degenera y se vulgariza, se hace clasista y se ablanda. Don Juan de Austria, en nuestro timorato tiempo, estaría mal visto en sociedad. El refrán heráldico de que puta próxima escarnece y puta remota ennoblece, se toma, en nuestros días, demasiado al pie de la letra.

Mi tío Claudio asegura que es pariente de la Virgen María, y por las tardes, a la caída del sol, cuando dirige el rosario rodeado de todos sus súbditos, como un pequeño rey de taifas, reza con gran unción: «Dios te salve, María, parienta mía, llena eres de gracia...». Sus hijos y sus criados le contestan: «Santa María, parienta de usía, madre de Dios, ruega por nosotros...».

No dudo que existirán espíritus a los que este rosario de mi tío Claudio podrá parecerles irreverente. Si oyesen el tono de verdad con que él pronuncia sus palabras, probablemente variarían de opinión.

Otra esquina curiosa de la familia de mi padre es la de los campesinos, un rincón honesto y rumoroso como las aguas que cruzan por debajo del viejo molino apacible y resignado como la calandria que canta en el maizal.

Yo siento una especial inclinación hacia esta parte de la familia y, sabiéndome —como me sé y bien lo lamento— tan desarraigado de todo, pienso que es importante sentirse enraizado a la tierra. Ellos, como lo pasan mal, probablemente pensarán lo contrario. En realidad, todo es cuestión de apreciaciones.

Estos parientes míos todos viven en lugares perdidos por los montes de Piñor de Cea, cerca del inmenso monasterio de Osera: Canice, Moire, Córneas y los Mesones del Reino, en la parroquia de Santa María de Carballeda y Arenteiro, en la parroquia de San Juan de Barrán.

Todas estas aldeas son minúsculas, viejas, estáticas; probablemente no se mueven desde hace muchos años. Canice y Arenteiro tienen veinte casas: Moire, quince, Córneas y los Mesones del Reino, diez. Entre las cinco suman algo más de cuatrocientos habitantes, la población que tiene mi casa de Madrid. El terreno es húmedo y dulce, quizá algo frío en invierno, y los prados, de un verde brillante, se cuelan entre los robledales de un verde ceniciento.

Teresa Fernández, alias Pinoxa, que vive con su padre ciego, es hija de Manuela, hermana de mi abuela Teresa.

Claudio Otero es hijo de otra hermana, de Pepa, y tiene dos hijas ciegas.

Manuel Otero, alias Cortador, es hermano de Claudio y lleva treinta y tantos años borracho. Tiene lo menos un centenar de camisas nuevas que no se pone jamás y que son producto de los envíos que le hace un hijo que tiene en América.

Manuela Fernández, alias Morana, es hija de Manuel, otro hermano de la abuela, y me quiere mucho porque la abuela, según dice, le perdonó a su padre una parte de la herencia que tenía que darle.

Por todos estos contornos a nosotros nos llaman los Moranes y cuando alguno hace una cosa algo meritoria —cabalga un cimarrón, escribe un libro, saca un niño de un pozo o desarma una pareja de la guardia civil—, los viejos de la familia se ponen muy contentos y dicen con orgullo: ¡A ese le sale la casta de los Morán!

Los Moranes más puros nos caracterizamos por tener cara de caballo y los dientes separados. Por aquellos montes se ven todavía algunos mozos carilargos y con los dientes abiertos: son mis primos, que no le tienen miedo ni a los de Lalín.

A toda esta familia yo la conocí en el verano del año 39, que pasé una temporada en casa de mi tío Pedro Crespo, en los Mesones del Reino, un caserón grande y lleno de ruidos que sobrecogían el ánimo.

Todos llevan una vida honesta y pobre y socorren al que va de camino con un vaso de leche, o de huevos, o un trozo de queso, o una códea de pan de maíz. A veces, el que va de camino es Manuel Blanco Romasanta, el hombre-lobo que mataba a sus víctimas a bocados.

Mis parientes campesinos hablan con humildad, mirando para el suelo, y sólo les brilla el mirar cuando nombran a «noso señor o mariscal», el héroe de todas las leyendas y de todas las independencias gallegas.

Mi tío Pedro Crespo no es agricultor ni ganadero; es comerciante o, como él dice, industrial. Mi tío Pedro tiene —o tuvo— una tienda, medio taberna, medio almacén de todo lo imaginable, y una fonda con una cuadra destartalada, lóbrega y oscura, donde los besteiros guardan los caballos bravos mientras se paran a echar un trago, comer unas puntas de lacón y dormir un rato.

Es curioso y arriesgado el oficio de los besteiros, que se pasan la vida a caballo, corriendo por el monte detrás de las yeguadas de cimarrones, que cazan con maestría y que después venden a los castellanos sin herrar y sin domar. Muchos de ellos están señalados y faltos de una mano o una oreja que perdieron cualquier mañana de la dentellada de un potro.

Mi tío Pedro Crespo tiene también un molino, en el que a un hermano suyo ahorcó la polea al engancharlo por la bufanda, y una serrería de ataúdes que trabaja en grande y que suministra cajas de muertos de inmejorable calidad a sitios que distan muchas leguas de allí. La serrería se mueve merced a la fuerza que desarrolla un raro ingenio hidráulico, lleno de ruedas, de palas y de transmisiones, que dice mucho de los talentos mecánicos de mi tío Pedro y de sus capacidades de inventor.

Mi tío Pedro Crespo tiene, además, una fábrica de curtidos que huele muy mal y a la que fui un día y no volví.

Mi tío Pedro usa un papel de cartas con un membrete que dice: Pedro Crespo. Exportación de jamones-Fábrica de ataúdes. Los Mesones del Reino. Orense (Spain).

De todos aquellos lugares, los Mesones del Reino es el más apañado, y también, aunque tiran piedras a las bicicletas, el más civilizado.

Cuando yo estuve allí pude ver que en la aldea no tenían luz eléctrica y se alumbraban como podían, con velas y candiles de carburo o de aceite. En el pueblo hay una pequeña fábrica, pero mi tío Pedro está reñido con el dueño y convenció a todas las gentes del contorno de que la luz eléctrica es un invento de los masones, que no trae más que enfermedades de la piel, del corazón y de la vista. Según datos fidedignos, piensa seguir así hasta que el otro quiebre.

En la parroquia de Santa María de Carballeda nacieron mis dos abuelos. Los Cela, aunque mi abuelo naciera en Piñor de Cea (Orense) y mi padre en Túy (Pontevedra), vienen de Lugo, de los partidos de Becerreá y de Fonsagrada y, rascando más, del de Mondoñedo. Mi bisabuelo Antonio Cela —el cuñado del beato— había nacido en Triacastela, en el camino de Lugo al Cebrero, una de las partes más puras de Galicia.

Mi abuela Teresa murió al mes de nacer yo. De ella, naturalmente, no me acuerdo nada, pero por fotografías y por lo que me han contado he podido ver que fue una mujer de cierto carácter, con las facciones un tanto achinadas. Tenía la cara larga y era un buen ejemplar morano.

A mi abuelo sí lo conocí. Murió teniendo yo siete años y de él guardo un recuerdo quizá algo confuso, pero muy agradable.

Al abuelo, cuando quiero pensar en él, siempre me lo represento viejo y pequeñito, paralítico y voluntarioso, dando órdenes desde su sillón de ruedas y protestando porque los demás no le hacían las cosas bien.

El abuelo tomaba el sol en la galería y, cuando el tiempo era bueno, en un rincón del jardín o de la huerta de arriba, como le llamaban mis tíos. Con el abuelo estaban siempre Evaristo, el criado que empujaba el carrito, y un perro grande y peludo, paciente y cabezorro, que no se movía de su lado. Ya le habían pasado los años de alcalde y de hombre luchador, los años duros de criar a los hijos, de verlos crecer y de darles carrera, y ahora miraba al mundo desde su butaca, yo creo que sin darle demasiada importancia, dándole no más que la justa y escasa que tiene.

Cuando yo le conocí, sentía verdadero odio y aversión por las fotografías, y de aquel tiempo sólo queda en casa una pequeña foto suya, que le hizo uno de mis primos por descuido y con teleobjetivo, como a los okapis de las selvas del Congo.

Con él está, con sus trenzas y su sonrisa desaparecida, mi prima Mariña, que la pobre murió joven, guapa y bien casada. Los muertos, en mi familia, nunca me han producido una tristeza demasiado espectacular, pero la muerte de Mariña me dejó durante unos días triste y disgustado.

La casa del abuelo es una casa hermosa, grande, bien instalada, con una bodega donde en tiempos se crió buen vino rodeada de huerta amplia, a la entrada de Túy, a la derecha conforme se viene de Guillarey, dominando el tendido valle del Miño, con Portugal enfrente y el cementerio a la espalda. En aquella huerta pasaron muchos días de mi niñez y de ella no puedo acordarme sin nostalgia. No es muy probable que vuelva a pisarla, y esta idea me acongoja y me huele a inmerecida derrota.

Mis abuelos se casaron en Túy, y en aquella casa —donde nació mi padre el 21 de enero de 1881— murieron los dos: la abuela, en 1916, y el abuelo, en 1923. Asomándose a las tapias de la finca se pueden ver sus sepulturas.

Mi padre es un hombre extraño de estudiar; quizá esta idea sea frecuente entre los hijos que quieran contemplar a sus padres con cierta serenidad y desapasionamiento. Las dos actitudes que suelen tomar los hijos ante sus padres —la de la veneración o la del desprecio— se me antojan parciales y preconcebidas por igual. Después de los veinte años, nadie que tenga un mediano sentido común puede permanecer ajeno a las virtudes o a los defectos de su padre. Yo creo que vale de poco escudarse en los tópicos conocidos, y tan necio se me antoja el timorato que abre la boca a ultranza como el rebelde que frunce el morro por sistema.

Mi padre es un hombre reservado, casi hermético, serio y misterioso. A veces, sin embargo, se vuelve locuaz y dicharachero, y entonces habla por los codos, cuenta chistes y sucedidos de su tiempo, y se ríe a grandes e incontenidas carcajadas. Parece otro hombre, pero a mí se me sigue imaginando igualmente misterioso. Con un misterio de un amargor profundo, inexplicable, cauteloso. Con un misterio que se da mucho entre los hombres del país y que tiene como un trasfondo de fatalidad, igual que los ojos de los caballos y de los gatos que brillan en la noche.

A mi padre tardé muchos años en conocerle; él tardó otros tantos en conocerme a mí. Los dos pensábamos que el otro era tonto, pero después nos dimos cuenta de que no éramos tontos ninguno de los dos. Mi padre nunca me dio demasiada confianza y eso produjo, sin duda, que tardáramos en calarnos hondo.

La virtud que más admiro en mi padre es su absoluto desprecio a la muerte; hablando con él, parece como que la muerte es algo que le tiene completamente sin cuidado. Yo no creo que finja; mi padre es un hombre violento y apasionado, nada melifluo ni contemporizador, y esta clase de hombres suele tener una nula capacidad para el fingimiento.

El defecto más grave que en él encuentro es su voluntad. Mi padre es un hombre de gran voluntad, de una voluntad férrea e inflexible, y como se le meta una cosa en la cabeza ya pueden echarse a temblar los que le rodean. Como piense que se debe ir por aquí y no por allí es completamente inútil argumentarle. Yo pienso que su cabezonería no es cerrazón; es quizá un pudor: el pudor de no mostrarse dúctil. Cuando mi padre supera ese pudor, hace suyas las razones que se le brindaron y cambia de la noche a la mañana.

Mi padre, de joven, tuvo ciertas veleidades de escritor. En Foz publicó una revista medio política, medio literaria, que se llamaba *El Guau-Guau*, en cuya escéptica cabecera se dibujaba un perro ladrando, desconsolada e inútilmente, a una luna impasible y orgullosa, pálida y altanera.

El Guau-Guau llevaba un subtítulo paradójico que decía: «Periódico que sale cuando puede». Mi padre no tenía mucho dinero y *El Guau-Guau* salía cada vez que su dueño reunía treinta duros, que era lo que costaba la edición.

Yo tardé muchos años en ver un ejemplar de *El Guau-Guau*; mi padre no lo conservó, y las hemerotecas no suelen guardar más que los periódicos que conoce todo el mundo: el *ABC*, *El Sol*, *La Vanguardia*; *Blanco y Negro*, *La Esfera* y la colección completa de *Escorial*. Los periódicos pequeños, que tantas claves de tantas cosas pudieran darnos, no parecen interesarles.

El poeta Aquilino Iglesia Alvariño me prometió un día, en el café Lyon, de Madrid, regalarme una colección de *El Guau-Guau*, y hasta que cumplió su palabra, cosa no por esperada menos agradecida, no pude verlo ni tocarlo.

La revista la fundaron, al alimón con mi padre, el poeta Antonio Noriega Varela, el delicado autor de *D'o Ermo*, y el escritor Antonio Villar Ponte, que después se metió en política y llegó a diputado. Noriega era el maestro de Foz, y Villar Ponte, el boticario. Noriega vivía en la casona de Fondos, aldea de doce casas pertenecientes a la parroquia de Santiago; de ella habla con detalle J. Beltrán en su artículo «La casona de Fondos: Cuatro plumas en acción».[9] En el mismo escrito —y refiriéndose a *El Guau-Guau*— se lee que sus tres fundadores, «ingenios de buena ley, alabaron virtudes y descubrieron entuertos», y que «los punzantes epigramas de la primera época de Noriega, el brillante estilo polemista de Villar Ponte y la recia personalidad de Cela, dieron al periódico carácter interesante». A continuación aclara que aquel Camilo Cela es mi padre.

El Guau-Guau se tiraba en una imprenta de Mondoñedo, propiedad del suegro de Álvaro Cunqueiro, que entonces aún ni había nacido.

Por aquellos años, mi padre, en Foz, villa perdida en la costa cantábrica y que debía de andar por los mil habitantes escasos, tenía una pequeña biblioteca bastante al día: Baroja, Blasco Ibáñez, Valle-Inclán y Azorín eran sus autores predilectos. En mi casa guardo las primeras ediciones de las *Sonatas* y dos libros de Azorín, que entonces aún se firmaba J. Martínez Ruiz: *Las confesiones de un pequeño filósofo* y *La fuerza del amor (tragicomedia del siglo XVII)*. Los demás se han perdido. Los libros de Blasco Ibáñez y Baroja se los prestó a José Luis Hermida, cuñado de mi tía Teresa, hermana de mi padre, que se los llevó a su finca de Bouzabalada, en Túy, y ya no los devolvió

9. *El Progreso*, Lugo, 1 de abril de 1958.

en su vida. Cuando se murió, yo les pedí los libros a mis primos, pero me contestaron con vaguedades y no me los dieron.

Los autores extranjeros que prefería mi padre eran Nietzsche y Schopenhauer. Después leyó algo a lord Macaulay. Los novelistas rusos también le gustaban. Los franceses, no. La poesía, salvo alguna poesía gallega, tampoco le agradaba mucho. En su biblioteca tenía todos los números de la revista *Mercurio*.

Mi padre, por entonces, debía de aburrirse como una ostra, porque se hizo esperantista. Yo tengo una tarjeta postal que casi dio la vuelta al mundo. La puso en circulación mi padre y a mi padre volvió; él se la mandó al «sinjoro» Alfred Quertant, 170 rue Laurendau, Amiens, «Francujo»; este se la envió a W. W. Hide, 150 Effra Road, Wimbledon, «Anglujo», quien la remitió a Gustav Brüng, 18 Steinmetzstrasse, Berlín W 57, Allemagne; el «sinjoro» Brüng la hizo llegar al «sinjoro» A. Grodzincki, Ozorkow, Kaliskie, Poland, y este la devolvió a mi padre, que vivía en Foz, Lugo, «Hispanujo».

Postales corrientes también guardo varias: una, de un señor cuya firma no se entiende, de la «Japana Esperantisto, oficiala monata organo de Japana Esperantisto Asocio, Tokio». A mí me parece que en esta correspondencia con sus amigos del Japón llevaba ventaja mi padre, porque el esperanto se parece mucho más al español que al japonés.

También quedan varias de la señorita Ida Reiland, 20 rue Ste. Geneviève, Reims, «Francujo». Dos de ellas representan la catedral de Reims; otra, la catedral en detalle, «les trois porches et la statue de Jeanne d'Arc»; otra, la «Fontaine Bartholdi, Place de la République», también de Reims, y otra «Les présidents de la République Française depuis 1880», que son ocho y están retratados en orla, como en las fotos de fin de carrera. Me sobrecoge el ánimo pensar que esta correspondencia entre mi padre y la señorita Ida hubiera acabado en amor, y yo, en el fruto de ese amor. Un esperantista en una casa, aunque sea el padre, pasa bien y al final se olvida; pero dos forman alianza y las alianzas son siempre un peligro.

Yo suelo mirar estas postales con frecuencia, y, cuando lo hago, me invade una grata sensación de nostalgia. De nostalgia de no sé qué, porque aquel tiempo no lo conocí.

Mi padre había estado ya anteriormente estudiando en Madrid y en Segovia, en la Academia de Artillería. En Madrid, vivió en una pensión de la calle de la Gorquera, hoy Núñez de Arce, pensión de estudiantes, de toreros y de comisionistas, donde el desayuno no estaba incluido en el precio y donde los clientes, que no eran gente poderosa, se quedaban diariamente en ayunas. Para no perder fuerzas aguantaban en la cama hasta el mediodía.

Aun cuando no debió de pasarlo bien, mi padre habla con gracia de su vida de entonces y de la vida y milagros de sus compañeros de hospedaje y de las mañas de que se valían para forzar a doña Petra, que era la patrona, a darles algo más que lombarda o bacalao.

Doña Petra era, según ella misma aseguraba, una madre para sus pupilos, idea muy generalizada entre fondistas, pero que no les impide matar de hambre a sus huéspedes.

El día del santo de doña Petra, la gente de la pensión hacía un acto en su honor y ella correspondía dándoles sidra y magdalenas. Todos estaban contentos y cada cual hacía lo que sabía: uno recitaba «El tren expreso», de Campoamor, o, «Volverán las oscuras golondrinas»; otro ponía banderillas y daba pases de pecho a una silla; otro cantaba jotas; otro hacía juegos de manos con la baraja, etc. Mi padre, como no tenía otras habilidades, saltaba por encima de la mesa y hacía gimnasia sueca en calzoncillos largos. El año que más éxito tuvo fue en 1899, en que se le escapó un viento, sin querer, al hacer una flexión de piernas. Doña Petra le cogió simpatía y, a veces, de hurtadillas, le daba algún albaricoque o alguna copita de sifón.

Mi padre, en Betanzos, conoció al famoso capitán Sánchez —que entonces era sargento—, el que después empezó a asesinar gente, que emparedaba, de acuerdo con su hija. Mi padre echaba todos los días su partida de tresillo en el casino.

Algunas noches, al acabarla, se iba a un cafetín próximo, del que era dueño el conserje del casino y donde se jugaba al monte. Mi padre solía quedarse de mirón y rara vez se interesaba en el juego. El capitán Sánchez sentaba sus reales en el cafetín; en el casino no le dejaban entrar, porque tenía fama de tramposo y pendenciero.

Una noche que a mi padre se le ocurrió jugar, sorprendió al capitán Sánchez haciendo trampas y se lo dijo. El capitán Sánchez, que era un jaquetón, se puso furioso:

—¡Eso no me lo dice usted en la calle!

—Sí, señor; se lo digo a usted en la calle, y donde usted quiera.

—¡Pues vamos allá!

Salieron los dos a la calle, y mi padre, de entrada, le dio un bastonazo que le abrió la cabeza. Tuvo suerte, porque el capitán Sánchez era más fuerte que él, y, si no llega a acertarle al primer golpe, a lo mejor hubiera llevado una tunda de consideración. En esto de las peleas nunca se sabe quién va a ganar y, a veces, un hombre que no sea muy corpulento, pero que tenga algo de decisión, desploma a golpes al gallo de turno. Al capitán Sánchez se lo llevaron a una botica echando sangre como un becerro.

Mi padre se casó el día de San José de 1915, en Villagarcía de Arosa, donde había estado destinado de vista en la aduana. Cuando se casó, ya se había marchado de allí y estaba prestando servicio en Almería. Si me descuido un poco nazco en Almería. Esto de los nacimientos es muy misterioso. Si llego a nacer en Almería, a estas horas, a lo mejor era pintor indaliano, como Jesús de Perceval, y hablaba con pasión de las culturas ibéricas.

Mi padre, desde que salió de su casa hasta que vino destinado a Madrid por segunda vez, no hizo más que andar de un lado para otro y, desde que se casó, con la casa, la mujer y los hijos detrás. Esto, en realidad, es algo bastante común entre funcionarios.

En Madrid, adonde llegamos, para quedarnos ya, en 1925, tuvo mi padre una academia preparatoria de Aduanas, que primero estuvo en la calle de Vergara, por la plaza de Isabel II, y después en la de Fernanflor. En los balcones de Fernanflor asistí, como todos mis compañeros, al nacimiento de la República, el año 1931. Dos casas más allá, donde ahora está la comisaría de policía, estaba el local de un círculo republicano y la gente se agolpó en la placita que queda detrás del Congreso y delante de la casa de Azorín, para escuchar a los oradores. Se daban gritos bastante moderados y se predicaba concordia y trabajo. En vista de eso, los alumnos de mi padre acordamos no dar clase y anduvimos a tortas por los pasillos de la academia por si la república o si no la república.

La gente que había en la calle cantaba de cuando en cuando «La Marsellesa», pero, como la letra es en francés y no se la sabían bien, algunos se limitaban a entonarla con la boca cerrada y otros la cantaban, a cuello pelado, diciendo «¡Lalará, lalará, lalará!». Lo del «Himno de Riego» y lo de «¡Diablos pa la solapa a veinte!», yo no lo oí hasta dos o tres días después. Ya llegaremos al 14 de abril.

Mi padre, como profesor, era algo terrible. Daba clase de geografía política y económica y los alumnos le teníamos miedo. Entonces andaba de hongo y llegaba todas las tardes fumándose un puro tremendo, un puro casi ofensivo, un puro de director.

En clase, yo, que además de alumno era hijo, estaba perdido y sin salida posible. Después, a lo largo de la vida, he visto a veces el panorama muy negro, pero nunca como entonces me encontré más acorralado y desvalido. En realidad, yo no era un estudiante ni muy lucido, ni muy concienzudo, y la verdad es que, de todo el vasto programa de la geografía, no llegué a saberme más que los puertos del Japón y los de Argelia, los estados de Méjico y los ríos de España mayores de cuarenta kilómetros. Eso sí, me los aprendí tan bien que todavía los recuerdo y los puedo repetir de memoria y sin equivocarme. Algunas veces lo hago, pero sin abusar.

La preparación de Aduanas no me sugestionaba mucho, y el estudiar como un negro para que, después de mil esfuerzos, lo destinasen a uno a la frontera de Portugal, a cualquier pueblo de Cáceres o de Salamanca me ilusionaba todavía menos. Por entonces iba yo ya, medio escondiéndome, como si fuera a cometer un delito, a la facultad de Filosofía y Letras, a la clase de Pedro Salinas —a quien nunca me cansaré de agradecer los buenos ánimos que le debo—, y lo de Aduanas lo tomaba como algo fatal, pero que algún día llegaría a su fin.

De mis compañeros de entonces, el único que se hizo famoso fue Perico Regueiro, que era medio derecha del Madrid F.C. y que llegó a internacional.

Mi padre, en su academia, era hombre taciturno y con cara de pocos amigos, y los alumnos le respetábamos y procurábamos no hacerle frente. Cuando se fraguaba alguna huelga era siempre en su ausencia; con él en la casa, los huelguistas más ardorosos se desinflaban. Yo, en las huelgas, solía tomar una actividad pasiva; no las denunciaba, pero tampoco me sumaba a ellas. El papel de esquirol me causaba repugnancia, pero de lo que pasó en mi casa un día que me sentí inspirado y le vacié la academia a mi padre prefiero no acordarme.

Mi padre no es hombre de gustos artísticos; el arte y la poesía le parecen entretenimientos propios de desocupados. Con el ensayo y con la novela tiene algo más de tolerancia; no mucha, sin embargo.

Yo creo que mi padre hubiera hecho un buen médico o un buen científico. Mi padre no encuentra justificación a que las cosas se hagan porque sí o por pasar el rato. En esto, y en otras muchas cosas, mi padre es muy inglés, más inglés que mi madre, que es la inglesa.

A pesar de lo que digo, mi padre no es un hombre práctico. Los ingleses, si se les cala un poco hondo, tampoco lo son; lo parecen, pero tampoco lo son. Mi padre es un teórico; él piensa sus cosas en teoría y si, después, en la práctica, no salen como había pensado, se encoge de hombros y piensa que eso ya no es cosa suya. Mi madre, cuando se quiere meter con él, le dice que es el rey de la teoría. A mi madre no le falta razón.

Mi padre es un hombre —también como los ingleses— que ama el lujo y el protocolo. Si hubiera tenido dinero, hubiera sido uno de los hombres que mejor viviesen en España. Como no lo tuvo, se conforma con saberse señor —que no es poco— y con rechazar, con un gesto olímpico, el flanín, la malta y la sacarina. Si no le dan flan de huevo, café o azúcar, prefiere no tomar nada. Yo le aplaudo el gusto y se lo envidio. Pero mi tiempo no ha sido su tiempo. Él se casó con cuarenta pares de zapatos; yo con dos y con unas zapatillas que me duraron hasta hace poco.

Físicamente, mi padre tiene —por lo menos, en el retrato de Luis Mosquera— cierto parecido con Wenceslao Fernández Flórez. No es extraño: los dos son gallegos y los dos tienen la misma edad.

Mi padre no es hombre alto —sus siete hijos vivos somos más altos que él— y tiene el pelo blanco, la frente ancha, el mirar hondo y raramente tierno.

Mi padre cree que un hombre no debe ir a pelo jamás.

Mi padre es hombre de ideas conservadoras, aunque no se niega a evolucionar. El calzoncillo largo, que desechó hace años, es buen ejemplo de ello.

Mi padre es correcto en su trato, fríamente amable.

Mi padre es entrañable en sus afectos, púdicamente amoroso.

Mi padre guarda humor en su ingenio, un humor cauto, velado y con sordina.

Mi padre —no sé si me equivocaré— es un hombre importante. De él podría estar hablando toda la vida.

Mi madre y la familia de mi madre

Mi madre se llama como su marido, como su abuelo, como su hijo y como su nieto. Su suegro, una de sus cuñadas y un sobrino también se llaman igual. Camilo es un nombre en el que parecen haberse puesto de acuerdo todas las gentes de mi familia, sobre todo la línea paterna de mi padre y la materna, la italiana, de mi madre.

Mi madre tuvo un bello nombre de soltera: Camila Emmanuela Trulock y Bertorini, un nombre de heroína de Byron o de producto del *spleen* inglés invernando al sol de Capri.

Mi madre nació en Santiago de Compostela el 23 de junio de 1895. Tiene por tanto, cincuenta y cinco años,[1] quince menos que su marido. Es hermoso sin duda ser hijo de una mujer joven: yo, por lo menos, tal pienso. Yo recuerdo a mi madre cuando tenía veintitrés y veinticuatro años, cuando tenía la edad de las mujeres que ahora me parecen demasiado jóvenes.

Mi madre, gallega por su nacimiento, fue inglesa hasta que se casó. Este cambio de nacionalidad es cosa corriente en su familia. Cuando hay mezclas y viajes por medio, los pasaportes cambian de escudo con frecuencia. Mi madre, que nació inglesa, pasó a ser española; a mi abuela Nina Bertorini, espa-

---

1. Tenía cincuenta y cinco años cuando esta nota fue tomada; échese ahora la cuenta.

ñola hija de italiano e inglesa, le pasó al revés; mi bisabuela, María Margarita Jones, inglesa de soltera, se hizo italiana al casarse y siguió a su marido cuando este se nacionalizó español. Esta bisabuela mía es la María Bertorini, nativa del país de Gales, a quien Rosalía de Castro dedicó los versos escritos en memoria de sir John Moore, el general inglés muerto el 16 de enero de 1809 en la batalla de Elviña, cerca de La Coruña, luchando contra los franceses.

> *¡Cuán lonxe, cánto, d'as escuras niebras,*
> *d'os verdes pinos, d'as ferventes olas*
> *qu'ò nacer virón!*

María Margarita Jones, o María Bertorini, de casada, había nacido en Willok, Cheshire. Su marido, mi bisabuelo, que se llamaba nada menos que Camilo Marco Decio (tenía un hermano que se llamó Timoleón Teobaldo Juan y una hermana a la que bautizaron con los nombres de Margarita María Virginia), había nacido en Barcelona, cuando su padre llegó huyendo de Italia.

Mi tatarabuelo Pedro estaba casado con una Cicogniani —o Cicognani, que es el mismo apellido con diferente grafía—, con Virginia Cicognani, mujer que se distinguió por su belleza y por su valor personal. Estos Cicognani han sido gente de algún relieve en la historia italiana y han dado con cierta frecuencia príncipes de la Iglesia; a esta familia pertenece también Bruno Cicognani, el bien barbado novelista de *Villa Beatrice*.

Este tatarabuelo mío, Pietro Bertorini, era gobernador de Parma y, según parece, un día se le pusieron las cosas mal y tuvo que salir huyendo; si no, lo cuelgan. Pietro Bertorini se largó con lo puesto y, desde Marsella, envió a un criado negro que tenía a decirle a su mujer que la esperaba en Barcelona. Es toda una bella historia muy italiana y muy del gusto de la época. El negro se volvió a Italia y, como no le pareció prudente entrar en la casa de su señora, se disfrazó y le dio una serenata en la que, cantando y un tanto en clave, le dijo lo que tenía que decir. Virginia Cicognani, mujer a la que no se le ponía nada por delante, se fue a Génova, donde ya estaba el negro dispuesto para acompañarla en la huida, fletó un barco y se presentó en Barcelona, donde se reunió con su marido. Con las joyas que Virginia Cicognani pudo sacar de su casa de Parma, vivió el matrimonio holgadamente durante muchos años, holgura que le permitió, entre otras cosas, educar a sus hijos en Inglaterra, y de ahí la boda de Camilo con María Margarita.

Cuando Pietro Bertorini llegó a Barcelona, en España ardía la primera guerra carlista. Mi tatarabuelo preguntó que quién iba perdiendo y, cuando le dijeron que los carlistas, se sumó a los ejércitos del Pretendiente, en cuyas filas llegó a teniente coronel. La boina blanca y el sable de Pietro Bertorini aún andaban por casa de mi abuela no hace muchos años. Mis tíos y los amigos de mis tíos sacaban esos recuerdos históricos a relucir en los carnavales y después se debieron de perder. Eso de «recuerdos históricos» es frase de un criado insoportable y muy leído que tenían y que había sido seminarista y había estudiado algo de practicante.

El criado negro de mi tatarabuelo murió en la guerra, al lado de su amo, y mi tatarabuelo mandó decirle cien misas y un funeral de gran lujo. No creo que haya habido jamás un negro tan bien enterrado.

Mi bisabuelo, Camilo Bertorini, se casó, como ya dejé dicho, en Inglaterra, con María Margarita Jones, y después se vino a España de gerente del The West Railway Galicia, el ferrocarril que él construyó. Este tren iba de Carril a Santiago de Compostela —y todavía sigue yendo, hoy incorporado a la Renfe, porque es un tren de ancho normal— por un itinerario trazado con un criterio más estético que económico y recorriendo un paisaje realmente hermoso. Mi bisabuelo era, sin duda, un hombre de buen gusto.

De ese ferrocarril ya hablé en alguna ocasión. Era un ferrocarril familiar en el que las pescadoras y las lecheras pedían rebaja en la taquilla, con unos trenes amables y renqueantes tirados por viejas máquinas que parecían sacadas de las películas del Far West. Las locomotoras —más humanas, mucho más humanas que las que vinieron después— tenían sus nombres propios grabados, en una placa reluciente, sobre la panza: *Princesa de Asturias*, *Príncipe de Gales*, *María Cristina*, *Ría de Arosa*, *Minero Primero*, *Vázquez Mella*. Cada tren tenía su maquinista y su fogonero, siempre los mismos, y la gente, en vez de hablar de mixtos y de correos, llamaba a los trenes por el apellido de su conductor: «Xa ven Pereira», «Hoxe pasa a tempo Lourido», «Fernández leva moito retraso», etc.

Algunos escritores se metieron con el tren, porque paraba delante de la casa para que nos bajásemos alguno, o en un túnel para que el fogonero llenase el botijo de agua fresca. Allá ellos.

En la vía, en el paso a nivel de Iria-Flavia, construyó mi bisabuelo su casa, como buen ferroviario, y en esta casa nacimos mi abuela Nina y yo.

La casa de Iria es una casa cuadrada, de dos plantas con dos galerías, una al norte y otra al sur, y con la fachada principal —que ahora, con la desviación de la carretera, queda a la parte de atrás— cubierta por completo de guisantes de olor, de rosas francesillas y de madreselva. Alrededor de la casa hay un jardín donde en tiempos —tiempos que yo recuerdo, ¡ay!, perfecta y dolorosamente— crecían las palmeras airosas, y el inmenso y extraño naranjo, y el aromático limonero y, a su lado, el pino real y el árbol del holle, el árbol de las navidades inglesas y de los más clásicos *christmas-cards*, con sus pinchantes hojas de un verde bailador y sus minúsculos frutos de un rojo reluciente.

Hoy, y desde hace aún no muchos años, el jardín está seco y agostado, poblado de zarzas y de ortigas, con los senderos borrados, el mirto sin recortar y la hierba creciendo por donde quiere. La casa, si Dios no lo remedia, se vendrá abajo, cualquier mañana. En fin...

Nina Bertorini, mi abuela, se casó con John Trulock, que vino de Inglaterra a los veinte años, para hacerse cargo de la gerencia del The West, el Té Bés, como le llamaban los paisanos.

Los Trulock —apellido a extinguir como algunos escalafones— son oriundos de Truro, en el Cornwalles, y formaron una familia endurecida en la piratería y en la navegación, pero que, cuando la sacaron de su ambiente, se desinfló. Walter Sarkie, el que fue director del Instituto Británico de Madrid, me habla mucho de esta familia y de sus andanzas por los mares, detrás de los galeones españoles y portugueses.

El último John Trulock pirata fue mi tatarabuelo, que murió navegando y de fiebre amarilla, como era su deber. Una tía mía, aficionada a las grandezas y a la historia familiar, anduvo una temporada coleccionando papeles, pero cuando se encontró con un pariente al que ahorcaron en Swansea por robar un carnero se desanimó mucho.

Mi bisabuelo John Trulock ya nació en Londres, como su mujer, Henriette Glascott, y allí llegó a tener cierto prestigio y no poco predicamento. En Londres, aunque algo lejos del centro de la ciudad —más allá del campo del Tottenham, el club de fútbol más rico de Inglaterra—, hay una calle no demasiado importante, Trulock Road, que se llama así en su honor. Me costó mucho trabajo dar con ella.

Este John Trulock fue una potencia económica y llegó a tener la fábrica de velas de sebo más importante del Imperio británico, fábrica de velas que surtía a todo el mundo y que tenía embarcadero propio en los muelles de Londres, tal era su prosperidad. A mi bisabuelo lo hundió, de la noche a la mañana, Edison, cuando se le ocurrió inventar la luz eléctrica. Yo me hago cargo de que la competencia no era posible.

El John Trulock que le siguió, mi abuelo, era todo lo contrario de lo que uno se pueda imaginar que es un pirata. Con su barba blanca, sus claros y dulces ojos y su aspecto venerable, mi abuelo John Trulock tenía el aire de un honesto y buen burgués británico, amante del *home*, del whisky y de las tradiciones.

Mi abuelo vivió la mayor parte de su vida en España, en Santiago de Compostela, en Villagarcía de Arosa y en Iria-Flavia, pero cuando se murió, al cabo de llevar aquí cuarenta y tres años, aún hablaba un castellano pintoresco e infantil, con los verbos en infinitivo y los adjetivos aplicados a ojo de buen cubero.

En su matrimonio, él representaba la bondad, la flexibilidad, la tolerancia, y mi abuela, Nina Catalina Aida Bertorini, el carácter, la decisión, la sabiduría y el sentido del dominio.

Acompañando a mi abuelo, todavía soltero, estuvo con él en Santiago su hermana, mi tía abuela Katherine, que ahora vive en Sussex y es amiga de Charles David Ley, el poeta inglés de la *Semana Santa de Sevilla* y traductor, en su país, del *Antonio Pérez* de Marañón. Charles Ley, cuando Katherine Trulock vivía en Londres, solía en sus viajes acercarse a su casa, a visitarla en mi nombre; mi tía Kate le invitaba a galletas y a cerveza negra, y después le daba una libra esterlina para que me la entregase a mí.

En Santiago, mi abuelo y su hermana Kate vivían con un ama de llaves vieja y decidida que les gobernaba y les daba buenos consejos. Mi abuelo, en cierta ocasión, y como encontrara a su hermana más desgarbada de lo común, pidió parecer a la criada. El ama, llevándose las manos a la cabeza, como para tener que confesar un grave y doloroso pecado, exclamó:

—¡Ay, señor, que no se lo había de decir; que lo que le pasa a la señorita es que lleva el polisón escorado!

Cuando a mi tía Kate le pusieron el polisón bien centrado y en su sitio se vio que era como todas las señoritas de Santiago.

Mi tía, en aquella temporada, hizo números divinos, que si la gente le perdonó fue porque al abuelo le querían bien y a ella le aplicaban el trato de bula que da Galicia a todos los ingleses. De no ser así, quizá se hubiera armado un alboroto cuando ella se presentó en bicicleta y de mantilla blanca, de gafas y con un inequívoco ademán *for the continent* en la procesión del Corpus.

Otra pariente algo extraña que tuve fue la tía Ana, de casada Mrs. Tomlinson, mujer de ideas particulares que, cuando se murió, dejó todo su capital, que era de bastantes miles de libras, al boticario del pueblo para que le envenenase a los gatos sin dolor. Yo me imagino al boticario heredero de mi tía Ana como un personaje de Dickens, con los ojillos brilladores y la faz satisfecha, frotándose las manos con fruición mientras preparaba la morcilla que se habían de comer los gatos. Verdaderamente, su fortuna tuvo un origen tan cómodo como siniestro.

Estas tres sangres —la española, la italiana y la inglesa— son las que me han producido, y a ellas se refería el lema «Sangre de tres naciones don Camilo José llevaba en los riñones» con que orlé el autorretrato mío que ilustró el artículo «Camila y Camilo» que Juan Aparicio publicó en *El Español*.[2] Por cierto que este autorretrato no salió con el artículo de Aparicio más que en parte de la tirada del periódico; después, algo debió de pasar o alguien debió de protestar ya que lo sustituyeron por otro dibujo, una viñeta que guardaba escasa relación con el texto y que lo mismo pudiera haber servido para acompañar un suelto sobre la explotación de la resina del pino que para ilustrar un folletón sobre las relaciones germano-rusas a través del siglo XIX.

Rascando un poco más en la historia familiar de mi madre aparece algún apellido francés, eufónico y de buen cuño. Laffa-

2. 23 de octubre de 1943.

yette y Château-Laffitte se encuentran en la lista, pero ya algo distantes.

Esto de sentirse vinculado a varias geografías no me parece, al menos para un escritor, ningún inconveniente. Unas sangres liman las asperezas de las otras sangres y la mezcla de todas permite que se vean las cosas con cierto aplomo, con la necesaria frialdad y con la suficiente perspectiva.

Yo, que me siento muy honesta y entrañablemente español, creo que veo y conozco y amo a España con más sentido común que la mayor parte de mis amigos españoles. Quizá esta realidad se apoye en el hecho de que la mezcla de sangre resta papanatismo ante lo extranjero, porque lo extranjero se siente próximo y familiar, cotidiano y vulgar, usual y doméstico. No lo sé. En todo caso, yo estoy satisfecho de no ser un pura sangre. No creo que queden en el mundo más puras sangres que los bamanwattos, los zulúes y los arios puros, que, si no lo eran, llegaron a creérselo.

Por otra parte, me agrada pensar que la mezcla que en mí se da sea la de gallego e inglés, con su tanto por ciento de italiano. A mí me parece, en orden de importancia, la segunda mezcla del mundo; la primera, a mi entender, es la de alemán y judío.

Mi madre vino a engrosar las filas de su compleja familia el 23 de junio de 1895, a las dos menos veinte de la madrugada, para citar con toda precisión. Mi madre hizo el número cuatro entre sus hermanos, con tres por encima y otros tres por debajo. Siete había de ser también, andando el tiempo, el número de los hijos que vería juntos y que hoy le viven. El nacer en el montón, en una casa, marca el espíritu con la huella de la independencia, virtud que, si se ulcera, termina en el egoísmo. El primogénito o, cuando menos, el mayor, suele ser dengue, caprichoso, autoritario, haragán y estético. El segundo no puede evitar que en su alma anide un velado e inconfesado deseo de que su hermano se vaya para el otro mundo. El último de todos ve las cosas con cierta tristeza y un poco como de prestado. Sólo los que nacen en el medio son los útiles —no decimos los importantes—, los listos —no decimos los inteligentes y, menos aún, los geniales—, los que en la vida nunca se quedan atrás —aunque tampoco digamos que hayan de llegar, forzosamente, a las altas cumbres.

La importancia, la genialidad, el triunfo son patrimonio de los tarados, de los hombres siempre a pique de irse al garete, de las gentes que caminan con un pie en el vacío, con un extraño brillo en la mirada, con un profundo hueco en el emocionado y amargo corazón. Esta es la regla general; una regla que, como casi todas las reglas, tiene sus excepciones.

Mi madre, a mi juicio, es la excepción. Mi madre tiene un temperamento artístico e incluso literario, con todas sus extraordinarias ventajas y todos sus inmensos inconvenientes. Mi madre tiene un entendimiento estético de la vida aunque, a veces, y por complicadas razones difíciles de explicar, esa exactitud venga disfrazada con los ropajes más varios y más insospechados.

Creo que la importancia de mi madre como mujer se debe a su extraña educación. Mi madre, cuando se casó, no sabía ni cocinar ni coser, lo cual juzgo una ventaja importante. A la mujer española se le suele dar una educación parcial, una educación de criada. Lo que se llama la educación tradicional de la mujer española es uno de los últimos vestigios de la esclavitud. Las madres, en las ferias de novias de las playas, los balnearios y las colonias veraniegas, cuando quieren hacer la apología de sus hijas casaderas ante el pollito de provecho, cuentan que las niñas saben guisar, planchar, lavar, coser, quitar el polvo, etc. Como el pollito de provecho suele ser un sandio de ideas moderadas, pica el anzuelo y se casa. Después, si le queda un remoto resto de talento, se da cuenta de que su mujer, tan hacendosa, es sucia, huraña, ruin, despótica, inculta, egoísta. Sus padres, que tan bien quisieron educarla, hicieron de ella una asistenta, pero no una esposa. Entonces aparecen en el marido la desilusión, el desinflamiento y el casino, y en la mujer, la resignación, la mugre y las chancletas.

Mi madre, que no sabía coser ni cocinar, crió a todos sus hijos, gobernó la casa con sabiduría, cuidó a su marido y nos hizo a todos la vida cómoda y amable. Y no por cálculo, ciertamente, ya que es un temperamento apasionado y romántico, sino por intuición, que es la mejor manera.

Como es lógico, no caigo en el ridículo extremo de pensar que la mujer casada debe tener un alma de coqueta inútil y decorativa. Eso es algo que puede tener, sin duda, su importancia, pero no en el matrimonio. Mi idea es que la mujer casada debe estudiar para esposa, como su marido, de joven, estudió para médico, para arquitecto o para licenciado en ciencias químicas. A la misma distancia de la vedette que de la criada, la mujer, para casarse, debe sentirse mujer, que es realmente lo más difícil. En esto, como en tantas otras cosas, el equilibrio indica la salud.

Este equilibrio a que aludo es el que siempre me pareció ver en mi madre. Si estoy equivocado, que los dioses me perdonen mi falta de arrepentimiento.

Mi madre tuvo una niñez y una adolescencia tumultuarias. Andar por los tejados, saltar tapias, escalar las peñas de la costa, apedrear vecinos, bajar a los pozos y nadar durante horas y horas fue la ocupación de sus primeros años. Después, cuando se casó, la mutación fue repentina, automática. A esta actitud de mi madre le encontré una explicación clara observando a mi hermana Maruxa, que de soltera demostró una evidente maestría en cruzar por la fachada de nuestra casa, de balcón a balcón, y que hoy, ya casada, siente vértigo si mira la calle desde una ventana un poco alta.

El noviazgo de mis padres fue un tanto de novela rosa. Mi padre era amigo de mi abuelo John Trulock, y solía ir con frecuencia a su casa a tomar una taza de té o a beberse un vaso de whisky. Mi madre, que entonces era una niña, no entraba en la visita más que para saludar. Eran los tiempos de la anteguerra y las cosas discurrían con una saludable lentitud, con una elegante cadencia.

El primer síntoma de la inclinación de mi padre hacia mi madre —una inclinación, probablemente, todavía insospechada— fue, según mis conjeturas, con motivo de un difícil capricho de ella, que él resolvió con una galante sabiduría. A mi madre se le había antojado un burro, y el abuelo, en cuyo vocabulario no existía la palabra «no», se veía y se deseaba para convencer a su hija de lo improcedente que resultaba meter un burro en una casa sin cuadra y sin tradición alguna en la cría del burro. Mi madre porfió, y mi padre, cuando vio a su futuro suegro acorralado, intervino, conciliador:

—No te preocupes, Camila; dentro de unos días tendrás el burro.

Mi abuelo se llevó las manos a la cabeza, pero no dijo nada. Mi madre se marchó feliz, y mi padre encargó a un platero de Santiago un minúsculo burrito de oro. Fue el primer regalo que tuvo mi madre. En las novelas de John Galsworthy suceden cosas análogas.

Mi madre tuvo una juventud deportiva en un tiempo en que las mujeres españolas aún no se habían quitado el corsé. La ría de Arosa fue testigo de sus hazañas como nadadora y como bogadora. A la sombra de la Home Fleet, en permanente visita a la ría, mi madre se adiestró en el arte de flotar sobre las aguas durante horas y horas, sin fatiga, con valor y con buen estilo. Su viejo proyecto —que tuvo bien madurado y que, probablemente, hubiera coronado con éxito— de echarse al mar en el cabo Gris Nez para cruzar el Canal de la Mancha, fue interrumpido por la guerra y murió, en el saco de las buenas intenciones olvidadas, con su matrimonio.

Vivían aún en la próxima memoria los tiempos del torbellino, las mañanas en el colegio donde fue compañera de William Powell —que era de la piel del diablo—; los días en que por una apuesta de setenta céntimos bajaba hasta el agua en un pozo de diez metros; las horas de espantar a tiros a las *mantidas* que tomaban nueve baños en un día, para ahorrar; los malos momentos de echar al agua al guarda de las obras del muelle. Todavía con el fresco recuerdo de su niñez en la mirada, mi madre cambió su nombre de miss Camila Trulock por el más solemne y comprometedor de señora de Cela.

De esta mutación fui yo el primer síntoma concreto, y no vine al mundo en Baden-Baden por la misma razón que tampoco lo hice en Almería: por verdadero milagro de Dios.

Mis padres hicieron su viaje de novios a Portugal, el único país en paz que había a mano y, ya de vuelta a Galicia, se embarcaron en Vigo en el *Príncipe de Asturias* de la Compañía Pinillos —el vapor que meses más tarde había de naufragar trágicamente en las costas del Brasil— para ir costeando hasta Almería, donde mi padre estaba destinado.

El viaje se iba deslizando con placidez, cuando, a la altura de Leixoes, frente a Porto, empezó a cundir la alarma entre el pasaje y la tripulación: en torno al buque, exactamente igual que en las películas de guerra, evolucionaban dos submarinos alemanes. La broma, bien mirada, no era mala.

Uno de los submarinos salió a la superficie y dio el alto —un cañonazo a medio centenar de metros de la proa— al *Príncipe de Asturias.* El barco paró y el submarino envió a bordo su dotación de presa.

Los alemanes registraron el buque de arriba abajo y examinaron detenidamente la documentación de todos. El oficial alemán —frío, correcto y ordenancista— tuvo con mi padre un diálogo poco tranquilizador.

—Esta señora —se refería a mi madre— deberá venirse con nosotros: es inglesa y debe quedar prisionera.

Mi padre supongo que se llevaría un susto regular.

—Usted perdone. Esta señora es española. Es mi mujer, y yo soy español; vea usted mi pasaporte.

El oficial alemán no se inmutó.

—Tenemos orden de prender a todos los súbditos de país enemigo que encontremos. Su señora es una Trulock, Trulock es apellido inglés y los ingleses son nuestros enemigos.

—Sí, Trulock es apellido inglés, no hay duda. Pero esta mujer es española; en todas las legislaciones europeas la mujer sigue la nacionalidad del marido.

El oficial alemán cortó en seco la conversación.

—Perdón. La señora puede llevar consigo un pequeño neceser. No perdamos tiempo.

El oficial alemán volvió la espalda a mi padre y siguió revisando documentaciones. Mi padre se acercó al capitán del *Príncipe de Asturias.*

—¿Qué hago?

El capitán del *Príncipe de Asturias* no se mostró un dialéctico demasiado hábil.

—Pues no lo sé. Como ese oficial se empeñe en llevársela prisionera, me parece que la cosa no va a tener buen arreglo.

Mi padre estaba perplejo. Quizá pensase en aquellos momentos en una seca llanura, con sus barbechos, sus carros de mulas y sus fuentes sin agua.

—Sí, verdaderamente.

El capitán del *Príncipe de Asturias* puso la voz de predicar conformidad.

—A las inglesas que cogen en alta mar las llevan a Baden-Baden, al balneario. Allí están bien. Diga usted a ver si se lo quieren llevar con ella; así, por lo menos, estarían juntos.

El capitán español era un filósofo práctico y lleno de resignación y de buen sentido.

—Sí... Puede ser una solución.

El oficial alemán, cuando acabó el registro, se acercó de nuevo a mi padre. Venía fumando un cigarrillo y en sus ojos brillaba una remotamente tierna lucecilla. El hombre lo había pensado mejor. Los alemanes tienen dentro de la cabeza un niño extraño y caprichoso, arbitrario y soñador, poético y cruel, rígido y sentimental, todo al mismo tiempo.

—¿En el pasaporte de usted figura su señora?

—No, no figura; mi pasaporte es anterior a nuestra boda... Nosotros nos hemos casado hace poco... No me he ocupado de hacerla incluir en mi pasaporte, porque no pensamos salir de la Península... Para Portugal, los españoles no necesitamos pasaporte...

—Bien; su pasaporte ¿tiene algún visado inglés o francés?

—No, ninguno; véalo usted.

—Bien. Su señora puede quedar a bordo. Quiero creer que todo lo que usted me dice es cierto.

—Sí, absolutamente cierto.

Mi padre respiró.

Mi madre, sentada en una *chaise-longue* sobre cubierta, no se había enterado demasiado. Al cabo de algún tiempo, preguntó:

—¿Qué decía ese oficial alemán?

—Nada; quería saber si nos habíamos cruzado con algún buque inglés.

Mi madre miraba, distraídamente, cómo el submarino se alejaba navegando en superficie.

—Parecía muchacho correcto, ¿verdad?

—Sí, muy correcto.

Hay dos clases de inglesas: las inglesas de verdad, que son escasas, románticas y espirituales, y las inglesas al uso, que son numerosas, sufragistas y miembros de las sociedades protectoras de animales. Mi madre es una inglesa de verdad.

—¡Qué pena de guerra! Los políticos deberían ocuparse de evitar las guerras. Las guerras no traen nunca nada bueno, ¿verdad?

—No, nunca...

El viaje volvió a su monótona y bendita normalidad, el ánimo de los pasajeros se tranquilizó y el *Príncipe de Asturias* por la cuesta abajo de la mar siguió su ruta portuguesa, camino del golfo de Cádiz y del Estrecho. Mi padre se acercó al bar y pidió un whisky. Después encendió un pitillo. Después se dio cuenta de que su voz temblaba.

Pero el segundo susto del viaje le esperaba en Gibraltar, en el control. Los ingleses, para no ser menos que los alemanes, molestaban tanto como ellos y eran igual de chinches y suspicaces.

El oficial inglés tuvo con mi padre un diálogo muy parecido al del oficial alemán, con la diferencia de que este tenía un remoto fondo de razón y el inglés no tenía ninguna. El oficial inglés se creyó en la obligación de pensar que mi madre era alemana y, con su interrogatorio, dio también una lata considerable.

De estos dos incidentes yo he podido sacar dos inmediatas consecuencias: una, que mi madre, efectivamente, no parece ni alemana ni inglesa, y por su aspecto puede confundir a cualquier pequeño oficial de Marina, sea del país que fuere; y otra que los beligerantes de la guerra del 14 —a los aliados y a los centrales— se les hacían los dedos huéspedes y veían fantasmas donde no había ni sombras. En fin, el miedo es libre, y las manifestaciones del miedo son incontables, como las arenas del mar.

Mi madre, como digo, no parece inglesa, aunque tampoco parezca alemana. Mi madre parece más bien escandinava, o quizá rusa. En estas familias complicadas, en estas familias donde las sangres se cruzan como en un dédalo misterioso, no es raro que los hijos salgan con facciones y caracteres difíciles de identificar, diversos e incluso contrapuestos. En la familia de mi madre es fácil observar esto que digo.

Si mi madre, por fuera, por su pelo de un rubio ceniciento y extraño, y sus ojos de un azul delicado, parece una rusa de las mejores y más gentilmente decadentes familias, por dentro, con su complejísima personalidad, tampoco anda muy lejos de las heroínas de Tolstói. Mi madre, mujer de gran ternura, de una ternura casi patológica, es también mujer capaz de dejarse arrebatar por la cólera —a lo mejor por un fútil motivo—, por una cólera al borde de lo enfermizo, y entonces el alcance de sus reacciones cae fuera de toda posible previsión.

Yo, particularmente, pienso que esta fluidez de su carácter, este desequilibrio, si así se quiere, es uno de sus mayores encantos. En mí siento —con la incalculable fuerza de las mareas— esta herencia que mi madre me legó, este entendimiento de la vida por raptos, por intuiciones, por soplos.

Mi madre es mujer difícil de clasificar, y todos sus esfuerzos por vulgarizarse siempre han sido, por fortuna, coronados por el fracaso.

Sobre ella volveré con frecuencia a lo largo de estas páginas.

Llegada al mundo y primeras singladuras

A las nueve y veinte de la noche del día 11 de mayo de 1916, jueves, vine a este valle de lágrimas en la casa del paso a nivel de Iria-Flavia, ayuntamiento de Padrón, diócesis de Santiago de Compostela, provincia de La Coruña, banda de estribor de la ría de Arosa, allá donde se encuentran los ríos Sar y Ulla; fui el primer hijo de los varios que tuvieron mis padres.

Mi madre fue asistida por don Manuel Carballido, un viejo médico rural que recetaba tisanas para no marrar el tratamiento, jugaba al tresillo, hablaba con el caballo y predicaba conformidad.

Setecientos veintisiete años atrás, el emperador Barbarroja salió de Ratisbona camino de la Tercera Cruzada.

Yo nací nieto de ferroviarios, como ya dije, y con la cama de mi madre retemblando por el paso del tren.

Torcuato Tasso es trescientos setenta y dos años más viejo que yo.

En mi casa echaron las campanas al vuelo cuando nací; fue muy festejada mi decisión de haber nacido macho y no hembra y, con ella, me apunté el primero y uno de mis escasos éxitos familiares. Cuando se trata del ganado vacuno pasa al revés, es curioso.

Un siglo y un año antes, el mismo día en que el papa Pío VII fundó sus Guardianes Nobles, Barbudo, toro salmantino, mató a Pepe Hillo en la plaza de Madrid; Goya lo dibujó.

Los mendigos, los hermosos cojos, los nobles ciegos, los graciosos mancos, los amables tullidos, los aparatosos tontos, los tiernos y silenciosos paralíticos, los bellos leprosos del contorno cenaron aquel día caldo con magras de jamón.

Sesenta y siete años han pasado desde que madame Récamier se fue para el otro mundo.

Pesé 3,600 kg.

El año en que nacieron mi padre, Juan Ramón Jiménez y Pablo Picasso, y en el mismo día y mes en que yo nací, murió Federico Amiel sin poner punto final a su diario; probablemente tampoco lo tenía.

A los dos días escasos de nacer empecé a morirme, y desde entonces acá, de vez en cuando, aún pego un susto a mi familia. Esto de mi salud es un poco ya como el cuento del lobo, y el día menos pensado me voy a morir de verdad y no me van a creer.

Como yo algunas veces, en mi casa, doy saltos por el pasillo y rujo, y me subo a los montantes de las puertas, y ya los tengo a todos acostumbrados, un día que me intoxiqué con una inyección y me entró una temblequera que no podía ni hablar, mi mujer, muerta de risa, me decía que me estuviera quieto, que me iba a castigar Dios.

A consecuencia de mi primer patatús a las cuarenta y ocho horas de vida, como digo, mi abuela, para que por lo menos no me fuera al limbo, sino a la gloria, me dio el agua de socorro, y tal celo debió poner en su cometido que agarré semejante catarro intestinal, de plus, que a poco me voy para el cementerio, que por cierto está bastante cerca de mi casa, aunque no tanto como en casa de mi padre, en Túy.

Después lo pensé mejor y no me fui al limbo ni a la gloria y, de momento, me quedé en Iria. Visto el suceso a los cuarenta años[1] de distancia, no sé si quedándome acerté o me equivo-

---

1. Antes hablé de treinta y cuatro años, de que iba camino de los treinta y cuatro años; al repetir el mismo pasaje en la revista *Destino*, el 25 de abril

qué; sea lo que fuere, es algo que ya no tiene remedio. En el cielo se debe de estar bastante bien, esa es la verdad, y yo entonces, ¡angelito!, me hubiera ido al cielo de cabeza, pero —como argumentaba aquella señora agonizante a quien el cura, por reconfortarla, le contaba las alabanzas de la gloria— como en casa, desengáñese usted, ¡en ningún lado!

Me bautizaron cuando me recuperé un poco, en la Colegiata de Santa María la Mayor de Adina, donde en tiempos idos fue obispo san Pedro de Mezonzo, el inventor de la Salve. Me pusieron bastantes nombres: Camilo, por mi padre y mi madre y por tradición familiar; José, por mi madrina y abuela materna; Manuel, por mi padrino; Juan, por mi abuelo materno; Ramón, como todos mis hermanos, en honor de san Ramón Nonato, y Francisco de Jerónimo por ser uno —y el más discreto— de los santos del día. Si llego a nacer en Palencia o en Zamora, a estas horas me llamo Anastasio, o Evelio, o Antimo, o Basso, o Fabio, o Sisinio, o Dioclecio, o Gangulfo, o Mamerto, o Mayolo, o Iluminado, que son, entre otros, los santos del día.[2] Yo pienso

---

de 1953, sumé tres años más; ahora hablo de cuarenta. No hay error en el cómputo: en el momento en que esto escribí tenía, efectivamente, cuarenta años. Al redactar esta nota —el 25 de febrero de 1958— ando ya por los cuarenta y uno. Cuando estas páginas aparezcan formando volumen, Dios dirá. Este libro fue escrito tomándome mucho tiempo para hacerlo, fue redactado a medida que me acordaba de las cosas y tenía sosiego para irlas apuntando. Desde que lo empecé, hasta hoy, han sucedido —me han sucedido a mí— muchos y muy diversos avatares. Pero no precipitemos los acontecimientos. Si preciso, tan cuidadosamente como lo hago, todos estos datos, entiéndase que es no más que por dos respetos: el que debo al lector que me atiende y el que brindo a la cronología, en la que me apoyo.

2. En el número de la revista *Destino* de 4 de enero de 1958, que fue donde publiqué estas líneas por vez primera, doy como santos del día a Poncio,

que si me llego a llamar Evelio Cela no hubiera encontrado editor para mis libros. Evelio Cela es nombre de cabo de trompetas.[3]

Lo que no me pusieron en la pila bautismal fue Zacarías, ni Abraham, ni David, como dije, para molestar, cuando los nazis andaban a vueltas con aquella pesadez de los arios puros. En otros lados, en vez de David puse Leví;[4] en la variedad está el gusto. Algunos se lo creyeron,[5] lo cual me complace porque pienso que un poco de confusión siempre es saludable. Otros

---

Anastasio, Evelio, Eudalgo y Pedro Armengol; tomé los datos de la agenda de la compra de mi mujer, documento que parece ser que obra por aproximación. Consulto ahora el *Martirologio Romano, ajustado a la edición vaticana de 1948*, del P. Valentín M. Sánchez Ruiz, S. J., y veo que no registra a san Eudalgo; que da dos san Poncio y ninguno el 11 de mayo, y que señala a san Pedro Armengol el 27 de abril. También incluye el día de mi cumpleaños a diez o doce santos más, de los que elijo algunos.

3. Si me llamo Mayolo Cela, o Iluminado Cela, o Sisinio Cela, también me hubiera costado mi trabajillo. Mayolo Cela es nombre de marica; Iluminado Cela es nombre de tonto, y Sisinio Cela es nombre de aprendiz de fontanero.

4. En los ya citados papeles «Ficha de un escritor universitario» y «Habla el autor», pongo los nombres Camilo, José, Manuel, Juan, Ramón, Francisco, Santiago, Abraham, Zacarías, David. En la «Autobiografía de C. J. C.» que doy al final de la primera edición de *Santa Balbina 37, gas en cada piso*, revista *Haz*, mayo de 1951, y en la «Breve autobiografía del inventor» con que encabezo el libro *Baraja de invenciones*, quito Manuel, intercalo Antonio entre Francisco y Santiago, y cambio David por Leví; citaba de memoria y, amén de los nombres inventados, confundía los ciertos.

5. En *Amanecer*, de Buenos Aires, el primer diario israelita de Suramérica, apareció el 23 de marzo de 1957 un suelto titulado «Un descendiente de judíos en la Real Academia Española»; se refiere a mí y, entre algunos errores sin mayor importancia, afirman que «en la España falangista, ultramontana y criptomonárquica» nunca oculté mi origen judío. Lamento haberlos confundido; no soy judío, aunque los judíos tengan toda mi simpatía y piense que el Estado de Israel es uno de los más curiosos y plausibles experimentos

no se lo creyeron tanto.[6] Ahora, derrotados los nazis, quienes dan la lata con la monserga de las razas son los yanquis y los surafricanos. Mañana, Dios dirá.

Me bautizó don Victoriano Catoira, viejo cura tresillista, y mis padrinos fueron mi abuela materna y mi tío Manolo, hermano de mi padre. Si llego a querer casarme con cualquiera de los dos, hubiera tenido que pedir dispensa. El padrino me regaló un reloj de plata que por detrás ponía mi nombre; me duró hasta la Guerra Civil, en que me lo robaron. La madrina me regaló una medalla de oro con la Virgen del Carmen por un lado y Santiago Apóstol por el otro; me duró hasta que la vaca Toxenta se la comió, tomándola, quizá, por la silvestre espiguilla de la yerba gualda.

De aquel año no me acuerdo de absolutamente nada, ni poco ni mucho, y yo creo que mienten los que aseguran que se acuerdan perfectamente de su bautizo. Salvo los presos y los soldados, que algunos se bautizan a los veintitantos años para mejor aprovechar el regalo —y también el sabio consejo— del padrino, que suele ser el gobernador civil o el coronel, los demás, los hombres corrientes y molientes que nos bautizamos

---

políticos de la historia. Si dije lo que dije fue, exclusivamente, para molestar; y no —de cierto— a los judíos. La cita que en el aludido diario se me hace no es exacta del todo: la frase «debo descender de aquellos judíos del siglo XV que no acataron el decreto de expulsión de agosto de 1492 y pudieron disimularse en los laberintos de Iria-Flavia» no la escribí jamás. De otra parte, la geografía de Iria-Flavia es de lo menos laberíntica que se pueda uno imaginar.

6. Rafael Cansinos Assens, en su artículo «Balzac y los judíos», publicado en *Comentario*, Instituto Judío-Argentino de Cultura e Información, Buenos Aires, año IV, núm. 16, julio-agosto-septiembre de 1957, dice: «... tampoco nos convence este otro escritor de nuestros días, Camilo José Cela, en su autoafirmación de judaísmo... Sus dos apellidos —Cela y Trulock— no tienen fisonomía hebraica ni despiertan reminiscencias fonéticas de esa oriundez semítica».

a los pocos días de nacer, no recordamos ni aun los detalles más sobresalientes. El que diga que sí miente como un villano y sus palabras no deben creerse.

En torno a la iglesia donde fui bautizado, está el cementerio de Adina, que cantó Rosalía de Castro. En él yacen hoy mis abuelos y mis dos hermanos muertos; cuando nací, aquella tierra no guardaba más que huesos de bisabuelos, huesos sobre los que no toca llorar.

Rosalía de Castro vivió algún tiempo en el pazo de La Retén, al otro lado de la vía, en la falda del monte Meda, al que algunos, no muchos, llaman Miranda. Pérez Lugín, que era primo segundo de Rosalía, hace una cumplida descripción de este pazo en el capítulo XI de *La casa de la Troya*, si bien la sitúa, por otras razones, en el valle de las Marinas. *La casa de la Troya* es una novelita que describe la vida de Santiago para uso de las gentes a quienes interesa más la vida de Santiago que la literatura. Rosalía —aunque su partida de nacimiento diga ser de padres incógnitos— era hija de doña María Teresa de la Cruz de Castro y Abadía, dama de ilustre familia, y de don José Martínez Viojo, presbítero.

Carolina Otero, la bella Otero, que también era de por allí, tuvo un origen parecido; se conoce que es costumbre del país. Rosalía de Castro murió en el barrio de la Matanza, frente a la estación del ferrocarril. Su casa, sin encanto alguno —¡ay, el pazo de La Retén, de tan noble planta y tan saudosa silueta!— luce en la fachada una lápida que perpetúa el acontecimiento. El paisaje poético de Rosalía —Bastabales, Santa María de Adina, Padrón, Lestrove— fue el mismo que me vio nacer.

De aquel tiempo no guardo, digo, más recuerdo que una cartulina con vivo azul celeste —por dos razones: porque es el color gallego y porque yo era niño— en la que mis padres participaban mi feliz llegada a sus amistades. La nota que publicó el periódico diciendo que tanto la madre como el recién nacido —servidor— se encontraban en perfecto estado de salud no era, probablemente, sino el desahogo en imágenes del lirismo de su redactor, ya que tanto mi madre como yo estábamos que se nos ahogaba con un pelo. Después, como se conoce que éramos duros, fuimos levantando cabeza, y, hoy por hoy, aquí seguimos los dos sin mayor novedad.

Por entonces ella —mi madre— estaba más en el otro mundo que en este y, bien a pesar de ambos, no pudo criarme; a mí me sacó las castañas del fuego que ya empezaba a quemarme, y la panza del mal año que cualquiera adivinaba que no llegaría a cumplir, un ama voluntaria y honoraria, meritísima y sanísima que me prestó sus fuerzas y que me hizo la caridad de la vida: Manuela Boullosa, mujer del jefe de estación de Padrón. El doctor Martínez de la Riva, que llegó de Santiago de Compostela llamado en consulta, a toda prisa y en un tren especial que mandó ponerle el abuelo, bien claro había dicho que o comía o me moría. Manuela Boullosa me dio de comer y me libró de morir. Manuela Boullosa vive hoy rodeada de hijos e hijas, yernos y nueras y nietos y nietas, en Catoira, a la otra banda de la ría, saludable y terne y de buen color. Hace unos meses fui a verla y me dio una memorable comida de quince o veinte platos, una docena de postres, diez vinos, y cafés, copas y puros sin cuento. A mí me emocionó verla, tan auténtica, tan azorada y tan de ley. Me regaló una fotografía de las torres del Oeste, a la que correspondí con otra de mi recepción en la Academia, que mi ama colocó al lado de la bendición de S. S. el Papa.

Poco después, el malhadado y trágico accidente en el que perdió la vida uno de los comensales, un noble amigo[7] —para colmo de desdicha, padre de un entrañable amigo—,[8] puso un negro velo de dolor en la memoria de aquel día feliz.

Mi primer recuerdo —un tanto confuso— data de Almería, a donde me llevaron, y es lástima que no se refiera a mi madre, lo que siempre sería ejemplar, sino a unas vacas que había al lado de casa, a mi ama la andaluza Carmen, que era medio gitana, y al clavel rojo que llevaba en el moño y contra viento y marea. Tan entusiasmada estaba mi ama Carmen con su clavel rojo que no se lo quitó a pesar de que mi madre —agotados ya otros argumentos— le ofreció subirle un duro (un duro del año 16) su paga mensual. Mi ama Carmen tenía la cabeza como un adoquín. ¡Lástima que, contra lo que las gentes dicen, no sea cierto eso de que se heredan —o contagien— las inclinaciones de las amas!

Mis recuerdos almerienses —confusos, como digo— no son visuales sino auditivo-olfativo-táctil-adivinado-visuales, todo junto. Ya que de mi ama no pude aprovecharme, de mi madre sí heredé —y la primera confirmación la tengo desde entonces— la capacidad para referir percepciones a diferentes e intercambiables sentidos. Por ejemplo: esta rosa huele como la silueta de aquel puente; el terciopelo es suave como el tacto del «Para Elisa» de Beethoven; las fresas silvestres saben como la luna en el agua del molino, etc. Estos ejemplos —y muchos más que podría citar— no son míos sino de mi madre. Yo no

7. Don Faustino Isorna, secretario del Ayuntamiento de Catoira, muerto el 17 de julio de 1957 al chocar, en el paso a nivel de su pueblo, un tren con el automóvil en que viajaba.

8. Baldomero Isorna, procurador de los tribunales de Madrid, casado con Choncha Martínez de la Riva, hija del médico que había venido a verme desde Compostela.

hago más cosa que usarlos; sé que a ella —citando la procedencia, como hago— no ha de parecerle mal.

Hasta mis nueve años en que llegué por segunda vez a Madrid, mi geografía fue todo lo convenientemente revuelta como para que ahora, al cabo del tiempo, así la hubiera deseado de no haberla tenido: Villagarcía de Arosa, Iria-Flavia, Londres, La Coruña, otra vez Iria-Flavia, Madrid, Barcelona, Cangas de Morrazo, más veces Iria, Túy, Vigo y Madrid de nuevo fueron mis infantiles y atropellados itinerarios. De cada punto que toqué, un par de recuerdos me permanecen fijos en la memoria, sobre todos los otros. Uno de ellos, por lo común, es una enfermedad, propia o ajena. Casi todas las etapas de mi infancia, de mi adolescencia y de mi juventud, vienen marcadas por enfermedades: las tuve muy variadas y diversas.

Villagarcía es la gripe del 18; todos están enfermos, menos mi padre y, ¡cosa rara!, yo. Mi madre tiene un hijo que muere a la hora de nacer. Los médicos desconfían de poder salvarla... Yo ni me entero. En la terraza, entre las palomas, me las arreglo por instinto y como Dios me da a entender. Sé que no debo bajar ni un solo peldaño de la escalera, cosa que no me parece mal. De cuando en cuando, sube mi padre y me da una manzana o un vaso de leche y unas galletas.

Del susto de la gripe nos vamos todos a reponer a la casa de Iria y la niñera rueda conmigo en el brazo todo un tramo de la escalera. Ella libró, pero yo me fui golpeando peldaño tras peldaño y rendí viaje dándome con la cabeza contra el primero de ellos, el único de piedra. Me quedé como muerto y me acostaron. El médico Carballido, según su técnica en estos casos, predijo conformidad.

—Vosotros sois jóvenes —les dijo a mis padres—, aún podéis tener muchos hijos...

Mi madre se desmayó. Mi padre llevó a Carballido a otra habitación.

—El niño ¿se muere?

—¡Psché!

—¿Se fracturó la base del cráneo?

—Lo más posible.

Me llevaron a una habitación del fondo y una persona a cada lado de la cama vigilaba, día y noche, y evitaba que moviese la cabeza. El abuelo prohibió la circulación de trenes de mercancías y ordenó que los de viajeros aminorasen la marcha al pasar por delante de casa. En la fábrica de azúcar, el gerente, en mi honor, dejó de tocar la sirena que anunciaba el comienzo y el fin de la jornada. En los tres días que tardé en resucitar, nadie habló en aquella casa. A la puerta, el viejo Juan, el jardinero, detenía a las gentes que iban de visita.

—Camiliño Josesiño está mejor; morir aún no murió y, de estos golpes, los rapaces, cuando no mueren enseguida, sanan. Si Nuestro Señor Santiago quiere, Camiliño Josesiño sanará.

A los tres días abrí los ojos. No vi a nadie pero, según me contaron después, me vio abrir los ojos toda la familia. La niñera comió por vez primera desde el golpe, y dejó de llorar. Después, con sus ahorros, hizo dos compras: un hábito color morado para ella y un carnero de retorcidos cuernos para mí. La abuela organizó un *Te Deum* al que asistió todo el pueblo y un té con pastas al que asistió parte del pueblo. El abuelo redimió doce mozos de quintas y se olvidó de decirle a los mercancías que volvieran a pasar. A las dos semanas, cuando protestó la Cámara de Comercio, tornaron las aguas a sus cauces y los trenes a sus siempre relativos horarios.

Para festejar la vuelta de mi salud, comí un domingo a la mesa grande, a la izquierda de la abuela y frente a mi padre.

Los domingos, en casa de la abuela, se usaba una vajilla solemne, de porcelana inglesa de Worcester, azul cobalto con un minúsculo escudito de los Trulock en el fondo y con bordillo de oro. Tuve mala suerte y rompí un plato. Todos me miraron pero nadie me dijo una sola palabra. La doncella Marta, a quien se le escapó un «¡Nene!» de emoción, fue cortada en seco por un gesto de la abuela. El silencio fue interrumpido por mi padre que me pasó otro plato.

—¡Meu rei, meu reiciño...!

La abuela sonrió a mi padre, con más empaque que sinceridad y más solemnidad que simpatía, y yo no volví a comer a la mesa grande en mucho tiempo.

Lo del carnero —que se llamaba Abd-el-Krim— acabó como el rosario de la aurora, porque el animalito, que no tenía costumbre de estar atado, rompió la cuerda que lo sujetaba a un árbol, embistió a una puerta de cristales y medio se degolló. Hubo que rematarlo, cosa de la que, por fortuna, no me enteré. Para proveer la plaza vacante me trajeron un corderito pequeño y manso; mis tías le pusieron un lazo verde y un cascabel dorado y lo bautizaron con el nombre de Saturnino, que probablemente encontraron muy gracioso. El ulterior fin de Saturnino lo ignoro.

Para mí, Londres, entonces, es mi tía abuela Katherine y sus sabios consejos —un caballero, my dear, no mira escaparates— y la señorita Esperanza, una santanderina talluda y un tanto cuáquera, que me enseña a hablar el español de oído y por el método F. T. D. (curso elemental), que mete la cabeza en la hirviente olla de los vahos de eucaliptus, para darme ejemplo, y que me baña todas las tardes a las 5.30 o'clock. No he vuelto a saber de ella jamás; probablemente se murió de vieja, por aquella época no era ya ninguna niña. Me hubiera gustado haber podido agradecerle su paciencia en la bronquitis que pasé y sus emocionantes cuentos de Andersen: el bálsamo de mi convalecencia. A mi tía Kate la volví a ver la última vez que estuve en Inglaterra, hace dos o tres años, exactamente en noviembre del 54. Ya no está en Londres sino en Worthing, el condado de Sussex, que es a donde se van a morir los ingleses. Ella no me vio a mí porque estaba ciega, pero me tocó y me acarició y me habló un español emocionante, un español que nunca había hablado bien y que llevaba más de medio siglo sin practicar. ¡Pobre tía Kate! La quise traer a España —y ella se hubiera venido con gusto— pero ni ella ni yo tuvimos suerte. Pertenecen muy al mundo privado las razones de nuestro común fracaso. Dejemos estar este extremo doloroso.

En mi Londres de niño, me emociono con la presencia de mi tío John, hermano mayor de mi madre, héroe de la guerra europea y ciego de los gases alemanes. Criaba perros de lujo y solía pasarse medio año en Canarias; mi amigo Pepín del Río, de Las Palmas, aún lo recuerda: distinguido, raro y aprisionado por el *spleen*.

En La Coruña —¡qué desilusión la llegada: en España, contra lo que me habían dicho, no luce el sol!— están mi prima Nina, mi primo Camilo —muerto, pocos años después, de un tifus que asoló la ciudad— y mi primo Jacobo. Los dos primeros eran algo mayores que yo y los dos me dejaban jugar con ellos. Les guardo gratitud eterna.

En Iria, en casa de mi abuela, paso la tos ferina. Es el tiempo de las vacas gordas en la familia y tanto la abuela como mis tías pintaron de oro y azul aquellas semanas, felices a pesar de los golpes de tos que me dejaban rendido y medio muerto. Años más tarde —pocos años más tarde— y subido a un manzano, como oí decir que hacía Rosalía, escribo mis primeros versos: «Oda al mar» y «Madre, madre». Los originales los guardó mi madre hasta la Guerra Civil, en que se perdieron. Al pie del manzano hay un criado, por si me caigo.

Cuando me puse bueno, la abuela me solía traer diez o doce niños por las tardes, para que me entretuvieran; merendábamos en un pradito que había detrás de la casa y que hoy se comió la desviación de la carretera: ellos, sentados en el suelo, yo, en un cojín, para que no me enfriase. Les tenía una envidia atroz, pero con la abuela eran inútiles todas las rebeliones.

En aquel tiempo se me educó para inflagaitas: si libré fue de puro milagro. O porque no tenía madera, que todo puede ser.

En Iria aprendí fabulosas historias de la familia, marinos que habían dado la vuelta al mundo, abuelos que construían ferrocarriles en la India, tíos abuelos que desarmaban moros a patadas, príncipes húngaros que pretendían emparentar con nosotros... En Iria también aprendí a cazar grillos y a amaestrar pollos, que no es nada fácil y que hay que tener mucha paciencia...

Madrid. Plaza del Dos de Mayo y paseos, de la mano de mi madre, por Rosales. Estuve poco tiempo; el suficiente para pasar la varicela. Sólo recuerdo que, cuando sané, iba los domingos, con mis padres, a casa de unos señores que tenían una niña, un año mayor que yo, que se llamaba Concón. Concón me traía por la calle de la Amargura y se pasaba las tardes de domingo dándome tortas que yo, caballerosamente, encajaba sin devolverle. Cuando se enteró mi madre, me dijo:

—Tú no le pegues primero, pero, si ella te pega a ti, tú no seas tonto y no te estés quieto.

Aquella semana transcurrió lentísima para mi impaciencia. Cuando llegó el domingo y, tras la merienda, nos fuimos Concón y yo al cuarto de los juguetes, yo me quedé mirándola con un gesto desafiador.

—Anda, tonta, ¿por qué no me pegas?

Concón me dio una bofetada a tal velocidad que casi ni me dejó terminar. A renglón seguido la pateé. Me costó algún trabajillo el arrancarme pero procuré sacar fuerzas de flaqueza y me arranqué. También me remordió la conciencia porque Concón, aunque pegona y feuchina, era simpática y sabía y tenía muchas cosas que yo ignoraba y que —es posible que para reírse de mí— me enseñaba. Yo, de todas las maneras, se lo agradecía.

En Barcelona volvieron, ¡cómo no!, las enfermedades: mi padre coge las fiebres de Malta, y mi madre, una grave infección intestinal. La dueña de la casa en que vivimos pasa recado a mis padres de que no se preocupen ya que, de llegar el momento, ella se encargaría de prohijarme. Recuerdo a mi tío Pío —hermano de mi padre— cruzar la casa con un ratón cogido por el rabo; lo echó por el retrete y después tiró de la cadena. Me pareció todo enormemente injusto y salí a la galería, a llorar; lo pasé muy bien.

Aprendí el catalán —¡qué lástima haberlo perdido!, y, en cierto modo, ¡qué vergüenza también!— y servía de intérprete entre Antonia y Antonieta, nuestras dos criadas, y mi madre.

La niña del piso de abajo me invitó a sopas de pan en vino y, al volver a casa, tuvieron que acostarme. Me queda el consuelo de saber que mi borrachera inicial no fue producto de una estúpida juerga de bachilleres, sino, por el contrario, consecuencia de haber estado bebiendo, mano a mano, con una mujer: los dos —ella y yo— debidamente reducidos a escala.

También se me grabó en la memoria —y en la congoja— una cuerda de presos que vi pasar por detrás de casa; les tiré una peseta que tenía, pero no la cogieron. Uno de ellos me miró, quiero creer que con cariño; yo le dije adiós con la mano y, como cuando lo del ratón, me escondí a llorar a mis anchas. Quizá sea demagogia infantil, pero en aquellos momentos me sentía un poco culpable de que aquellos hombres fuesen, con las manos atadas, camino de presidio.

En Barcelona nació mi hermana Teresa María, que tan poco tiempo había de durar. El sino de mis hermanos, por lo visto, era el de morirse y el mío, por carambola y lógica reacción de todos, el de vivir como una flor de estufa y rodeado del mimo, casi agresivo, de padres, abuelos, tíos, etc. ¡Con qué rara mezcla de admiración y de envidia se me iban los ojos tras los felices niños callejeros, que andaban deliciosamente sucios, que chupaban helados, tiraban piedras, perseguían gatos, bajaban a las alcantarillas, se subían al tope de los tranvías, comían cacahuetes y chufas y, para colmo, no tenían ni una mala y ligerísima enfermedad! Aquello también me parecía injusto, tan injusto como lo del ratón y lo de los presos.

La noción de lo justo y de lo injusto fue en mí una sensación precoz, y la impotencia ante la injusticia, algo que me sublevaba y me hundía en hondos baches de tristeza. Mi reacción al sentirme invadido por la injusticia era siempre la misma: la huelga del hambre. Mi madre llevó siempre con buen tacto mis actitudes y siempre comprendió con fina inteligencia que la dureza no era el sistema más indicado para volverme al orden. Mi madre fue siempre una mujer sensible —y enérgica, al tiempo— que hubiera hecho sin duda alguna un buen papel diplomático, de habérsele encargado. Mi infancia, al lado de otra mujer distinta, hubiera sido, probablemente, muy desgraciada.

Cuando mi padre fue destinado a Vigo, la ciudad estaba en una de sus saludables crisis de crecimiento y, mientras no encontramos casa, nos fuimos a vivir a Cangas de Morrazo, al otro lado de la ría.

De aquel tiempo sí guardo clara noción.

Entonces vi, por vez primera en mi vida, un escritor de cerca, y poco después descubrí, con sobresalto, que las mujeres y los hombres no éramos exactamente iguales.

El poeta Noriega Varela, doce años más viejo que mi padre, era amigo suyo desde los tiempos de Foz, a principios de siglo.

Noriega había estudiado para cura en el seminario de Mondoñedo, pero después dio marcha atrás y se hizo maestro de escuela; Noriega estaba cargado de hijos que le habían dado sus dos mujeres, y su economía, cosa lógica dado el oficio que ejercitaba y la propensión a la paternidad que demostraba, no era muy boyante. Mi padre lo invitó a pasar una temporada con nosotros y Noriega tomó primero un autobús, después el tren y por último un vaporcito y se presentó en casa con un maletín minúsculo y unas inmensas reverencias.

—¡Meu señor don Camilo, meu benfeitoso irmán, que chámame a o acougo do seu cor! ¡Xa sabía eu, xa dábame o latexo qu'iba a-topalo co'a man da caridade acesa!

Noriega Varela era un gran poeta y tan buena persona como teatral y ditirámbico. Físicamente creo recordarlo alto y magro, melenudo, vestido con modestia aunque con cierto empaque y algo —o quizá bastante— desaseado. Mi madre me había dicho que iba a venir un señor muy importante y, cuando Noriega llegó, yo me desilusioné. Los niños, como los negros, tienen un concepto un tanto externo y aparencial de las importancias, y yo, al poeta Noriega Varela, aquel señor, en efecto, tan importante aunque no lo pareciera, hubiera preferido verlo gordo y solemne. Era entonces muy niño aún y todavía ignoraba que los señores gordos y solemnes, salvo excepciones, suelen ser un dechado de memez, una rara combinación de fatuidad y de estulticia. Entonces tampoco sabía que la memez, la fatuidad y la estulticia —y sus parientes próximos la sandez, la ruindad y la avaricia— eran tenidas, en la sociedad en que vivimos, por virtudes cívicas, inexcusables, para alcanzar la consideración de fuerza viva.

Noriega y mi padre hablaban siempre en gallego; cuando estaba mi madre delante usaban el castellano. Mi madre, que solía caminar por la luna o, al menos, por las nubes, dio un traspiés regular cuando le preguntó a Noriega que dónde quería que le colocasen el equipaje y que si tenía algún traje que dar a planchar. Noriega, que comulgaba en las disciplinas del honestísimo pudor de la pobreza, respondió discreto y gentil como no lo hubiera hecho mejor Amadís de Gaula:

—Mi equipaje, señora, ya he mandado ponerlo en la alcoba que usted tuvo la amabilidad de disponer para mí. En cuanto a mi ropa, ¿para qué voy a molestarle? Ya hablaré yo con la criada...

Mi padre le hizo una seña a mi madre y mi madre entendió y se puso roja como un tomate. Queriendo arreglarlo, volvió a patinar.

—¿Quiere lavarse las manos? Tiene agua en el lavabo de su cuarto.

Noriega se miró las manos con parsimonia; probablemente, a juzgar por su aspecto, no se las había lavado en diez o doce días.

—No lo creo preciso, señora, yo no quiero ocasionarle molestias...

Mi madre, dicho sea en su disculpa, tenía muy escasa práctica en el trato de los poetas. Al día siguiente, cuando Noriega le devolvió el vaso del cepillo de los dientes —un cepillo de los dientes que no existía— para que no se rompiese, según le dijo, mi madre se sorprendió ya mucho menos.

A mí, aunque entonces no entendía el gallego, me gustaba, por su pura musicalidad, oír hablar a Noriega, que era un conversador infatigable. De él guardo un recuerdo respetuoso y lleno de admiración —a pesar de lo poco que me gustó cuando lo vi— y la lectura de sus delicadas poesías despierta en mi espíritu muy remotos y añorantes ecos. Antonio Noriega Varela fue un poeta virgiliano y su obra está traducida a seis lenguas europeas extrapeninsulares. Murió en Chavín, Vivero, a los veinticinco años de haber estado en nuestra casa de Cangas. Poco antes de su muerte me hizo llegar un volumen de sus poesías con una cariñosa dedicatoria que mucho le agradecí. A punto ya de agonizar, según me contó un cura amigo mío, don Carlos Polo, de El Ferrol, recomendó a su mujer que, para cualquier apuro o cualquier duda, recurriese a don Camilo, «meu benfeitoso irmán». Es bello saberse hijo de alguien a quien los poetas recuerdan al morir.

Desde Cangas, mi madre y yo solíamos ir con frecuencia a Iria. A veces iba solo, a pasar una temporada con la abuela, que me quería mucho. Yo también la quería mucho a ella y en Iria me sentía muy feliz. Los viajes a Iria fueron muy numerosos y me sería difícil reseñarlos uno por uno. Mis paseos a la falda del monte Meda deben de comenzar por entonces.

En uno de los viajes me encuentro con la triste noticia de la muerte del abuelo y con la novedad de que el inglés deja de ser la lengua oficial de mi familia. La abuela me recuerda que en nuestra casa no es costumbre que los hombres lloren. No me ponen de luto. Tampoco me entristezco demasiado porque ignoro que aquel tren de vagoncitos verdes como la mar y negras y rugidoras máquinas, se va de la familia a los FF. CC. del Oeste de España al mismo tiempo que se va el abuelo para el otro mundo. ¡Adiós, tierno The West, tren que me viste nacer, humo propicio! Dejemos esto. De nada vale lamentarse de lo perdido.

Pedreda es una aldea que queda enfrente de casa, al lado de un bosquecillo de robles entre los que crecen las violetas y las fresas silvestres, el húmedo musgo, el fresco helecho, el tierno culantrillo y la mora agraz y de color morado. Hacia La Retén viven las camelias y las gardenias y las magnolias, cuyas hojas se pueden fumar, con sus flores delicadas, bellas y tristes, y hacia Pazos y la Esclavitud huelen, con su aroma dulzón y también triste, el jacinto, el nardo y el jazmín.

En el bosquecillo de Pedreda me tumbo en el suelo, con la cabeza apoyada en el regazo de la niñera, y miro cómo las mariposas de grandes y pintadas alas revolotean a mi alrededor. Una vez que me estuve muy quieto, una mariposita pequeña y de color azul se me posó en la nariz; contuve la respiración para no espantarla, pero de repente me imaginé que era el demonio y empecé a dar alaridos y a tirar patadas. La niñera tuvo que llevarme a casa, hecho un mar de lágrimas, y le costó mucho trabajo explicar lo que me había pasado. Mi madre me dio la razón y me sosegó.

—Tú no hagas caso. Lo más seguro es que aquella mariposita fuera el demonio, ¿por qué no?, pero eso no debe preocuparte. Cuando creas que se te presenta el demonio, tú dices: «Jesusito de mi vida, tú eres niño como yo, si esa mariposita (o ese pajarito, o esa gallinita, o lo que sea) es el demonio, espántalo para que me deje en paz». Entonces, si es el demonio, Jesusito te lo espantará, ya lo verás.

Me quedé muy tranquilo y me fui al gallinero, a hacer la prueba. Ninguna de las gallinas era el demonio. Después pasé por la vaquería; tampoco allí estaba el demonio, en forma de vaca. Después me llegué a la cuadra; los caballos —ya me lo imaginaba yo— no eran el demonio, de eso estaba bien seguro.

Por la noche no podía dormir.

—Jesusito de mi vida, tú eres niño como yo, si el quinqué es el demonio, espántalo para que me deje en paz.

El quinqué ni se movió, se conoce que no era el demonio: se hubiera quemado.

—Jesusito de mi vida, tú eres niño como yo, si el vaso de leche es el demonio, espántalo para que me deje en paz.

El vaso de leche ni se movió, por lo visto tampoco era el demonio, se hubiera ahogado.

—Jesusito de mi vida, tú eres niño como yo, si el edredón es el demonio, espántalo para que me deje en paz.

El edredón ni se movió, estaba claro que tampoco el edredón era el demonio: se hubiera asfixiado de calor, el edredón da un calor tremendo.

—Jesusito de mi vida...

Al final ya me faltaban referencias. Cuando mi madre, al ir a acostarse, pasó a darme un beso, me encontró despierto.

—¿Y tú?

—No puedo dormir, a lo mejor anda el demonio por ahí.

Mi madre se sentó a los pies de la cama y me cogió la mano. A los cinco minutos estaba dormido.

En Iria se murió mi hermana Teresa María, la barcelonesita. A mí, para que no fuese testigo del dolor, me llevaron a casa de unos señores que tenían un hijo de mi edad; vivían a la entrada de Padrón, en la calle de Gasset y Artime, en una casa honda y cómoda con una huerta a la parte de atrás. La huerta era misteriosa, sombría e incluso emocionante. Mi amigo se llamaba Asensito Bernal y murió en la Guerra Civil, en el frente de la Ciudad Universitaria. Asensito, que parece diminutivo de Asensio, no sé qué nombre sería. En el *Martirologio Romano* no viene Asensio; de Asela, virgen, que es el 6 de diciembre, pasa a Asíncrito, de quien escribe el apóstol san Pablo en su *Carta a los romanos*, que es el 8 de abril. A lo mejor es Ascensión, nombre que, aplicado a un hombre, cobra resonancias de general mejicano.

A los dos días del entierro de mi hermana me llevaron otra vez a Iria. Hasta una semana después no se me ocurrió preguntar por Teresa María.

—¿Y la nena?

La niñera se echó a llorar y no me contestó. No entendí nada y me fui a ver al jardinero.

—Oye, Juan, ¿y la nena?

El jardinero no supo ni siquiera mirarme. Las órdenes de la abuela, según pude colegir después, eran tajantes.

—Déjame trabajar, Camiliño Josesiño, déjame podar los rosales...

Quizá le tembló la voz para decírmelo, no podría precisarlo. Volví a casa y busqué a mi madre, que estaba en la sala y casi a oscuras.

—¿Se puede?

—Pasa, hijo.

Mi madre me sentó en sus rodillas y me rascó la cabeza. A mí siempre me gustó mucho que me rascasen la cabeza.

—Oye, mamá, ¿tú sabes que han escondido a la nena? Nadie quiere decirme dónde está.

Mi madre me apretó contra su pecho y guardó silencio.

—¿Tú sabes dónde está?

Mi madre habló con un hilo de voz.

—La nena está en el cielo, hijo mío, se la llevaron los angelitos...

Los dos nos echamos a llorar y yo pensé que, si volviera a encontrarme con la mariposita azul del bosquecillo de Pedreda, le hubiera pedido que me ayudase a rescatar a Teresa María del poder de los angelitos.

Salí al jardín y Juan me preparó un inmenso ramo de rosas.

—Juan, ¿quieres hacerme un ramo de rosas?

—¿Para quién son, Camiliño Josesiño?

—Para mamá.

Con mi ramo de rosas, volví a la sala.

—¿Se puede?

—Pasa, hijo.

—Mamá, te traigo un ramo de flores. ¿Verdad que son muy bonitas?

—Sí, hijo, muy bonitas.

Mi madre volvió a llorar.

—¿No te gustan?

—Sí, me gustan mucho, son preciosas...

Al día siguiente apareció roto en mil pedazos un angelito barroco que la abuela tenía sobre su mesa de noche; era uno de los orgullos de la casa, ¡peor para él!, y yo sé bien quién lo rompió. Y mi madre también, porque se lo dije.

—No digas nada a nadie, hijo.

—No.

No volví a preguntar por Teresa María y, al poco tiempo, la había olvidado. La memoria —aquella fuente de dolor— era herramienta que me funcionaba de muy arbitraria y providencial manera.

En el pueblo hubo títeres y yo fui a verlos con Juan el jardinero. Dos números me llamaron mucho la atención: el de una señorita que andaba por la cuerda floja con una pasmosa naturalidad y el de un negro que se rompía ladrillos y cascos de botella en la cabeza. ¡Qué tío!

—Camiliño Josesiño, no es por nada, pero yo pienso que eso lo haces tú.

—¿Tú crees, Juan?

Al llegar a casa, probé. Me fui al *office*, cogí un plato y me lo estampé en la cabeza. Mi estupor no tuvo límites cuando vi que el plato saltó en mil pedazos y sin hacerme el menor daño. Al ruido vino Marta, la doncella de la abuela. Marta era castellana y andaba siempre de cofia y muy puesta. Se sentía superior a las demás criadas —quizá lo fuera— y las demás criadas la odiaban y le hacían continuos desplantes y perrerías: le vaciaban un salero en la sopa, le llenaban la cama de rapé, le escondían el agua mineral de la abuela, etc. Ella guardaba todo lo que le echasen porque era la única que andaba siempre con la abuela y eso, por lo visto, era compensación suficiente. Teníamos casa abierta en Santiago, en Villagarcía y en Iria, pero la única criada que iba de un lado para otro como una sombra de la abuela era Marta. A mí me resultaban más simpáticas las demás mujeres que por allí andaban: la otra doncella, Juana, que tropezaba siempre y que era novia de un mozo molinero; la cocinera Joaquina, que me daba patatas fritas y que tenía un lobanillo del tamaño de una nuez en la nariz; la niñera Julia, que me llevaba a pasear por el bosque y por la orilla del río; la pincha Paquita, hija de la cocinera Joaquina, que era bizca y pelirroja y que cantaba en la catequesis; la lavandera Rosalía, a quien el marido le mandaba botes de «phoscao» desde Buenos Aires; la costurera Carmelina, que era muy bella, tenía unos ojos hondos y soñadores y estaba casada con el señor Andrés, el de la fábrica; la otra costurera, Marcela, que era leprosa y se pasaba el día sudando.

—¿Qué pasa, niño?

—¡Nada, tonta!, ¿no lo ves?, que me estoy rompiendo los platos en la cabeza.

La abuela tocó la campanilla; Marta se dio un toquecito en la cofia —¡sería ridícula!— y se presentó.

—¿Llamaba la señora?

—Sí. ¿Qué es ese ruido, Marta?

—El niño que se está rompiendo platos en la cabeza, señora.

Mi abuela pegó un respingo en su butaca. *I promessi sposi* de Manzoni, que era probablemente el libro que estaba leyendo —porque era el que leía casi siempre—, rodó por el suelo.

—¿Qué dice usted, Marta? ¿No se le ha ocurrido otra disculpa mejor?

—Dispense, señora.

La abuela resopló. La abuela era mujer que no admitía lo imprevisto; ni aun con su nieto, criatura que no solía hacer una a derechas.

—¿Qué era ese ruido, Marta?

Marta guardó silencio.

—Haga usted el favor de responder a lo que le pregunto, Marta. ¿Qué era ese ruido?

—Dispense, señora... El niño...

—El niño, ¡qué!

—Nada, señora, el niño que se rompió un plato en la cabeza.

Mi abuela no entendía una palabra.

—¿Que el niño se rompió un plato...?

—Sí, señora, un plato.

—¿Y en la cabeza...?

—Sí, señora, en la cabeza.

La abuela se revolvió en el asiento. La abuela puso la voz de los acontecimientos solemnes.

—Marta, debería saber usted que no soy amiga de bromas; si está usted enferma, acuéstese pero no desvaríe. ¡Cómo se va a romper el niño un plato en la cabeza!

—No sé, señora.

La abuela empezó a ponerse nerviosa.

—El niño, ¿está herido?

—No, señora, no está herido.

Marta casi no pudo redondear su respuesta; un estruendo de platos rotos que llegaba del fondo de la casa medio le cortó la última palabra.

—¡Marta!

—¡Señora!

—¡Que venga el niño!

—Bien, señora.

Cuando me presenté en la sala la abuela me dio la mano a besar. Mala señal. Después me habló tratándome de usted. Segunda mala señal. Yo bajé la vista.

—Recuerde usted que quiero saber siempre la verdad y que un niño fino jamás miente.

—Sí, abuelita.

—¿Quiere usted explicarme qué eran esos ruidos?

—Nada, abuelita, que me estaba rompiendo platos en la cabeza... Pero eran de los malos, abuelita, eran de los de la cocina...

La abuela me miró con severidad (al cabo de los años me dijo que fingida) y me dio otra vez la mano a besar.

—Puede usted retirarse. Y no vuelva usted a romperse platos, ni en la cabeza ni en ningún lado.

—Bien, abuelita.

Salí y procuré cerrar la puerta sin golpear. Hubiera sido horrible.

—Marta.

—Señora.

—Mañana por la mañana sale usted para la casa de Carril. Yo iré dentro de dos o tres días.

—Bien, señora.

La abuela llamaba la casa de Carril a la casa de Villagarcía. En realidad la casa estaba entre Carril y Villagarcía.

Aquel verano, mis tías me gastaron una broma estúpida y cruel. Probablemente no quisieron hacerme todo el daño que me hicieron.

—Camilo José, tú ya eres bastante mayor para que se te pueda hablar de ciertas cosas.

Se me ensanchó el corazón en el pecho. Me ilusionaba eso de que se me considerase mayor, aunque no podía ni imaginarme lo que la expresión «ciertas cosas» pudiera significar. Mi estado de inocencia era absoluto y lo que cualquier niño más espabilado hubiera metido —errando el camino, en este caso— en lo de «ciertas cosas», a mí ni me pasó por la cabeza.

—Mira, tú ya eres un hombre.

Sentí una inmensa satisfacción al oír aquello. ¡Qué lejos estaba de pensar en el fin!

—Bueno, un hombre, no: yo soy un niño y, cuando pase el tiempo, seré un hombre.

—No. Tú no lo sabes —y por eso te lo decimos— pero ya eres un hombre. Hace ya mucho tiempo que eres un hombre.

No entendí nada.

—¿Mucho tiempo? Yo no tengo más que cinco años.

Mis tías —¡qué ruines!— se rieron.

—No, tú no tienes cinco años.

De repente noté como que se paraba el mundo.

—¿Que no tengo cinco años? Entonces ¿cuántos años tengo?

—Tú tienes ya cincuenta años...

En un rincón del jardín había una araucaria llena de mirlos.

En aquel momento se callaron todos los mirlos de la araucaria del rincón del jardín.

—Lo que pasa es que eres un enanito...

Me rebelé contra la idea de ser un enanito. También sentí ganas de llorar.

—¡Tonta, cómo voy a ser un enanito si no soy cabezón!

—No importa; hay enanitos que no son cabezones.

—¡Bueno; pero yo no!

—Tú sí; no te incomodes, porque tener cincuenta años no es nada malo. Lo malo sería no saberlo.

Me sentí muy solo, muy viejo y muy desgraciado.

—Se lo voy a preguntar a mamá.

Mis tías remataron la faena.

—Mamá no es tu mamá. Mamá es mucho más joven que tú. Mamá es tu hija. Lo que pasa es que te has olvidado, porque los enanitos no tenéis memoria.

Fue el momento en que rompí a llorar, no pude contenerme. Mis tías estaban muertas de risa.

—¡Llorón!

—¡Me da la gana!

Salí andando y, desde lejos, les grité: «Iros a la mierda» y les tiré una piedra. Fueron la primer mala palabra y la primer pedrada de mi vida. Después me fui al gallinero y me harté de llorar. Y también pensé que las gallinas eran adorables.

—¿Por qué las gallinas beberán el maíz y comerán el agua?

Al gallinero fue a buscarme mi madre.

—Sal de ahí, nene. Estoy muy disgustada contigo. La abuelita también lo está, porque les has tirado una piedra y les has dicho una palabrota a las tías. Anda, nene, sal de ahí.

—¡No quiero, no me da la gana!

—¿Qué forma es esa, nene, de hablar a tu mamá?

—Tú no eres mi mamá.

—Nene, ¿estás loco? ¿Quién soy yo, entonces?

—Tú eres mi hija, ¿te crees que no lo sé? Lo que pasa es que yo no he crecido porque soy un enanito.

Mi madre se calló, entró en el gallinero y me tomó en brazos. Me secó las lágrimas y me dio un beso en la cara.

—¿Quién te dijo a ti, nene, que eres un enanito y que yo no soy tu mamá?

—Las tías.

A mi madre también se le saltaron las lágrimas.

—Tú no eres un enanito, nene; tú eres un niño.

Sentí un alivio inmenso.

—Sí, mamá.

—Claro, hijo. Y yo soy tu mamá..., te lo prometo.

Los mirlos volvieron a silbar en la araucaria.

—Sí, mamá.

Mi madre me llevó hasta la casa en brazos. Después se encerró en la sala con la abuela. Cuando salió, la abuela me mandó llamar.

—Hijo mío, un niño fino no debe tirar piedras ni decir palabras feas. ¿Tú eres un niño fino?

—Sí, abuelita.

—Claro, hijo mío; si un niño fino dice palabras feas y tira piedras, aunque tenga la razón, el Niño Jesús se disgusta mucho.

—Sí, abuelita.

La abuela me sentó en las rodillas; muy rara vez lo hacía.

—¿Verdad, hijo mío, que no vas a decir más palabras ni a tirar más piedras?

—No, abuelita, te lo prometo.

La abuela me acarició la cabeza.

—Bueno, hijo mío, dame un beso; te perdono porque sé que me dices la verdad y que nunca más volverás a hacer eso tan feo.

La abuela me dio la mano a besar.

—¿Perdonas tú a las tías?

—Sí, abuelita, las perdono también.

—Me alegro, hijo mío; está muy feo ser vengativo y ya veo que tú no lo eres. Anda, siéntate ahí.

La abuela me señaló una butaca en la que me senté; tenía

un muelle algo roto y había que sentarse de lado. Entraron mis tías y, una a una, las tres me pidieron perdón y me dieron un beso en la mano. Yo perdoné a las tres. Después entró mi madre y la abuela habló.

—Camila, besa a tus hermanas. Aquí no ha pasado nada. No te lo puedo prohibir porque te debes a tu marido, pero te ruego que desistas de tu idea de salir esta misma noche con el niño. Sería un escándalo inútil y, de otra parte, recuerda que las precipitaciones nunca a nada bueno conducen.

—Sí, mamá.

—Bien. No se volverá a hablar de este asunto, ¿entendido?

—Sí, mamá —dijeron sus cuatro hijas a coro.

Jamás había asistido a un cónclave tan solemne de la familia y estaba tan emocionado como interesado. Todo este epílogo de la desdichada aventura de mi falsa vejez me dio la sensación de que mi familia funcionaba con una seguridad y un aplomo ejemplares. Sin embargo, al poco tiempo se arruinó con la peor de las ruinas: la que no se quiere confesar y, en su ocultación, barre hasta las últimas reservas. Algo fallaba, sin duda, aunque no el tacto. Peor y más doloroso hubiera sido —pienso— que la buena fortuna hubiese arrastrado, en su caída, a las buenas formas.

Mi madre y sus hermanas pronto generalizaron la conversación y cuando llegó mi tío Jorge de la calle nada extraño pudo observar. Puesto que, según la orden de la abuela, nada había pasado, cené a mi hora, como siempre, me despedí de todos, me acosté y quedé dormido. Aquel día aprendí que la teoría de la esponja que borra —que tan mal suele saber usarse en España— puede proporcionar, empleada con sabiduría, óptimos resultados políticos.

A los dos o tres días la abuela no pudo ir, como había pensado, a la casa de Carril porque yo me caí por el balcón. Fue un caso de mala suerte. Tras la veda del lucido ejercicio de los platos, probé a imitar a la señorita equilibrista. Primero ensayé en un palo del gallinero, pero se rompió enseguida y desistí; quise repetir la suerte con el alambre de tender la ropa de la colada, pero estaba lleno de sábanas y de camisas que, a pesar de mi insistencia, Rosalía se negó a descolgar. Entonces se me ocurrió hacer mis equilibrios en la galería de la parte de atrás. La casa —como ya dije— tenía dos galerías, la del norte y la del sur; yo elegí la del norte porque me pareció más discreta. Subí a la galería del norte, me quité las sandalias, pasé un pie por encima de la barandilla y me fui de cabeza. No me dio tiempo ni a perder el equilibrio y la verdad es que, en equilibrio, no estuve ni un solo segundo. Por el aire no se iba mal y el vuelo duró una eternidad. A veces, de niño y aun de mayor, sueño que vuelo o, mejor, que me deslizo por los aires a gran velocidad; lo paso muy bien y es uno de los sueños que más me gustan. Mi vuelo de aquel día terminó sobre un arbusto de hortensias que me libró, sin duda, de matarme contra el suelo. Mis salvadoras hortensias no eran de color de rosa, como suelen ser las hortensias, sino azules, porque Juan había enterrado unas llaves viejas en la raíz para que tuviesen hierro. Recuerdo perfectamente el crujir de los verdes tronquitos de las hortensias cuando caí encima. Al llegar al suelo, me pegué un golpe que me dejó sin sentido. Nadie me vio.

Al cuarto de hora mi madre empezó a buscarme. Cada cuarto de hora, poco más o menos, mi madre solía organizar mi sistemática busca; cuando me veía se cruzaba siempre entre los dos el mismo diálogo:

—¿Estás bien, nene?

—Sí, gracias, mamá. ¿Y tú?

—Yo también. ¿Me quieres mucho, nene?

—Mucho, mamá. ¿Y tú?

—Yo, más.

—No, yo más.

—Me parece que no, nene, que yo más.

—Que no, que no, que yo más. ¡Yo te quiero hasta el fin del mundo!

Entonces nos dábamos un beso. Yo seguía en lo que estuviese y ella, con su aire soñador y un poco triste, se volvía para casa. Mi madre tenía veinticuatro años y se le habían muerto dos de sus tres hijos.

Aquel día, mi madre, por más que me llamó y me buscó, no me encontró. Se movilizaron las criadas y tampoco dieron conmigo. Juan el jardinero, y Filoteo, el mozo de cuadra, que era tonto y casi no sabía hablar, juraban y perjuraban que, momentos atrás, estaba muy entretenido poniéndole una hojita de lechuga a un grillo que tenía en una lata. Filoteo bajó al pozo. Rego, el guarda del paso a nivel, aseguró que por la vía no me había ido. La señora María, la de las vacas —¡to, Capitana; to, Pinta; to, Toxenta!— empezó a correr de un lado para otro y a gritar: «¡Ay, Jesús! ¡Ay, Jesús!». Mi tío Jorge salió a las casas de Iria, a preguntar. Don Victoriano, el cura, puso en acción a los monaguillos y estos a toda la turbamulta de los niños del pueblo. Mi tía Anita fue al Triángulo, una finquita que quedaba frente a casa, a ver si estaba comiendo peras. Mi tía Mitas subió al desván. Mi tía Chucha encendió una lamparilla al Sagrado Corazón. El consumero aseguró que él no se había movido de la caseta y que tenía que haberme visto. La abuela mandó llamar a la guardia civil. Por delante de la taberna de Cruces no había pasado. En Pedrada no estaba. Ni en Pazos, ni en La Retén. Los pescadores del río Sar, que tientan la trucha desde las orillas en las que nacen el junco y la espadaña, no supieron dar razón de mí. El molinero ni me conocía. El hijo del molinero —Simeón, el novio de la chacha Juana— paró el molino y buceó la presa. Mi madre, pálida y con el color perdido, ni lloraba. La abuela se le acercó:

—Habrá que telegrafiar a Camilo.

—No.

Cuando me desperté, la boca me sabía a tierra y a sangre. En casa estaba la cocinera Joaquina, llorando. Cuando me vio, lloró aún más fuerte todavía...

—Joaquina, tengo frío.

Joaquina mandó a Rego a avisar que ya estaba en casa. Después me acostó con dos canecas llenas de agua caliente.

—¿Dónde andabas?

Yo no tenía ganas de hablar.

—¡Mu!

La noticia de mi aparición corrió como la pólvora. Don Victoriano mandó repicar las campanas y en la azucarera tocaron lo menos diez veces seguidas «Una copita de ojén» con la sirena. Fueron llegando todos y, uno tras otro, y a veces varios al mismo tiempo, me preguntaban por lo sucedido. Mi madre me trajo una tacita de manzanilla y sacó a todo el mundo de la habitación; después entornó las ventanas, se sentó a mi lado y me cogió la mano. No me dijo nada y, de cuando en cuando, me daba un beso en la frente, un beso ligerísimo y tranquilizador que yo, con los ojos cerrados, le agradecía.

Fuera, sonaban la gaita y los alalás; todo en honor del niño encontrado.

—¿Qué pasa, mamá?

—Nada, hijo, estate tranquilo.

La abuela ordenó cerrar las puertas de la casa y repartir trescientos reales de vino entre los mozos del pueblo. Por la Virgen del Carmen llevaron las andas Juan, Filoteo, Rego y Simeón. La abuela les dijo:

—Hay que llevar las andas de la patrona.

Y ellos, como es lógico, respondieron:

—Hay que llevarlas, sí, señora.

Todos iban de botas nuevas y casi no podían ni andar. Rego llevaba hasta una corbata de alta fantasía, verde brillante y con incrustaciones de latón.

—¡Parece un americano! —decía la gente.

—Ya, ya...

Después del vuelo desde la galería a la mata de hortensias pasé una temporadita algo más tranquilo. Mi padre, cuando se enteró, vino desde Vigo y estuvo tres o cuatro días con nosotros. No me dijo ni una palabra. Por las mañanas mi padre leía el periódico o se daba unos paseítos por el jardín. Por las tardes, después del té, se iba con mi madre a Padrón, a hacer visitas. A mí me molestaba esta competencia y cuando mi padre se volvió a Vigo yo me alegré mucho.

—¡Qué bien que se fue papá! ¿Verdad, mamá?

Mi madre me castigó sin postre. Aquella noche tardé algo en dormirme. No entendía la actitud de mi madre y me hubiera gustado poder explicarle:

—Yo quiero mucho a papá, mamá... Pero si papá se va, tú y yo podremos estar todo el día juntos... Yo te prometo que seré siempre muy bueno y que te cuidaré mucho.

Pero cuando mi madre, al irse a la cama, fue a darme un beso, yo ya estaba dormido y no pude explicarle nada.

Mi padre, en la estación, me había dicho:

—Sé siempre muy bueno, Camilo José, y cuida mucho a mamá. ¿Me lo prometes?

—Sí, papá, te lo prometo.

Algunas tardes íbamos a tomar el té a casa de Mrs. Mole. No sé exactamente cuál sería la ortografía de su apellido, pero el sonido español *moul*, en inglés debe de escribirse, lógica y probablemente, que esta es cosa que nunca se sabe bien del todo, como aquí pongo: Mole. *Mole*, en inglés, tiene tres significados diferentes: topo, lunar y rompeolas. La pobre Mrs. Mole, cuando yo la conocí, más tenía de topo que de lunar y no digamos que de rompeolas. Arrugadita y casi ciega, Mrs. Mole vivía en una de las antiguas casas de los canónigos, en la carretera y frente a la colegiata y el cementerio. El difunto Mr. Mole había sido ferroviario, como mi abuelo, de quien era amigo, y gerente de los desaparecidos tranvías cangrejos de Madrid. Cuando murió Mr. Mole, su viuda se trasladó a Iria, a vivir un poco a la propicia sombra de mis abuelos.

Acompañaba a Mrs. Mole una vieja señorita española que se llamaba Fanchisca sin *erre* y con *che*. Fanchisca, que había nacido católica, era entonces anglicana, como Mrs. Mole y como parte de mi familia; su nombre, hasta llegar a la depurada forma de Fanchisca, había ido cambiando con sus sentimientos religiosos. Cuando entró al servicio de Mrs. Mole, Fanchisca era, amén de católica, de las Hijas de María y se llamaba Paca. Después dejó lo de las Hijas de María y, con el barniz que fue cogiendo, prefirió que le llamasen Paquita. Paquita, al cabo del tiempo, descubrió que los anglicanos también eran cristianos y, en sus afanes unificadores, empezó a decir que la señora, como anglicana, y ella, como católica, las dos eran cristianas y buenas cristianas, que en definitiva era lo importante, si bien entendiendo cada una el cristianismo a su manera. Por aquella época su nombre se transmutó de Paquita a Francisca. La más evolucionada forma de su nombre —Fanchisca, pronunciado casi sin abrir la boca— coincidió con su paso, con armas y bagajes, al anglicanismo. Nosotros, en casa, e incluso ante ella misma, le llamábamos siempre Fanchisca, copiando su entonación sin recato alguno. Cuando Mrs. Mole murió, Fanchisca heredó lo que había, que no era mucho, y volvió —ejemplarizándonos a todos tanto con su decisión como con su oportunidad— al redil de la Santa Madre Iglesia.

Yo nunca supe —ni sé todavía— por qué me llevaban a casa de Mrs. Mole, donde no podía ni moverme y donde me aburría como un gato. Mrs. Mole, que ya no regía con mucha puntualidad, me brindaba extrañísimos consejos sobre el trato que convenía dar a las damas, a las que siempre, pase lo que pasare, un caballero debe distinguir. Entonces me acordé de Concón y de su pateadura y me remordía la conciencia.

Fanchisca me daba *cake*, que era peor que el de casa de la abuela, y me atacaba los nervios con su ridículo acento que quería ser inglés. Un día, yendo a casa de Mrs. Mole, le pregunté a mi madre:

—Oye, mamá, ¿de dónde es Fanchisca?

—De Santiago, hijo. ¿Por qué?

—No, por nada.

Al llegar a casa de Mrs. Mole saludé muy fino, primero a

Mrs. Mole y después a Fanchisca, que me hizo muchas zalamerías y me dijo:

—¡Oh, qué niñito más educado es Camilo José, siempre tan correcto!

Esto que queda dicho era el significado; lo que salió de la boca de Fanchisca sonaba, poco más o menos, así:

—¡Oh, qué ninito más educato es Camil Cosé, chiempe tan correcto!

Aquello fue ya superior al límite de mis resistencias y mis paciencias.

—Oye, Francisca, si eres de Santiago, ¿por qué hablas así?

Fanchisca empezó a hacer extraños y mi madre tuvo que ir al lavabo y traer un frasquito de sales —inglesas, naturalmente— para dárselas a oler.

Mientras Mrs. Mole preguntaba «I say! What's happened there?», mi madre me sacó a la huerta. La huerta de Mrs. Mole estaba llena de ortigas y, según decían, también de víboras y de alacranes. Yo tuve miedo y me subí a un banco de piedra, para estar más aislado. Desde el banco se alcanzaban las ramas de un membrillo injertado en peral y cuajado de peras, de las que me atiborré. Cuando empezó a dolerme la barriga, pensé que ya tenía un argumento para volver a casa y salí en busca de mi madre.

—Mamá, me duele la tripita.

—¿Y eso, hijo? ¿Has comido algo?

—Sí, mamá, peras.

Fanchisca salió disparada a la huerta y regresó, al poco tiempo, haciendo visajes.

—¡Oh, el Buen cristiano Williams, el Buen cristiano Williams!

—¿Qué dices, Fanchisca? —le preguntó mi madre.

Fanchisca ponía los ojos en blanco.

—¡Oh, el Buen cristiano Williams! ¡El niñito se comió todas las peras del Buen cristiano Williams!

El Buen cristiano Williams era una variedad de peral de la que la abuela había regalado unos esquejes a Mrs. Mole. En el jardín de la abuela teníamos muy buenos frutales: perales, manzanos, cerezos, melocotoneros, nísperos y ciruelos. También había una parra, delante de la cuadra, y una hilera de groselleros; con las grosellas verdes, la cocinera Joaquina preparaba una salsa para el pescado que a mí tardó en gustarme. Las variedades de los perales tenían nombres muy bonitos: Buen cristiano Williams, Duquesa de Angulema, Bergamota Esperén, Consejero en la Corte, Bella Angelina, que daba unas peras enormes y preciosas pero no muy ricas, etc. Juan se los sabía todos de memoria.

También me llevaban algunas veces a casa de las señoritas de Molino, en Padrón. En casa de las señoritas de Molino a mí, en vez de té, me daban chocolate.

—Esto es más para niños —decían—, facilita el crecimiento y ayuda la dentición. El té es debilitador, muy debilitador...

Fanchisca pensaba lo contrario.

—El chocolate es muy ardiente, dificulta el crecimiento y estraga tanto los incisivos como los caninos y los molares. El té, en cambio, templa el estómago y depura la sangre.

La casa de las señoritas de Molino estaba —y sigue estando— en el Espolón, esquina a lo que hoy se llama plazuela de Camilo José Cela. Antes, mi plazuela no tenía nombre, era un rinconcito que no se llamaba de ninguna manera. Cuando Moncho Pazos, el alcalde, me dijo que querían poner mi nombre a alguna calle o plaza de la villa, yo, tras agradecérselo, porque siempre gusta ser profeta en la propia tierra, le puse una única condición: la de que no me prestaba a suceder a nadie.

—Mira, alcalde, esto de andar cambiando los nombres de las calles a mí me parece una estupidez sin sentido común. Si en Padrón queda algún sitio que no tiene nombre y me lo queréis dar, yo encantado. Pero vestir a un santo tras desnudar a otro es cosa que no me gusta. Si algún día me apedrean la lápida, por lo menos que me la apedreen sin razón, ¿no te parece?

El sitio aún sin bautizar que quedaba en la capital del ayuntamiento en que nací era la placita que ahora lleva mi nombre y que está entre el Espolón y la plaza de Macías el Enamorado. Mi lápida la descubrieron, sin mi presencia, el 17 de agosto de 1947; yo no pude asistir porque, en el encierro de Cebreros, un toro me dio semejante paliza que me dejó baldado más de una semana.

En la plaza de Macías el Enamorado hay una pastelería —casa Latorre— en la que yo algunas veces, invitado por mi tío Jorge, comía un par de cañas, o tres, de hojaldre relleno de suave y aromática crema. La bajaba con un vaso de sifón que indefectiblemente me daba hipo.

La casa de las señoritas de Molino estaba siempre limpísima, en orden y en penumbra, con todo en su sitio y con todo un poco muerto, también. Un carnaval que me disfrazaron de Pierrot y me llevaron a casa de las señoritas de Molino, a enseñarme, yo hice pipí, sin que nadie me viera, detrás de un sofá de rejilla dorada y lo pasé muy bien.

A la casa de Iria iban todos los años de visita, siempre en la misma fecha, la señora Drumond y su hijo Gustavo Adolfo, un pollo de veintitantos años con aires y atuendos de *sportman*, que se pegaba el pelo con bandolina. La señora Drumond, Mimí Le Port-Marly, de soltera, era muy reverenciosa y muy amiga de dengues y de aspavientos. A casa llegaban a eso de las cinco de la tarde y entre una nube de polvo, en un Renault descapotable e inmenso, que tenía la palanca del freno por fuera y que hacía un ruido ensordecedor. Mimí Drumond venía envuelta en gasas de color de rosa y en la cabeza llevaba una pamela con barbuquejo. El joven Gustavo Adolfo lucía polainas de quita y pon, pantalones *breeches*, chaqueta a cuadros y gorra de visera a juego. De haber andado a pie por aquellos andurriales, es posible que hubiera muerto lapidado como algunos mártires de la Antigüedad.

—¡Nina!

—¡Mimí!

Mi abuela y la señora Drumond se abrazaban con una muy cumplida y tácitamente falsa alegría.

—¡Niñas, que están aquí los Drumond!

Entonces mis tías se presentaban de punta en blanco. Allí, en esto del disimulo, se llegaba a rizar el rizo y, quizá para dar a entender que no se disimulaba, en vez de disimular, ya no disimulaba nadie; ya todos llegaban a hacer una actitud natural del disimulo y disimulaban descaradamente, sin disimulo alguno. Yo creo que mis tías salían muy arregladas para, a fuerza de protestas de imprevisión, simular que eso era lo que entendían como normal. Esta fingida normalidad de su lujoso atuendo justificaba también, y como de pasada, la opípara merienda y los delicados detalles. Mis tías solían andar bastante arregladas, eso es cierto, pero tanto, tanto como cuando venían los Drumond, no.

Tras los saludos y las efusiones, siempre elegantemente contenidas y siempre discurriendo por pautas de antemano trazadas —para algo los Drumond y los Trulock eran dos familias conservadoras—, Gustavo Adolfo, que era un pardillo que no se lo saltaba un gitano, decía todos los años lo mismo:

—¡Niñas, os disputo dos sets!

Mis tías celebraban la ocurrencia con grandes risotadas, como si la ocurrencia fuera realmente muy graciosa, y a mí aquello —que escuchaba sin perder detalle desde el *office*— me daba una horrible vergüenza. Entonces salían todos al campo de tenis y el mamón de Gustavo Adolfo y cualquiera de mis tías jugaban sus dos sets; Gustavo Adolfo perdía siempre porque jugaba menos y era medio culibajo y espatarrado, pero disfrazaba su torpeza de caballerosidad.

—Manos blancas no derrotan —decía año tras año, haciendo siempre la misma versallesca reverencia—, antes bien honran.

Después del partido de tenis tomaban un refresco que sabía a limonada purgante y, se conoce que para ayudarles a digerirlo, Gustavo Adolfo daba una vueltecita a mis tías en su Renault.

Se iban hasta Cesures, que estaba a menos de tres kilómetros, y volvían, mis tías haciéndose lenguas de la velocidad del automóvil y de la destreza del conductor, y Gustavo Adolfo quitándole importancia (tampoco del todo) a la proeza.

—¡Hemos volado! ¡Ha sido un verdadero vuelo!

—¡Exageraciones femeninas, Nina, exageraciones femeninas! ¡Con decirte que no he permitido al auto sobrepasar los veintisiete kilómetros de media horaria!

El memo de Gustavo Adolfo decía auto, que era muy de iniciados.

—¡Hemos estado en Cesures, mamá!

—¡Bah! ¿Qué importancia tiene? ¡El departamento de Pontevedra está tan próximo!

El sandio de Gustavo Adolfo decía departamento que era muy de viajero internacional, en vez de provincia, como todo el mundo.

—¡Y qué dominio de los mandos, mamá, qué seguridad, qué vista!

El giliflautas del Gustavito Adolfo exclamaba:

—¡No azoradme, niñas, sed clementes conmigo!

A estas alturas de la conversación, yo solía estar ya, en mi refugio del *office* o del cuarto de la plancha, debajo de la mesa y sin atreverme ni a mirar a las criadas.

En el programa, el número en puertas era el de mi presentación. Salía una tía mía, me peinaba un poco, me daba las últimas instrucciones y me llevaba de la mano hasta la sala.

—Mimí, aquí tienes a Camilo José.

Yo era un niño muy fino que besaba la mano a las señoras y saludaba sin volver la cabeza y respondía a las preguntas que se me hacían. Si se me llevaba a tiempo, incluso llegaba a producir buen efecto.

—Hola, Camilo José, me alegro mucho de verte.

—Hola, Mimí, yo también me alegro mucho de que hayas venido.

—Estás muy alto, Camilo José.

—Sí, Mimí, es que me dan aceite de hígado de bacalao.

—¿Qué vas a ser cuando seas mayor, Camilo José?

Entonces intervenía la abuela, en evitación de una catástrofe.

—No lo sabe, mujer, ¡es tan pequeño todavía!

La tarde anterior, cuando la abuela me anunció la visita de los Drumond y me predicó cordura y buen comportamiento, yo le había confesado:

—¡Qué pena si soy como Gustavo Adolfo, cuando llegue a mayor!, ¿verdad, abuelita?

Gustavo Adolfo, cuando le tocaba el turno en mi interrogatorio, me daba una humillante palmadita en la cara, me ofrecía un caramelo que sacaba del bolsillo y me decía:

—¿Qué hay, pollo, qué tal van el tenis y la natación?

—Van bien, gracias, Gustavo Adolfo.

Yo sabía que aquel era el momento de saludar otra vez y de irme. ¡Ah, qué felicidad! El que ni jugase al tenis (mis tías decían que les estropeaba el campo) ni nadase (en Iria no hay playa y al río no me dejaban ni arrimar) no era razón suficiente para explicarle nada a aquel cebollino engominado. Que Dios me perdone, pero la verdad es que hacia Gustavo Adolfo —y de una manera totalmente gratuita, porque jamás me hizo nada— sentía un odio africano, es probable que el mayor odio que en mi vida haya sentido jamás.

Al volver a mis dominios, daba dos vueltas apoyando la cabeza contra el suelo —«pinchacarneiros» les llamaban los niños de Pedreda— y salía disparado al jardín, a respirar. Dentro, mientras yo corría entre los senderos que limitaba el mirto, o curioseaba las cuadras o el pajar, o me subía a las más bajas y propicias ramas del naranjo, mi familia tomaba el té con sus invitados. No los envidiaba y sentía horror a tener que hacer esa vida alguna vez.

A continuación del té, volvían todos a pasar a la sala y Gustavo Adolfo, suavemente apoyado en el respaldo de una butaca, cantaba «La donna e mobile» acompañado al piano por mi tía Anita, que tenía una trenza negra que le llegaba casi hasta la cintura. Yo, agazapado en el gallinero, me tapaba los oídos con los dedos y gritaba para no oír nada: lará, lará, lará, lará, lará, ah, ah, ah, ah, hiiii...

En la sala había dos pianos, aunque uno —pequeño y de maderas finas y con el teclado de marfil— estaba ya viejo y fuera de uso. Lo que a mí me gustaba oír en el piano de la sala era el vals «Pepita». La abuela, algunas veces y como premio por haberme portado bien, lo tocaba y lo cantaba para mí solo:

> *Toca esa vals,*
> *toca esa vals,*
> *toca esa vals,*
> *Pepita...*
> *Toca esa vals,*
> *toca esa vals,*
> *que es mi única ilusión.*
> *¡Pom, pom, pom!*

A los dos o tres años, Gustavo Adolfo, con su pinta de señorito manso, hizo un desfalco y acabó en la cárcel. En la lista de amigos de mi familia —y sin un solo comentario— se borró a los Drumond y aquí paz y después gloria.

Mis mejores amigos de la generación anterior, aparte de las criadas, eran Juan, la señora María que me llamaba siempre José Camilo, Filoteo, Rego, Andrés —el marido de Carmelina— y el loco Alvarito, todos vecinos de Pedreda. Cuando Juan murió, lo fue su sucesor, Manuel Cajaravilla, también de Pedreda.

Juan, el jardinero, tenía, como el abuelo, los ojos azules y la barba blanca. Juan tenía también un ancho y complicado cinturón de cuero de res del que colgaba la navaja de nueve usos, la tijera de podar, el almocafre, la guita, la petaca, el chispero y la cachimba. Juan era viejo y muy entendido en árboles frutales y en rosas, dalias, crisantemos, hortensias, jazmines y otras flores de adorno. Juan sabía los nombres de las estrellas y extraños cuentos de América, donde había estado de joven. Juan distinguía, a un solo golpe de vista, las palmeras hembra de las palmeras macho, y la madreselva enamorada de la madreselva brava y en desamor. Juan me llamaba siempre Camiliño Josesiño y con frecuencia me llevaba a Iria o a Padrón a hacer compras o recados o a ver los títeres, cuando los había. Por el camino, al pasar por el sitio que dicen de los Cuatro Olmos —cuatro olmos entonces copudos y orgullosos y hoy agonizantes y desmochados—, Juan me contaba sangrientas y pasmosas historias de Xan Quinto, famoso bandolero que tuvo atemorizada a la comarca. Yo me cogía de la mano de Juan y cruzaba los Cuatro Olmos temblando como una vara verde. Juan me llevó un día a un acto en el que el orador hablaba un gallego armonioso y culto, depurado y difícil de entender. Al acabar, Juan el jardinero se mostró como aplanado y cariacontecido.

—Camiliño Josesiño, ese señor fala mellor que Dios pero non o entende nin Dios.

La señora María cuidaba las vacas, los cerdos y las gallinas. Las vacas eran seis: Capitana, Pinta, Princesa y Regadera, holandesas, y Toxenta y Chisca, de raza del país. La Pinta y la Princesa eran hijas de Capitana, y Regadera —que estaba loca— era hija de la Pinta. Chisca, a la que un ojo le había crecido más que el otro, era hija de Toxenta, que ya era vieja y tenía unos cuernos enormes y enroscados. La señora María, cuando ordeñaba las vacas, me dejaba beber, de bruces sobre el lecherón, el vivo y tibio espumaje de hondo aroma y de sabor silvestre. El nutricio olor de la cuadra, tradicional e ilustre como un verso de Virgilio, y el bravo y saludable y dulzarrón paladar de la leche recién *muida* son leales recuerdos que, las tres veces que estuve agonizando, se presentaron, nítidos y precisos, a reconfortarme. Pienso que las cosas jamás suceden por azar.

La vaca Toxenta, una mañana en que al alimón apagábamos la sed en el mismo fresco caldero, vio una espiguita de yerba gualda colgándome del pescuezo y se la comió. Por más que lloré, la vaca Toxenta no me devolvió la medalla que me había regalado la abuela —mi madrina— el día que me bautizaron. La señora María se pasó por lo menos un mes hurgando con un palito el vivo rastro de la vaca Toxenta, pero la vaca Toxenta, avariciosamente, se quedó con el oro pegado a cualquier húmedo recoveco de la panza.

A los cerdos los visitaba poco por tres razones: porque me daban miedo, porque no me resultaban muy simpáticos y porque me remordía la conciencia pasar por delante de ellos, tan inocentemente confiados, tan estúpidamente ignorantes del horrible fin que les esperaba. Ser hombre, pertenecer a la especie humana, produce, con frecuencia, muy hondos y muy amargos remordimientos de conciencia en los niños. Sé bien que el cerdo es un noble animal que brinda al hombre la próvida bendición de la matanza, pero en mi ánimo aún no pesaba este argumento ya que, en mi alimentación de entonces, estaban desterrados por decreto los gozos y los gustos del chorizo y de la salchicha, del salchichón y del morcón, de la guarreña y de la butifarra, del obispillo y de la sobrasada, de la botarga, de la tarángana, de la morcilla, de la longaniza y de la sabadeña pringada de asadura sabrosa y vil. Tardé años, muchos años, en descubrir todas estas delicias enumeradas.

Los cerdos de casa de la abuela eran grandes y gordos y de color de rosa, eran unos cerdos civiles que se criaban para alimentar la civil gente que yo imaginaba —ignoro por qué— poblando los países de clima húmedo. Cuando fui a Castilla y vi por vez primera cerdos negros y gimnásticos como el jabalí, pensé que entraba en un mundo sobre las armas: un mundo violento, ascético y por civilizar.

Las gallinas eran grandes y de color dorado oscuro. Los huevos que ponían eran también grandes y de color marrón claro; algunos tenían dos yemas. Joaquina siempre me guardaba los huevos de dos yemas para mí. La abuela le había dicho: «El niño cenará un huevo pasado por agua», y ella, en su casuística interpretación, casaba la obediencia con su idea de que un huevo pasado por agua era poca cena para un niño de cinco años.

Las gallinas eran muy amigas mías y, cuando entraba en el gallinero, no escapaban y me comían el maíz en la mano. El gallo se llamaba Nelson, era rojo caldero y de recio espolón y tenía andares de sultán y desplantes de torero antiguo. De las dieciocho o veinte gallinas, sólo tres tenían nombre: Sadness, que era romántica y sentimental, Maruxía, que según Filoteo olía a mar, y Xílgara, que era alegre como un cascabel. Las demás apenas se distinguían entre sí. También tenía nombre —Bufariñento— un pollito rabón y desgraciado que sobrevivió de puro milagro a dos de las tres tragedias del gallinero. Bufariñento vivía aparte; de él hablaré después.

Aquel verano la tragedia voló tres veces sobre el gallinero. El raposo —que yo imaginaba astuto, malvado e invencible— rompió una noche la trampilla y sembró de plumas y de sangre los senderos del jardín. Juan montó la guardia desde el ventanuco del pajar —¡qué envidia me daba la aventura!— y a la segunda noche de espera lo tumbó de un tiro de postas que le alcanzó el codillo. Para mí fue una desilusión el raposo muerto; lo había soñado más grande y más fiero y me daba pena verlo colgado de la boca, con sangre en un hombro y con su bella cola arrastrando. Le toqué el hocico —frío como el hielo— y me dio aún más pena todavía.

—Juan, ¿por qué has matado al raposo?

—Porque hubo de comerse las gallinas, Camiliño Josesiño.

—¿Y por qué no las cerraron mejor? El raposo se come las gallinas como nosotros, Juan, porque tiene que vivir, y a nosotros no nos matan porque nos comamos las gallinas.

—También es verdad, Camiliño Josesiño, ¿qué quieres? ¡Las cosas son como son!

Los pollitos de días son graciosos y tiernos, bullidores y de blando plumón. A la gallina Sadness, que estaba clueca, la acostaron con nueve huevos debajo y, a los veintiún días, le nacieron nueve pollitos amarillos que salieron, temblones y pegajosos, del cascarón. La señora María puso a la gallina Sadness con sus pollitos en el zaguán de las cuadras, en un cajón con el frente de tela metálica, para que pudiesen entrar y salir. ¡Nunca lo hubiera hecho! A los pocos días los pollitos se confiaron, se fueron algo más lejos y se encontraron con la muerte disfrazada de rata inmensa, gris y nauseabunda. Sólo dos libraron vivos en el camino de vuelta; los otros siete murieron. Mis tías pronto sacaron la fácil moraleja. Al pánico cacarear de la gallina Sadness, a quien asesinaron siete hijos en su presencia, como en el teatro griego, llegó la señora María y mató a la rata con el sacho; le acertó en mitad del lomo y a poco la parte en dos. La rata muerta y derribada en tierra, con su rabo pelón y pálido por el suelo, no me dio pena alguna.

Uno de los dos pollitos que escaparon de la catástrofe fue Bufariñento; el nombre lo adquirió despúes, por entonces estaba aún sin bautizar. Bufariña, en gallego, puede significar desperdicio, o menudencia mísera, o quincalla sin valor; en los adjetivos, la terminación *ento*, en la lengua de mi país, suele corresponder a las terminaciones castellanas *ero* y *oso*: *friento* o *friorento*, 'friolero'; *piollento*, 'piojoso'.

La gallina Sadness, a raíz del suceso, tuvo una reacción muy rara y a los dos únicos pollitos que le quedaron, en lugar de mimarlos, empezó a pegarles patadas y picotazos, hasta que la señora María los separó. Mientras tanto, habían nacido otras dos camadas de pollitos, y la abuela, para evitar que se repitiese el crimen de las ratas, mandó ponerlos en una habitación con una tela metálica muy tupida en la ventana. A las gallinas las devolvieron al gallinero y a los pollitos les instalaron una nodriza de petróleo, que les daba bastante calor y bajo cuya campana de cinc dormían todos, acurrucados unos contra los otros. A Bufariñento y su hermano, aunque eran ya un poco mayores, también los echaron con los otros pollitos. Yo, a veces, los observaba por la mirilla de la puerta y parecían sanos y contentos.

A los pocos días, a eso de la media tarde, el cielo se ennegreció y empezaron a retumbar los truenos y a caer chispas por los alrededores. Yo estaba en el cuarto de la plancha, subido encima de la mesa y jugando con unas arquitecturas de madera que me había regalado el tío Eduardo, que era arquitecto. La abuela mandó cerrar las ventanas para que no hubiera corriente, y predicó calma a las criadas.

—No se alteren, nada puede pasar. No pongan nervioso al niño, que debe seguir jugando. La casa, como ustedes saben, tiene pararrayos...

Terminar la abuela su *speech* y caer un rayo en el pararrayos fue todo uno. La casa retembló hasta los cimientos entre un estruendo horrísono, los platos se cayeron del vasar y yo me fui de cabeza al suelo, envuelto en mis tacos amarillos, azules y rojos, de arquitectura. Las voces y las carreras se prodigaron y el desbarajuste campó por sus respetos, igual que Perico por su casa, prendiendo en la asustadiza voluntad de las criadas, que huían despavoridamente gritando: «¡Apóstol bendito, que este é o fin do mundo! ¡Santísima Virxe do Carme, sálvanos do mal do inferno!».

La abuela, como un general en campaña, daba órdenes exigiendo mesura y compostura y, como una enfermera en campaña, empezó a repartir cucharadas de agua de azahar. Yo vi todo desde el suelo y sin explicarme demasiado lo que pasaba; mi madre, en medio del tumulto, me buscó y se sentó a mi lado.

—No te asustes, hijo, esto no es nada.

—No, no me asusto, ¿y tú?

—Yo tampoco.

Mi madre estaba pasadita de miedo, aunque sacando fuerzas de flaqueza. A mi madre, las tronadas le dieron siempre mucho miedo.

La tormenta amainó, el azahar empezó a hacer su buen efecto sobre los desatados nervios de todos, y, cuando las aguas parecían como querer volver ya a sus cauces, un triste epílogo vino a coronar aquella tarde de sobresaltos y de emociones. La estremezón del rayo había volcado la nodriza de los pollos y los pobres animalitos, salpicados por el petróleo ardiendo, habían muerto achicharrados. Algunos, todavía agonizantes, piaban con un débil piar que encogía el corazón. Recuerdo que, cuando se me sacó de un brazo de aquel atribulador paisaje, un aire acre que olía a carne quemada se pegaba a los ojos y a la nariz. En el bolsillo me llevé el único pollito que aún podía andar. Se lo enseñé a la cocinera Joaquina.

—¡Pito malfadadiño, bufariñento...!

Mi madre lo curó con ácido pícrico y después le dimos un poco de leche y algunas migas de pan. Lo metí en una caja de zapatos, a la que hice unos agujeros en la tapa para que pudiera respirar, y me lo llevé a mi habitación. Por la noche, al irme a la cama, lo miré y, aunque encogido y como triste, estaba vivo.

—¿Tú crees que morirá, mamá?

—No, hijo, yo creo que vivirá, ya verás.

Al día siguiente lo instalé en una honda artesa fuera de uso y le di de comer y de beber. Mi madre le puso polvos de seroformo en las húmedas quemaduras y, cuando llegó la noche, volví a meterlo en la caja para que estuviese más abrigado. Al cabo del tiempo se recuperó y, aunque estaba flaco y casi sin plumas, podía ya sacarlo un poco al jardín, a que tomase el sol y picase la verde y fresca hierba. Bufariñento me cogió cariño y venía cuando le llamaba o andaba detrás de mí, como un perro. Cuando creció era alto y desgarbado, pero con cierto aire distinguido.

La señora María quiso devolverlo al gallinero pero yo le convencí de que no lo hiciese. El gallo Nelson lo hubiera machacado a picotazos.

La señora María tenía dos hijos casi albinos: Rego, que era el guarda del paso a nivel, y su hermana Teresita, que era feúcha y bondadosa. Los dos andaban por los veintitantos años; Teresita estaba casada y ya con un niño o dos. Rego era un vago integral, un holgazán metafísico, un tonto de los que, quienes no son muy listos, dicen: «Sí, sí, tonto, ¡menudo listo!». Su oficio no podía ser más descansado y, aun así, con frecuencia lo desatendía y el tren pasaba con la barrera abierta. Aquel verano, el tren mató dos vacas y atropelló a dos automóviles. Fue providencial que, a quienes iban dentro, no les pasase nada. A los dos automóviles atropellados el tren no se los encontró de frente, sino que los alcanzó de costadillo y hacia la popa y se conformó con sacarlos de la carretera. La alarma fue considerable pero la cosa no pasó de ahí. Rego, cuando le riñeron, se encogió de hombros.

—A min non podía pasarme mal. Eu non iba nin no coche nin no tren...

—¡Pero pueden llevarte a presidio!

—Non, señor, xa falaría por min doña Nina...

La abuela lo llamó y le dijo que, si abandonaba su obligación y lo llevaban a la cárcel, ella «no hablaría por él». Rego cogió miedo y entonces, durante una temporada, tuvo las cadenas puestas todo el día y los automóviles, para poder cruzar, tenían que tocar el claxon y esperar a que Rego se dignase salir de su garita. Alguna vez que pasaban demasiados automóviles (demasiados a juicio de Rego, claro es), Rego ponía el grito en el cielo y accionaba aparatosamente y refunfuñaba y protestaba. Afortunadamente para él, los automovilistas, que ya lo conocían, ni lo miraban.

Aquel emocionante paso a nivel ha desaparecido ya; hace cosa de un par de años desviaron la carretera para evitarlo y dejaron la casa hundida y con la parte de delante, atrás, y al revés. ¡Mala suerte!

Rego a la única persona a la que hacía un relativo caso era a mi padre, parte porque le daba pitillos y parte también porque le mandaba las cosas sin darle la más mínima opción a que le dijese que no.

—Rego, ¡lárgate por tabaco!

—¡Sí, señor don Camilo!

—Rego, ¿cómo no se te ha ocurrido ir aún por *El Faro*? ¡Vamos, que no te lo tenga que volver a repetir!

—¡Sí, señor don Camilo!

A la abuela, a quien Rego debía lo que era —poco sin duda, pero en todo caso más de para lo que servía—, la respetaba aparentemente pero, en el fondo, la tomaba por el pito del sereno. Los diálogos entre ambos terminaban siempre con una propina de a real.

—Rego, vete a abrir la presa de la fuente del Raposo, para que los patos tengan agua.

Rego con un gesto lastimero y llevándose ambas manos a la cabeza, como si le pesase mucho, exclamaba:

—¡Ai, señora, non sei que teño, estou como molestado!

La abuela, sin hacerle el menor caso, porque ya conocía la técnica, sacaba un real.

—Anda, vete a abrir la presa, que te daré un real.

Rego se desperezaba, abría la boca y se ponía de pie.

—¡Vaia, xa voume sentindo mellor...!

La abuela le ponía las monedas sobre una piedra, para que se las encontrase al volver, y Rego, con su porte fantasmal, su aire desarbolado y su andadura cómicamente solemne, se iba a abrir la presa de la fuente del Raposo —con sus limacos negros, su verde musgo y su granito gris— para que los patos pudiesen nadar.

La abuela y Rego se hablaban siempre ella en castellano, y él en gallego. Es este un uso bastante frecuente en toda la comarca y la causa, sin duda, de que ambas lenguas se hablen mal y por aproximación, entremezclándose y desvirtuándose.

Rego se afeitaba los sábados, y los domingos su madre le pasaba los trenes para que él pudiese lucir su traje color café, su corbata verde y luminosa y su pañuelo de crespón morado, al que pinchaba por dentro del bolsillo con un imperdible, para no perderlo. Rego, en las fiestas de La Esclavitud, se mercó en el serrín un prendedor de corbata, plateado y rojo, que representaba un futbolista; a diario, como no llevaba corbata, se lo ponía en un ojal de la camisa. Rego, cuando iba de gala, gastaba boquilla de imitación de ámbar y gorra de visera de hule. Rego, en las romerías, no bailaba —al son de la gaita, el suelto; al compás de la banda, el agarrado— para no descomponer la figura, pero se tomaba sus buenas copitas de aromático y áspero aguardiente que le pintaba de color berenjena la nariz. Rego, cuando se ajumaba, que era todos los domingos y fiestas de guardar, se ponía triste y se quedaba dormido como un tronco en un rincón. De vez en cuando abría un ojo, y con las menos palabras posibles —y, a veces, tan sólo con un gesto—, pedía, tímidamente, otra copita. Rego no era hombre de grandes exigencias ni de paladar especializado, y lo mismo le daba «o augardente de bagazo», que viene de la uva, que «a peloura», que sale de la caña, que «o resolio», al que echan azúcar quemado. *Bagazo*, en gallego, en portugués y en el castellano de Cáceres, quiere decir 'orujo'. En el castellano de Castilla significa otras varias cosas. *Bago* en gallego y en portugués y en el castellano de El Bierzo, de Salamanca, de Canarias, de la sierra de Gata y de Mérida quiere decir 'uva', 'un grano de uva'. El hollejo de la uva —esto es, lo que después de exprimido se llama *bagazo*— se nombra *bagullo*, en Galicia y en Salamanca. *Bagulla*, en gallego, es 'lágrima': como *bágoa*.

Rego, en una de mis visitas a Iria, me pidió que le enseñase a montar en bicicleta. No lo logré en todo el verano y Rego, que jamás consiguió dar dos pedaladas seguidas sin caerse, se dislocó una muñeca y abandonó sus pretensiones ciclistas.

Rego se caía, porque era torpe como un zueco, sin duda alguna, pero también porque, cuando llevaba un par de segundos en equilibrio, le entraban los nervios y empezaba a gritar y a reírse.

—¡Ja, ja! ¡Camiliño, que xa vou! ¡Camiliño, que xa vou!

Y el parvo de Rego iba, sí, pero se iba de bruces contra el suelo.

—¡Eu non sei o que me pasou, Camiliño! Pero xa iba, ¿non o viches?

Al cabo de muchos años, poco antes de la Guerra Civil, me lo encontré en Madrid, en la estación del Norte. Yo había ido a despedir a mi primo Jacobo —hermano de Nina y de Camilo— que se marchaba a La Coruña, y en medio del andén, apoyado en su paraguas y mirando para el reloj, estaba Rego.

—Oye, Camilo José, ¿ese no es Rego?

Yo lo miré; Rego era inconfundible.

—Pues claro que es Rego.

Me acerqué y le di un golpecito en un hombro. Rego pegó un respingo desproporcionado, ignoro por qué.

—¡Ei, Camiliño! ¿E ti qué fas por eiquí?

—Hombre, eso es lo que yo te pregunto; yo llevo aquí ya más de la mitad de mi vida. ¿Qué has venido a hacer por Madrid?

Rego sonrió.

—¡Hai que axexar o mundo, Camiliño! Si non, podrese un...

Rego, tras explicarme su teoría «do axexo do mundo» —literalmente, 'del acecho' y, en mejor sentido, 'del fisgoneo del mundo'—, me contó que estaba de vacaciones; que de los billetes no tenía que pagar más que el seguro porque para eso era ferroviario, y que, al llegar a Orense, donde pensaba quedarse, tuvo un rapto de lucidez y se dijo:

—¡Bah! Xa que estou eiquí voume chegar a Madrid, a ver si atópome a Camiliño.

—¡Y por qué no me buscaste!

—¡Psché! Houbera sido enfesto, Camiliño, ¡Madrid é tamaño como vinte Vigos, e ainda mais!

Rego también me dijo que le hubiera gustado dar conmigo para que le enseñase los cafés cantantes. Rego, a fuerza de ver pasar correos y mixtos y mercancías, guardaba aún muy plausibles y misteriosas virginidades.

No sé qué habrá sido de Rego. Fue trasladado a otro paso a nivel, creo que a un paso a nivel de cerca de Redondela, y le perdí la pista. Oí decir que había muerto, pero no pude confirmarlo. También es cierto que, por confirmarlo, nada hice.

Descanse en la paz del recuerdo el pobre Rego, bondadoso haragán, petimetre de aldea, mozo albino y dado al aguardiente.

Y descanse también en el Señor —y en su inefable paz— si la hora de su muerte, como me dijeron, ya sonó. Que Él, en su bondad infinita, lo haya acogido en el neutro seno que destina a los memos, a los lelos y a los gilís. Amén.

El planeta Tierra

Un día, la abuela me dijo que me preparase, que me iba a pasar una temporada a Túy, a casa de los otros abuelos o de la tía Teresa, ella no lo sabía bien. Yo me alegré y me entristecí, las dos cosas a la vez; con frecuencia me sucedía esto de alegrarme y entristecerme al mismo tiempo, sintiéndome más bien alegremente triste que tristemente alegre, que es mucho más estúpido y desairado.

—¿Voy a estar muchos días, abuelita?

—No sé, hijo, tus padres son los que tienen que decidir.

Cambiar de postura era algo que, de niño, siempre me ilusionó y que, aún de mayor, me sigue ilusionando. Lo imprevisto, para mí, siempre tuvo un encanto misterioso y apasionante, un atractivo superior a mis fuerzas. El diagnóstico de mis tías españolas —quizá tras un cierto esfuerzo de imaginación— fue bien sencillo: culo de mal asiento.

—Camilo José, tú eres un culo de mal asiento.

—¡Mejor!

La opinión de mis tías nunca me pareció mal y ahora, en la distancia de los años transcurridos, declaro solemnemente que doy gracias a Dios por haberme dotado de un culo inquieto, bullidor y excursionista, tanto como por haberme librado de un culo estático, ordenancista y aburrido. Hablo, claro es, en imágenes.

—¿Cómo es Túy, abuelita?

—Muy bonito, hijo, ya verás.

—¿Es como Iria?

—No, hijo, más grande.

—¿Y como Vigo?

—No, hijo, más pequeño.

—¿Tiene árboles?

—Sí, hijo, tiene muchos árboles. Y muy grandes.

—¿Y río?

—También; un río muy peligroso al que no debes acercarte.

—¿Cómo se llama?

—El Miño.

—¿El qué?

—El Miño.

—¡Ah!

Los preparativos de mi viaje fueron apasionantes. La abuela me dispuso una honda maleta de piel clarita con las cantoneras más oscuras, y mis tías la hicieron, muy ordenadamente, con mis camisas y mis pañuelos, mis trajes, mis calcetines, mis jerséis y mis zapatos. También me regalaron un neceser de piel de cerdo, con mis iniciales en metal dorado, todo lleno de frascos de cristal y cajitas de concha, con peine, cepillo de la cabeza, cepillo de la ropa y un tubo con agujeros para el cepillo de los dientes; como la mayor parte de las cajas iban vacías, la abuela mandó llenármelas de caramelos y de pastillas de goma.

—No te los comas todos de golpe, no te vayas a indigestar...

—No, abuelita, me los comeré poco a poco.

Ahora sólo faltaba esperar el lejano día siguiente, la fecha señalada para el emocionante viaje.

—¿Quién me va a llevar, abuelita?

—Nadie, hijo, vas a ir solo. Tú ya eres mayor, ya puedes viajar solo.

Yo no estaba muy convencido de que realmente fuese ya lo bastante mayor como para viajar solo, pero procuraba disimular.

—Sí.

—Claro, hijo, tú ya estás hecho un hombrecito, ya tienes que ir acostumbrándote a estas cosas.

—Sí...

Aquello del inminente viaje en solitario me tenía nervioso.

—¿Voy a ir en tren, abuelita?

—No, hijo, vas a ir en automóvil.

—¿En el Castromil o en La Emprendedora?

—En ninguno de los dos, hijo; vas a ir en un automóvil particular, en el de Lozano.

—¿El de lentes que tiene un niño que se llama Paquito?

—Sí, hijo: el de lentes que tiene un niño que se llama Paquito.

—Y Paquito ¿viene?

—No sé, hijo, no sé si irá o no...

—Si viene Paquito, ¿podré jugar con él a las bolas?

—Sí, hijo, si va Paquito podrás jugar con él a las bolas.

—Oye, abuelita.

—Qué.

—Yo no tengo bolas, las dos que tenía se me perdieron.

—¡Vaya por Dios!

—Oye, abuelita.

—Qué.

—¿Puedo decirle a la tata Julia que me compre cien bolas?

—No, hijo, cien bolas son demasiadas; dile a la tata Julia de mi parte que te compre veinte céntimos de bolas.

—No dan más que diez, abuelita.

—Bueno, hijo, pues que te compre cuarenta céntimos de bolas.

—Oye, abuelita.

—Qué.

—Gracias.

—De nada, hijo.

La abuela me dio un beso en la frente.

—Oye, Camilo José, ¿por qué no vas al gallinero, a ver si las gallinas han puesto un huevo?

—Sí, abuelita.

Al jardín salía siempre por la puerta de la cocina, la puerta principal era muy pesada y no podía abrirla sin ayuda.

—¿Quién puso esa puerta tan pesada?

—Tu abuelo.

—¡Cómo mi abuelo, tonta! ¿Tú has visto alguna vez a mi abuelo poniendo puertas?

Marta hablaba muy bien el castellano pero la verdad es que discurría poco. Marta, en el *office*, se entretenía en limpiar la plata con unos polvitos grises.

—¡Anda, di! ¿Tú has visto alguna vez al abuelito poniendo puertas? ¡Tonta, más que tonta!

Marta ni respondió. Marta era odiosa.

—¿Lo ves como no sabes lo que decir?

En el cuarto de la costura, Carmelina —¡qué guapa era Carmelina!— y Marcela, la leprosa, cosían resignadamente la ropa blanca, azul de puro limpia.

—Marcela, me voy a hacer un viaje.

—¿Adónde, meu rei?

—A Túy, con los otros abuelos.

—¡Válganos Nuestro Señor, meu filiño, lo lejos que te llevan!

—No me llevan, Marcela: voy solo.

—¡Ay, Santísima Virgen del Carmen, mandar solo a una criatura teniendo posibles!

Marcela, la leprosa, era tierna y aspaventera, sentimental y preocupada. Carmelina, en cambio, era fría y amarga, y en su tez suave y en sus ojos bellísimos habitaba un hielo aristocrático y distante.

—Carmelina.

—Qué.

—Me voy a Túy, a casa de los otros abuelos.

—Bueno.

En el cuarto de la plancha, la lavandera Rosalía doblaba, con arreglo a un complicado rito, las sábanas inmensas que después guardaba, con el peludo fruto de membrillo de penetrante aroma, en los profundos y misteriosos cajones del armario grande, que era de palo de sabina: una madera mágica y bieneoliente, más dura que la piedra, que conservaba sus virtudes, como los justos, por toda la eternidad.

—Rosalía, me voy a hacer un viaje.

—¿Adónde, meu principiño?

—A Túy, con los otros abuelos.

—¡Bah, eso está ahí al lado, antes de meterse en Portugal!

Rosalía, con el marido en América, todo lo encontraba cerca.

—¡Si fueses a donde mi Gregorio, que está en Buenos Aires!

—Claro, eso está aún más lejos... Pero Túy no está nada cerca, no vayas a creer...

—¡Bah, bah!

En el cuarto de los juguetes, la niñera Julia tejía el jersey que me había empezado cuando rodé por las escaleras. La niñera Julia ya sabía lo del viaje, había estado ayudando a las tías a hacerme la maleta.

—Tata Julia.

—Qué.

—Me voy al gallinero, a ver si las gallinas han puesto un huevo.

—Bueno, ten cuidado con Nelson, no te vaya a picar.

—Descuida.

En la puerta ya, di marcha atrás.

—Tata Julia.

—Qué.

—Dijo la abuelita que me compres cuarenta céntimos de bolas en casa de Carregal.

—Bueno.

En la cocina estaban la cocinera Joaquina y su hija, la pincha Paquita. A ellas también les conté lo del viaje.

—Pero ¿solo?, ¿sin nadie que te lleve?

—Eso es; solo, solo; sin nadie que me lleve. ¿Es que soy todavía un niño pequeño, que no pueda ir solo a Túy, a casa de los otros abuelos?

La pincha Paquita estaba más bizca que nunca. La cocinera Joaquina se rascó el lobanillo.

—¿Y si te caes del tren?

—No voy en tren, voy en automóvil.

—¿En el Castromil?

—No, en un automóvil particular, en el de Lozano.

—¡Válgame el Santo Apóstol! ¿Ese loco?

—No es loco, Joaquina, es el papá de Paquito...

A Joaquina el lobanillo se le puso brillante y como hinchado.

—¡Ay, ay, Camiliño José, qué ganas tienen tus padres de tentar a Dios! ¡Mira que dejarte ir solo con semejante loco! Bueno, ellos sabrán; donde hay patrón no manda marinero...

En la puerta del jardín con la *corredoira*, la doncella Juana se dejaba cortejar, en silencio, por el mozo Simeón, el del molino. Cuando regresaba a casa, la doncella Juana tenía que sacudirse las níveas huellas de su acariciador galán.

—Traes harina por todas partes —le dijo un día la doncella Marta, que siempre se andaba metiendo en todo—, ¿por qué no le dices a tu novio que se lave las manos?

La doncella Juana se echó a llorar.

—¿No respondes?

Desde la cuadra, Filoteo, a veces, cuando no tenía nada que hacer, que era casi siempre, apedreaba a la pareja con peras y con ciruelas. La doncella Juana y el molinero Simeón no decían ni esta boca es mía; si protestaban era peor porque Filoteo, entonces, cambiaba la munición y los apedreaba con tibios y recién nacidos cagajones que surcaban los aires que era un primor.

—Juana, me voy a Túy, a casa de los otros abuelos.

—¿Cuándo, encantiño?

—Mañana. Me voy solo, ¿sabes?

El mozo Simeón me dio una rosquilla, a cambio de que me fuese. El mozo Simeón, cuando iba a ver a la doncella Juana, llevaba siempre una rosquilla con la que comprar mi ausencia.

—Gracias.

Filoteo, aquel día, estaba de mal humor.

—¿Qué te pasa, Filoteo?

—Nada.

—¿No me lo quieres decir?

—No.

—Bueno, pues yo tampoco te digo un viaje que voy a hacer.

Juan, el jardinero, sabía ya de mi marcha; se lo contó la lavandera Rosalía cuando fue a recoger la ropa tendida a secar. Yo ignoraba que estuviese enterado. Juan, el jardinero, estaba haciendo un ramo de dalias de todos los colores.

—¿Para quién son, Juan?

—No lo sé, Camiliño Josesiño, tu abuela me lo mandó cortar. Mañana te haré otro para ti, para que se lo lleves a tu abuelito de Túy.

—¿Y cómo sabes que yo me voy mañana a Túy?

—¡Ah! Los viejos, Camiliño Josesiño, te lo sabemos todo...

Juan, el jardinero, descolgó del naranjo grande una cestita de mimbre llena de minúsculas y sabrosas fresas silvestres envueltas en hojas de helecho.

—Para ti, Camiliño Josesiño, las he cogido para ti.

Sobre las verdes hojas del helecho —verdes y frescas como la hierba de la mañana— lucían las redonditas y brillantes gotas del rocío.

—Gracias, Juan.

—No se merecen, Camiliño Josesiño, es para que te las vayas comiendo por el camino.

De repente noté que una inmensa tristeza me agarraba la garganta y me eché a llorar. Juan, el jardinero, que era viejo y sabio, nada me preguntó.

—Es que se me metió una pajita en un ojo, ¿sabes?

—Eso pronto pasa.

Juan, el jardinero, me regaló también un silbato y una navaja cuidadosamente despuntada.

—¿Te acordarás de mí, Camiliño Josesiño?

—Sí, Juan, ¿y tú?

—Ya sabes que sí, Camiliño Josesiño, ya sabes bien que sí...

Juan, el jardinero, tenía, como el abuelo, nieve en la barba y en la mirada un hondo y celestial azul.

—¿Te vienes conmigo al gallinero?

—Bueno.

En el gallinero, Teresiña, la albina y bondadosa Teresiña, repartía el maíz a las gallinas. En un cajón con una tela metálica por encima, Bufariñento, desgarbado y sin plumas, temblaba, aburrida y resignadamente, al sol. Bufariñento empezó a piar de alegría cuando me vio.

—¿Quién va a cuidar de Bufariñento, Juan?

—No lo sé, Camiliño Josesiño, yo creo que va a ser mejor que te lo lleves contigo.

Teresiña, cuando terminó de repartir su maíz, fue por una regadera de agua para los bebederos.

—Teresiña, me voy a hacer un viaje bastante largo.

—¿Adónde, meu homiño?

—A Túy, a casa de los otros abuelos.

—¿Por dónde cae? ¿Hacia la parte de Santiago?

—No lo sé bien; Rosalía dice que queda antes de meterse en Portugal.

—¡Válgame Santa María, madre de Dios! ¡Más allá de Pontevedra!

—Sí, por lo visto, sí. Ya te digo, es un viaje bastante largo.

Teresiña, arrugando los ojos, interrogó a Juan, el jardinero.

—¿Quen leva a o neno?

—Ninguen; vai sô como un orfo... ¡As cousas que fan!

—¿E o sabe a nai?

—O sabe todo o mundo, Teresiña.

Teresiña me miró.

—¡Probiño, sô como Bufariñento!

A mí me entraron ganas de llorar otra vez, pero me contuve. Juan, el jardinero, mandó callar a Teresiña.

—¡Cala, muller, cala! ¿Non ves que poñes nervoso a o rapaz?

La señora María estaba ordeñando la vaca Toxenta.

—¡Ei, José Camilo, sei que marchas!

—Sí, señora María; me voy a Túy, a casa de los otros abuelos, pero volveré enseguida, ya verás...

A la hora del té empezó a cerrárseme y a ennegrecérseme el horizonte de las ilusiones, y a la caída de la tarde, poco antes de cenar y tras haberme despedido de todos, no tenía ganas ningunas de emprender el viaje.

—¿Y si me quedase, abuelita?

—No, hijo; debes ser obediente y hacer lo que te dicen tus padres. Cuando ellos han dispuesto que vayas a Túy, sus razones tendrán...

La voz de la abuela me pareció más tierna y emocionada que de costumbre, más cálida y amorosa.

—Sí, abuelita.

—Pues claro, hijo, claro que sí... Anda, dame un beso y vete a comer; la tata Julia te espera.

—Sí..., abuelita.

Antes de salir de la sala hice un esfuerzo de voluntad.

—Oye, abuelita.

—Qué.

—¿Me puedo llevar a Bufariñento?

—¿Quién es Bufariñento?

—El pollito pelón.

La abuela sonrió.

—Sí, hijo, puedes llevártelo.

—¿En una caja de botas?

—Sí, hijo, en una caja de botas, con unos granitos de maíz y una esponja húmeda, para que beba.

Aquella noche tardé mucho tiempo en dormirme —de haber tenido alguien que me cogiese la mano me hubiera dormido mucho antes— y a la mañana siguiente me desperté más temprano que nunca. Estaba aún rompiendo el día y Bufariñento, desde su caja de botas, piaba extrañado, templadito y feliz.

El coche de Lozano se presentó, sin Paquito dentro, a las nueve en punto.

—Abuelita, abuelita, ¡no viene Paquito!

—No habrá podido, hijo.

—Y, ahora, ¿con quién juego a las bolas?

—Tus primos de Túy también serán aficionados a las bolas, ya verás; de todas las maneras, en el automóvil tampoco ibas a poder jugar...

—Claro.

El coche de Lozano era un Ford alto, destartalado y roncador, pintado de negro.

—Abuelita, abuelita, ¡es un fotingo!

—¿Qué palabra es esa, nene?

—Perdón, abuelita, no me di cuenta.

El coche de Lozano estaba lleno de cajones, de cestas y de maletas. Lozano, que era un hombre arbitrario y dinámico —la peor mezcla—, vivía de su Ford, que fletaba para los más raros y variados menesteres: asistir a un bautizo lejano, repartir propaganda electoral, llevar a un enfermo a Santiago o un cerdo en cuartos al señor obispo, recoger americanos de los trasatlánticos de Vigo, poner a unos novios a la puerta de la parroquia, transportar nitrato de Chile o curtidos de Noya, o bacalao de Escocia a donde le mandasen, conducir a los músicos de la banda a la romería, dejar a un niño en casa de los otros abuelos, etcétera.

Cada vez que Lozano ponía su Ford en la carretera, se las ingeniaba para sacarle la mayor renta posible y lo cargaba hasta el techo de sacos de pimientos de Herbón, cajas de huevos, jaulas de gallinas, garrafas de vino o de aceite, sombrereras, fardos, herramientas y todo lo que se presentase, que todo era bueno para ayuda de los gastos, como, velando caballerescamente su negocio, solía decir Lozano: Julián Lozano Crego, natural de Extramundi, parroquia de Santiago Apóstol, ayuntamiento de Padrón.

—¿Llevas todo, nene?

—Sí, abuelita, todo.

Miré y, efectivamente, llevaba todo: la maleta, el neceser, la cestita de fresas, el ramo de dalias, la navaja sin punta, dieciséis bolas (cuatro se me perdieron al bajar la escalera) y la caja con el pollito dentro.

—¿No te olvidas de nada, Camilo José?

—De nada, tía Mitas, me parece que no.

—¿Llevas pañuelo en el bolsillo?

—Sí, tía Chucha, aquí está.

—¿Te echaron un poco de colonia?

—Sí, tío Jorge, gracias.

—¿Llevas los caramelos a mano, por si te mareas?

—¡Ay, no, tía Anita! Los llevo en el neceser, ¿quieres sacarlos?

Mi tía Anita sacó los caramelos y las pastillas de goma del neceser y me los repartió por los bolsillos.

—¿Así?

—Sí, así.

Cuando todo estuvo dispuesto, Juan, el jardinero, me subió al coche y me acomodó bien; no le resultó tarea fácil pero, a fuerza de insistir, lo consiguió. En el automóvil y medio tapado por la mercancía —según se descubrió al instalarme—, iba un paisano con carita de mirlo, vestido de luto riguroso.

—Este va sólo hasta Puente Sampayo, doña Nina. Poca guerra ha de dar: es muy bueno y, además, mudo. Es un mudo de toda confianza. No ha de molestar al niño, ya lo ha de ver, y, en cambio si pincho, siempre me echará una mano para cambiar la rueda, ¿no le parece?

—Bueno, bueno, que vaya.

El paisano de la carita de pájaro sonrió con gratitud y se llevó dos dedos a la boina. La abuela miró, quién sabe si dura o suplicante, para Lozano.

—No hagas el loco.

—Descuide, doña Nina, ya sé que llevo oro fino.

Mis tías pusieron cara de pensar que Lozano era un cursi y, después de la abuela, me besaron. Las criadas también me besaron, pero en la mano; en la cara estaba prohibido por orden rigurosísima de la abuela. Los criados se limitaron a decirme adiós; el único que me besó fue Juan, el jardinero, que tenía bula.

—Adiós, Camiliño Josesiño.

—Adiós, Juan.

—Que lleves buen viaje.

—Gracias, Juan.

—Y que Nuestro Señor Santiago te guarde.

—Gracias.

Lozano se ajustó las gafas de carretera encima de sus lentes y el Ford arrancó con un ruido de mil diablos y entre una nube de polvo. Por la ventanilla de atrás no se veía nada y yo me sentí muy solo, infinitamente solo.

Lozano volvía la cabeza de vez en cuando.

—¿Vas bien?

—Sí, muy bien.

—¿Te mareas?

—No, no me mareo.

—Más vale; tú, chupa caramelos.

Padrón, cruzado en automóvil, pronto se acaba.

—Mira, Puente Cesures, próspera villa caracterizada por la industrialización y el empleo de las modernas técnicas.

—Ya.

Por Puente Cesures empezaba el temeroso paisaje no familiar, los montes ni recordados, las casas vistas por primera vez, los árboles pintando manchas ignoradas, las fuentes y los arroyos y los regatos por descubrir. En el Ford de Lozano —y a la altura de la aldea de Valga— empezó a oler a rayos. Lozano frenó en seco y se volvió hecho un basilisco.

—¡Mudo pedorro, asqueroso desgraciado! ¡Como no te reportes te echo abajo a patadas! ¿No ves que se puede marear el nieto del gerente? ¡La culpa la tengo yo por meterme a hacer obras de caridad a quien no se lo merece! ¡Habrase visto desconsideración! ¿Te mareas, Camilito?

Yo estaba pasado del susto.

—No, no...

—Anda: chupa caramelos, no te venga el mareo.

El mudo de carita de mirlo se echó a llorar, lento y seguido. Al cabo de un rato se subió las solapas de la chaqueta y cerró los ojos.

Al llegar a Caldas de Reyes, Lozano tuvo que despertarlo.

—¡Arriba, camarada *boy scout*! ¡Fin de la primera etapa! ¡Caldas de Reyes, aguas termales minero-medicinales de fama mundial! ¡Parada y fonda! ¡Ja, ja! ¡Abajo todo Dios, que Lozano invita a boliche al pasaje! ¡Ja, ja! ¡Viva Extramundi, la flor de los corsarios! ¡Ja, ja!

El mudo, Lozano y yo, con Bufariñento en su caja, nos metimos en un bar que queda a la derecha, después del puente. Lozano estaba radiante y flexionaba los brazos y las piernas, como un gimnasta.

—¿Te mareas?

—No, señor, no.

—Más vale; tú, chupa caramelos. ¿Qué llevas en esa caja?

—Un pollito que se llama Bufariñento.

—Déjamelo ver.

Lozano abrió la caja y cogió a Bufariñento.

—¡Vaya asco de pollo!

Yo, que ya estaba bastante asustado, me eché a llorar.

—No, señor, Bufariñento no es ningún asco. Es un pollo de raza, lo que le pasa es que está algo delgadito.

Lozano empezó a golpearse el pecho.

—¡Los hombres no lloran, Camilito José! ¡Arriba el ánimo, que nadie lo pueda decir de un padronés! ¡El pollo es una perla! ¡A comer gargajos caldenses y a criar buenas carnes, pollo de raza! ¡El que lo pise es hombre muerto! ¡Viva Extramundi, la flor de los corsarios! ¡A ver! ¡Boliche para el niño, boliche para el mudo, boliche para Lozano! ¡Dos boliches para el pasaje y uno para la tripulación! ¡Todo rápido! ¡Vivimos la era de la velocidad!

En el bar —y en toda la comarca— ya conocían a Lozano. Los únicos algo extrañados de su deportivo y atrabiliario comportamiento éramos Bufariñento y yo.

De Iria a Caldas de Reyes hay dieciocho kilómetros: una hora, aproximadamente. De Caldas de Reyes a Pontevedra hay veinte kilómetros.

—Si el mudo se reporta, otra horita, minuto más, minuto menos.

Lozano se levantó y pagó los tres boliches. Después cogió a Bufariñento y lo puso —diríase que incluso con mimo— en su caja.

—¡Adelante mis camaradas *boy scouts*! ¡Las bellas pontevedresas nos esperan! ¡Abur!

Lozano cogió al mudo por la garganta.

—Y tú, mudo del diablo, nécora ruin, a ver si te reportas. ¿No ves que se puede marear el nieto del gerente? ¿Te mareas, Camilito?

—No, señor, no.

—Más vale; tú, chupa caramelos.

En el cruce de Barro, entre el madrugón, la sensación de soledad, las emociones del viaje, los caramelos y el boliche, se me descompuso la barriga.

(Hago merced al lector de mis apuros, mis peripecias y mis avatares en aquel momento. Para imaginárselos, el que leyere deberá pensar que al niño C. J. se le soltaba el vientre por vez primera fuera de su casa. Y en condiciones no del todo propicias. En atención al rigor histórico, debo consignar aquí que tanto Lozano como el mudo de cara de estornino —que después supe que se llamaba Gonzalito Caritel Loureiro— se portaron muy bien y con suma discreción.)

A Pontevedra llegamos, entre unas cosas y otras, a la una y pico. A mí me dejaron en casa de los Areses, primos de mis primos de Túy, donde estaba previsto que comiese. Los Areses, que eran muchos —o a mí me lo parecieron—, vivían en una casa grande y con huerto. Eran todos mayores que yo y me miraban como a un bicho raro.

—¡Fijaros! —dijo uno de ellos—, ¡este niño huele mal!

Yo sentí hundírseme el mundo, pero no lloré. Por primera vez en mi vida (ignoro si por única vez también) me sentí a la altura de las circunstancias y no lloré; hubiera sido peor, mucho peor.

—Huelo un poco mal porque tuve un descuido, no pude evitarlo. A mí me parece que estoy un poco malo.

Todos se rieron, pero una señora mayor y muy amable me llevó para adentro, me lavó y me mudó. Le estoy muy agradecido y lamento no poder identificarla. A la hora de comer me dieron una taza de caldo limpio y media aspirina y empecé a sentirme mejor.

—Pobriño, es el viaje que lo mareó.

—No, yo creo que es el boliche que me dio Lozano.

El padre de los Areses estuvo muy gentil conmigo.

—¿Sabes hablar inglés?

—Sí.

—A ver, ¿cómo se dice mesa?

—*Table.*

—¿Y ventana?

—*Window.*

—¿Y silla?

—*Chair*.

—¡Pues sí es verdad que sabe inglés!

Los Areses viejos me trataron muy bien. Los jóvenes, no tanto. Yo creo que si me dejan solo con ellos hubieran acabado por tirarme al pozo, quizá por pura broma. A la hora del postre, la señora mayor me dejó comer una manzana rallada. Yo ofrecí mis fresas.

—Tengo una cestita de fresas que me regaló Juan, el jardinero. Están abajo, ¿puedo ir a buscarlas?

La señora mayor —¿era la madre, era alguna tía de los Areses?— intervino:

—¡Qué fino es este chiquillo! Ya podíais aprender vosotros, que sois unos zulús... Rafaelito, ve por las fresas de Camilo José.

Esto de ser puesto de ejemplo es siempre incómodo porque acarrea impopularidad y engendra antipatías. Cuando Rafaelito volvió con las fresas, todos los hermanos las encontraron pequeñas y agraces.

—¡Vaya fresas! ¡Son silvestres!

Las fresas, a pesar de la opinión de los Areses jóvenes, eran muy aromáticas y de buen sabor. Las fresas silvestres no son peores que las cultivadas, son más pequeñas, pero también más intensas. Yo las prefiero; con las flores me suele pasar lo mismo.

—No hagas caso, Camilo José, tus fresas son riquísimas.

Yo sonreí lleno de dicha y bienestar.

—Gracias.

De repente me acordé de Bufariñento y me estremecí. Los Areses jóvenes probablemente se iban a reír de Bufariñento. No importa, a Bufariñento había que darle agua.

—¿Puedo dar agua a un pollo que traigo?

—¿Un pollo?

—Sí, un pollito pelón que traigo dentro de una caja: se llama Bufariñento.

—¿Cómo?

—Bufariñento, se lo puso la cocinera Joaquina; quiere decir que está delicado.

Los Areses jóvenes se miraron y fingieron aires de superioridad.

—¡Un pollo!

—¡Mira que viajar con un pollo!

—¿Y canta ese pollo?

—¡Como estaría bueno es con patatas!

La señora mayor tomó de nuevo cartas en el asunto.

—¡Silencio! Luis, ve por el pollo de Camilo José.

Cuando Luis llegó con mi pollito en la mano —y yo creo que apretándolo, a mala idea—, los Areses jóvenes, como estaba previsto, se rieron a grandes carcajadas.

—¿Y eso es un pollo? ¡Eso es un esqueleto!

—¡Está medio muerto!

—¡Vaya porquería de pollo!

—¡Ten cuidado de que no se te acatarre!

El padre de los Areses, don Rafael Areses Vidal, ingeniero de montes, pegó un puñetazo en la mesa. Bufariñento, que picaba unas migas de pan sobre el mantel, salió rebotado.

—¡A callar todos! ¡Al primero que se meta con Camilo José lo encierro en su cuarto!

En el comedor de los Areses se hizo un silencio embarazoso. Yo no me atrevía a mirar para ningún lado. Para complicar un poco más la cosa, Bufariñento, se conoce que del susto, dejó su tarjeta sobre una cuchara. Los Areses jóvenes, con la vista clavada en el plato, estaban congestionados de aguantar la risa. La risa es contagiosa, como el llanto, pero, a diferencia del llanto, la risa contenida es mucho más contagiosa aún que la espontánea y abierta.

El trance lo resolvió la buena providencia de la campanilla de la puerta, al sonar. Al poco rato entró una criada en el comedor.

—Señora, que din que venen a buscar a o neno.

Un gesto de alivio recorrió todos los semblantes. A veces,

resulta cierto eso de que, muerto el perro, se acabó la rabia. Aquel día, el perro era yo.

—¿Te sentó bien la comida?

—Sí, muy bien, gracias.

—Abrígate mucho, no te vayas a enfriar.

—Sí, sí...

—Ten cuidado no mires para atrás, no te vayas a marear.

—No, no...

Recogí a Bufariñento, lo metí en su caja, me puse el abrigo y la gorra y salí. En la puerta me despidieron todos. En el mirar de los Areses jóvenes no había odio; había burla y, mirándolos bien, un tenue deje de vaga simpatía.

—Adiós, Camilo José, que lleves buen viaje.

—Adiós, muchas gracias por todo.

—Recuerdos a tu abuelo.

—Muchas gracias.

—Recuerdos a tu tía Camila.

—Gracias.

—Recuerdos a tu tía Teresa.

—Lo mismo digo.

—Recuerdos a tu tía Gerarda.

—Servidor de usted.

—Recuerdos a tu tío Fernando.

—Kyrie eleison.

—Recuerdos a tu tío Manolo.

—Christe eleison.

—Recuerdos a tu tío Fernando.

—Larán, larán.

—Recuerdos a los amigos.

—Pirimpimpón.

Con el mudo y Lozano y otra vez por el camino abajo, vi el cielo abierto.

—¿Te mareas, Camilito?

—No, señor, no.

—Más vale; tú, chupa caramelos.

Al mudo lo dejamos, rodeado de ostras, en Puente Sampayo; más de la mitad de los bultos que llevaba el Ford eran suyos. El mudo vivía a la entrada del pueblo pero Lozano, muerto de risa, lo dejó a la salida.

—¡Tercera etapa! ¡Pasaje para Puente Sampayo, a la rue! ¡Salud, camarada *boy scout*! ¡Las reclamaciones, al maestro armero! ¡Ya te cobraré a la vuelta, pierde cuidado!

—Mu, mu...

—¿Qué?

—Mu, mu...

—¡No entiendo el morse! ¡Venga, por donde hemos venido y todo derechito!

—Mu, mu...

Lozano le contestó con la bocina.

—Po, po...

—Mu, mu, mu...

—Po, po, po...

Lozano soltó el freno y Gonzalito Caritel Loureiro, rodeado de fardos, se quedó en la carretera, a kilómetro y medio de su casa, haciendo «mu, mu...».

—¡Qué gran rapaz es este mudo! Yo le tengo la mar de ley, es uno de los mejores mudos que hay en toda Galicia.

Lozano, antes de arrancar, me había dicho:

—Pasa aquí delante conmigo, se ve mejor el campo.

—Sí, señor.

—¿Vas bien?

—Sí, señor.

Lozano me dio una palmadita en la rodilla.

—En Redondela, te he de invitar a otro boliche.

—No, déjelo, muchas gracias, no tengo ganas.

—Sí, sí, ¡no faltaría más! Yo quiero que vayas muy contento y que se lo cuentes a tu abuela.

Frente a las casas de Arcade, a las mismas puertas de Puente Sampayo, atropellamos una gallina que cruzó a destiempo.

—¡Angelitos al cielo! No, no..., esto es irreverencia: ¡plumas al cielo! No, no..., tampoco queda fino: ¡gallina a la mierda!

Lozano me miró.

—Vas muy serio.

—Sí, señor.

—¿No te gustó?

—No.

Lozano detuvo el automóvil, se bajó y dio dos volteretas sobre las manos.

—¡Amnistía, amnistía! ¿Me amnistías, Camilito?

—No sé lo que es eso.

—Si me perdonas.

—Sí, señor, yo no tengo nada que perdonarle.

—¡Gracias, oh, César! ¡Fiat lux! ¡Volemos al encuentro de Redondela, empalme ferroviario! ¡Avanti! ¡Viva el Celta de Vigo! ¡Muera el cojo de Fornelos!

Lozano se puso otra vez al volante y no dijo ni una sola palabra más hasta llegar a Redondela. Por lo bajo, iba cantando un trozo de «La montería».

¡Oh, cazador, cazador,
que vas en pos del amor!
¡Ten gran cuidado
porque cazado
sin duda alguna
será el cazador!

Como por más que discurrí no pude encontrar razones que me redimiesen a tiempo, en Redondela Lozano me metió en el cuerpo otro boliche, que me cayó como un petardo.

—¡Boliche para el nene, que salió bolichómano! ¡Viva Benitiño Soto, terror de los mares y de los bajeles de Su Graciosa Majestad Británica! ¡Arriba los corazones!

Antes de Porriño —cuarta etapa— me entró una vomitona

de muerte. Lozano me sujetó la frente para que me despachara sobre la cuneta.

—¡Arroja, Camilito, echa fuera todo lo malo! ¡La naturaleza es muy sabia!

De vuelta al Ford tenía un frío espantoso y Lozano me envolvió en una manta que olía a carnero y a gasolina.

—¿Vas bien?

—Sí, gracias, muy bien.

Lozano me dio un beso en la frente.

—No es extraño esto que te pasó: te mareaste, a cualquiera le pasa. Yo creo que no chupaste bastantes caramelos...

—Puede ser.

A Túy llegué casi de noche y desmayadito. Túy me pareció un pueblo grande, triste y oscuro, lleno de gente seria y circunspecta. Lozano me entregó en casa del abuelo.

—Viene algo mareado; no es nada, pronto le pasará.

La tía Camila me llevó ante el abuelo, un viejecito duro y con gesto voluntarioso que se aburría en su sillón de ruedas. El abuelo tenía las piernas envueltas en una manta de cuadros color marrón. El abuelo hacía una figura rara —rara para mí, que venía de un mundo tan distante—, noble y ascética como los santos de palo de las iglesias. El abuelo, a un lado, tenía una mesita con un vaso de agua de Mondariz y dos libros: la *Sonata de otoño*, de Valle-Inclán, y el cuaderno en el que llevaba apuntados los foros por cobrar. En el otro, estaba tumbado un mastín enorme y peludo que ni me miró. Detrás del abuelo, un criado de ojos tiernos y bigote feroz esperaba órdenes con la boina puesta. Yo le sonreía y él, por debajo del bigote, me sonrió también. El abuelo me dio su mano a besar y después me acarició la cabeza.

—¡Qué rubito eres!

—Sí...

—¿Estás bien?

—Sí, abuelito, bien, gracias, ¿y tú?

—¿Yo? Yo, hijo, ya no estaré bien nunca más...

En la voz del abuelo no había tristeza. Tampoco había, probablemente, resignación. En la voz del abuelo había conformidad. Y un inmenso desprecio para las pompas y vanidades de este bajo mundo.

—Abuelito.

—Dime, hijo.

—Tú pronto te vas a poner bueno, ya verás.

El abuelo sonrió con el amargo gesto del hombre que no está muy hecho a sonreír. No me dijo ni una sola palabra más.

—Camila, lleva a Camilito a su cuarto; cuida de que no le falte nada.

—Sí, padre, ¿quiere usted algo más?

—No.

El abuelo me dio otra vez su mano a besar y me acarició la mejilla. Entonces me miró el mastín, con sus enormes y cansados ojos de color de almíbar.

—¿Cómo se llama?

—Canelo.

La tía Camila me cogió de la mano y me llevó por el oscuro pasillo adelante. La casa estaba fría y húmeda y poco acogedora.

—Este es tu cuarto; cuando estés en la cama, toca la campanilla para que te traiga la cena.

—Sí.

Aquella fue la primera noche de mi vida en que me desnudé solo. Me costó mucho trabajo, pero procuré hacerlo lo mejor posible e incluso dejé la ropa bien doblada sobre el respaldo de una butaquita de peluche granate que había por allí. Después toqué la campanilla y vino la tía Camila con la cena: un huevo pasado por agua, una manzana y un vaso de leche.

—Yo tomo pan con manteca con el huevo y galletas con la leche.

—Hoy no, que estás malo; hoy vienes mareado del viaje.

—Bueno...

El huevo no venía en una huevera, sino en una copita. Las hueveras, por lo visto, no eran para los niños.

—Tía Camila.

—Qué.

—No sé partir el huevo.

La tía Camila, sin decir palabra, partió el huevo, lo vació en la copita y le echó sal.

—Tía Camila.

—Qué.

—A mí no me gusta la sal.

—Pues ahora ya no hay remedio.

Jamás había oído semejante razón y pensé que mi familia de Túy tenía costumbres muy extrañas.

—Bueno, no importa, lo comeré con sal; se lo ofreceré al Niño Jesús...

—Es lo menos que un buen cristiano debe hacer.

—Claro...

La tía Camila era una mujer rígida y seca que estaba convencida de que la vida no era más que un minúsculo y pasajero tránsito sin mayor importancia.

—A ver, santíguate. ¿Dónde has visto tú que la gente no se santigüe antes de comer?

Yo lo había visto en casa de los otros abuelos, pero me callé.

—En el nombre del Padre...

—En el nombre del Padre...

—A ver, junta las manos.

—Sí.

—Bendecid, Señor, el alimento que vamos a tomar...

—Bendecid, Señor, el alimento que vamos a tomar...

—Santíguate otra vez.

—Sí.

Después, cuando empecé a comer el huevo, quise hacerme el simpático a la tía Camila.

—Está muy bueno el huevo, no se le nota nada la sal.

—¡Los niños no hablan al comer, no les aprovecha el alimento!

—¿Y después?

—Después, sí; si tienen con quién y les dan permiso.

Al acabar de cenar pregunté, tímidamente:

—¿Puedo decir algo?

—Si no es vana palabrería...

—¿Vana qué?

—Anda, habla y no te hagas el tonto, que de tonto no tienes un pelo.

Hice un verdadero esfuerzo para hablar.

—Tía Camila.

—Qué.

—Al abuelito le traía un ramo de dalias muy grande, me lo olvidé en el automóvil de Lozano.

—No te importe, en esta casa no estamos para ramos de dalias. Anda duerme; te voy a apagar la luz.

La tía Camila me apagó la luz y se iba sin darme un beso.

—Buenas noches.

—Adiós... Tía Camila, ¿no me das un beso?

La tía Camila, mientras rezongaba por lo bajo, me dio un beso.

—¡Lo que sabe este niño!

—¿Eh?

—Nada.

Cuando me quedé solo, lloré. Y me sentí abandonado de la abuelita de Iria, cosa que nunca había creído que pudiera suceder.

Ya a punto de dormirme sumido en los más negros y amargos pensamientos, pegué un sobresaltado respingo y me eché de la cama abajo. Fue algo tan súbito y veloz, algo que no se había ido cociendo, poco a poco y como Dios manda, en la cabeza, sino que había brotado de repente y sin avisar, como el agua de un grifo, igual que la misteriosa y orgullosa agua del grifo:

Izquierda y derecha,
caliente y fría.
Me lavo y me peino
para todo el día.

¡Qué bonitas, las infantiles coplejas que suenan como si llevasen acompañamiento de tambor!

La cruel idea de que Bufariñento estaba preso en su caja, quizá sin explicarse lo que sucedía, y de que mi deber —y también mi voluntad— era el de ir a librarlo de su encierro, pasase lo que pasase, fue como un petardo que me estalló donde la espalda pierde su soso y neutro nombre.

La puerta chirrió al abrirse, las maderas del piso crujieron y una silla que había por allí armó un excesivo estrépito, al caerse. El pasillo estaba oscuro y la casa parecía deshabitada. Al fondo se distinguía un ligero resplandor hacia el que me dirigí, a tientas y pasando una mano por la pared. Hacía frío, un raro frío que me sonaba dentro y que sin embargo me daba calor por la frente y por la nuca, y el cuerpo, ahogado en medio de la tiniebla, me temblaba como un junco del río sacudido por el viento.

El perro Canelo abrió la puerta del fondo y la tía Camila levantó la voz:

—¿Quién anda ahí?

Yo no dije ni esta boca es mía. El perro Canelo, moviendo el rabo, se me acercó y me lamió la cara. El perro Canelo era bravo y cariñoso, igual que los paladines del caballero Ivanhoe. ¡Pobre perro Canelo, muerto dos años más tarde bajo las macizas ruedas de un camión incivil y portugués!

Al presentarme ante la puerta abierta, la tía Camila no me gritó. El abuelo se me quedó mirando, creo que con un vago aire de simpatía quizá imperceptiblemente risueño y me hizo una señal con la mano.

—Ven aquí... Camila, tráele una bata al niño... Vamos a ver, barbián, ¿adónde ibas?

—A buscar a Bufariñento, abuelito. Oye, abuelito, ¿qué es barbián?

—¿Barbián? Pues…, está bien claro… Oye, Camilito, ¿quién es Bufariñento?

—Un pollo amaestrado que tengo dentro de una caja de botas.

—¿Dónde está?

—En el hall…

La tía Camila me trajo una bata que me sobraba por todas partes.

—Oye, tía Camila.

—Qué.

—Me sienta mal.

—Peor te va a sentar la pulmonía.

—Bueno.

El abuelo me colocó a su lado y volvió a dirigirse a la tía Camila.

—Trae una caja de botas que Camilito se dejó en el portal. Ten cuidado que dentro viene un pollo.

—¿Un pollo? ¡Válgame la Santísima Virgen!

—Sí, hija, un pollo: un pollo amaestrado. ¿Tiene algo de malo que el niño tenga un pollo?

—No, no.

La tía Camila, al poco rato, volvió con Bufariñento.

—Aquí tienes tu pollo.

—Gracias, tía Camila.

Al cabo de algunos minutos, la tía Camila me acostó de nuevo.

—Y ahora duérmete tranquilo y no des más la lata. El pollo tendrá que quedarse contigo esta noche; como comprenderás estas no son horas de que salga a echarlo al gallinero.

—No, no…, estas son unas horas malísimas para echarlo al gallinero.

Yo no me explicaba que la tía Camila creyera que había que pedir disculpas por dejarme al pollo en la habitación. Eso era, precisamente, lo que yo quería. Lo malo iba a ser al día siguiente, cuando para echarlo al gallinero siempre habría de aparecer una hora buena... La tía Camila me dio la bendición y me apagó la luz.

—Y ahora, a dormir tranquilo, ¿me lo prometes?

—Sí, tía Camila, te lo prometo.

La tía Camila me dio un beso —¡cómo se lo agradecí!— y me cerró la puerta. Casi al instante, Bufariñento se calló y yo me dormí, tranquilo como había prometido y soñé con Iria y con Juan, el jardinero; al lado de Juan y en su sillón de ruedas, estaba el abuelo, muy contento, con Canelo al lado y con la manta marrón de taparse las piernas toda llena de flores: margaritas, rosas, pensamientos, violetas, madreselvas y dalias...

A la mañana siguiente, cuando me desperté, Bufariñento había salido ya para el gallinero.

—¿Y Bufariñento?

—En el gallinero; las gallinas son para estar en el gallinero.

—Bueno, pues no como.

—¿Qué?

—Que bueno, que no como.

La tía Camila, mientras me vestía (¿por qué no me había ayudado a desnudarme la noche anterior?) me contó el cuento del loro del portugués.

—¿Tú sabes lo de aquel loro que se compró un portugués?

—No.

—Pues mira; una vez, un portugués se compró un loro.

—Sí.

—Bueno. Y el loro decía: «¡Lorito real, para España y no para Portugal!».

—Sí.

—Bueno. ¿Y tú sabes lo que le dijo el portugués?

—No.

—Pues le dijo: «A vosa señoría irá adonde o leven», y fue y se lo llevó a Portugal. ¿Me entiendes?

—Sí.

—Pues eso; tú, como el loro del portugués.

—Bueno, pero no como.

—Eso lo vamos a ver.

Cuando me sentaron delante del desayuno, no comí. El abuelo, que estaba a mi lado, me preguntó:

—¿No comes, nene?

—No, abuelito, no tengo ganas, gracias.

—¿Te sientes mal?

—No; es que no tengo ganas de comer.

La tía Camila intervino para delatarme.

—Camilito no come porque le eché el pollo al gallinero, en casa no lo íbamos a tener.

El abuelo me miró.

—¿Es verdad eso?

Y yo, que no era mentiroso, le mentí.

—No, abuelito, es que no tengo ganas, ya te digo.

El abuelo miró ahora a la tía Camila.

—¡Qué ocurrencias tienes, Camila! ¿En qué cabeza cabe que el niño, ¡con lo que son los niños!, vaya a dejar de comer por lo del pollo? El niño lo que tiene es que está medio malo, ayer cuando llegó ya no estaba muy bien. Es un niño delicado, un niño con el que hay que andarse con muchas precauciones. Camila, a mí me parece que no tiene mucha salud.

—No, padre, lo que le pasa a este niño es que está muy mal criado. Ya comerá cuando tenga hambre, déjelo usted.

Me pasé el día mirando para Bufariñento, preso detrás de la tela metálica del gallinero. Bufariñento, al verme, se acercaba y yo podía tocarlo con el dedo o con un palito.

—No comas, ya verás como se cansan de tenerte ahí.

Bufariñento no era partidario del ayuno y picaba —sin consideración alguna para su amo, que era yo— el salvado y las hojas de col.

—Bufariñento...

—...

—No te saco, porque no puedo.

El gallinero estaba cerrado con llave y, por más que me las ingenié, no pude arbitrar el medio de rescatar a mi pollo.

—Bufariñento...

—...

—Tú, aguanta, que ya verás como te saco de ahí.

Aquel día no probé bocado, pasé un hambre horrible. Por la noche me mareé.

—¿Lo ves, Camila, como el niño no está bueno?

(Intermedio en el que se habla de las reacciones
defensivas del niño, del adolescente
y del joven C. J. C.)

Los médicos y los educadores han escrito cientos y cientos de
páginas sobre la manera de ser de los niños, sobre la psicología
infantil. Por si a alguno pudiera servirle como documento, voy
a tratar de explicar, lo más objetivamente posible y sin sacar
comentarios que no me competen, ni consecuencias de las que
no suelo ser demasiado amigo, las reacciones defensivas del
niño, del adolescente y del joven C. J. C., nuestro personaje
central en esta verídica historia.

Yo no era un niño comilón sino más bien un niño caprichoso; me gustaban los alimentos blandos y poco condimen-
tados y me horrorizaban el alcohol, el café y los picantes. La
carne la comía un poco por obligación y a veces, cuando me
aburría de masticar, me la sacaba de la boca, me la escondía con
disimulo en el bolsillo y se la echaba después a los pollos. Con
el pescado blanco, si no tenía muchas espinas, me limitaba a
transigir. De las verduras, la mejor para mí era la coliflor cocida y aliñada después con limón y aceite. Prefería la tortilla
francesa (poco después, la tortilla de patatas) a ninguna otra
cosa y bebía gran cantidad de leche cruda o cocida, me era igual.
El gusto por la leche es el único que me ha acompañado siempre y aun en las épocas en que me bebía una botella de coñac

diaria —a mis treinta y cinco y treinta y seis años— siempre acababa el día, mejor dicho, la noche, con un vaso de leche. Ahora, en el preciso instante en que escribo, seis de la mañana del día 13 de abril de 1958, domingo, sé que sobre la mesa de noche de mi cuarto me espera un vaso de leche que me beberé, casi sin tomar aliento, cuando me acueste.

Los pasteles y los postres de cocina me gustaban, sin excesivo entusiasmo, y prefería, sin duda alguna, el *cake* a cualquier otra cosa. El coco y la almendra tampoco me gustaban y me imaginaba que comerlos era una gran ordinariez; de la sopa de almendra, en cambio, sí era partidario. Y del azúcar a cucharadas. Y no de los caramelos, que chupaba esforzándome en descubrirles su encanto, y menos de los bombones, que ni probaba y que sigo sin probar.

Bien. Sigamos —tras haber dejado constancia de sus preferencias a la mesa— con el retrato del niño que nos ocupa, del niño corriente y moliente del que hablamos.

Mi salud era un tanto precaria y mis padres y mi abuela inglesa —o italiana, según se mire— me mimaban y consentían a conciencia. Era completamente rubio y muy delgadito. Padecía de lombrices y cogía catarros. Lloraba sin causa conocida —ni aun por mí— y tenía un carácter atrabiliario, fantasioso, despótico y tierno. Me sentía el ombligo del mundo (en ocasiones, por fortuna, todavía me lo sigo creyendo) y era propenso a la tristeza y a la soledad, dos sensaciones que me hacían muy feliz. No me confesaba mi evidente egoísmo que, debo aclararlo, nada tenía que ver con la apetencia de los inmediatos bienes materiales. De noche, soñaba que volaba como los pájaros, aunque casi siempre a ras del suelo, y un día soñaba con llegar a ser un pintor importante. Nadie me metió miedo jamás y el miedo fue algo que tardé en descubrir.

Ni admitía la posibilidad de que hubiera en todo el mundo una mujer más bella que mi madre, a la que adoraba, y sentía admiración —al mismo tiempo que me notaba muy distante de él— por mi padre. Tenía buena memoria y muy escasa voluntad. Era holgazán y poco amigo de estudiar. Tardé bastante en aprender a leer y escribir y tardé todavía más —aunque bien mirado, mucho menos de lo necesario— en perder la pureza, ese mágico estado que todo lo resuelve. Era tímido (no vergonzoso) y poco espabilado; no jugaba a los juegos de los demás niños, ni saltaba tapias, ni me subía a los árboles. Estaba más a mis anchas en el campo que en la ciudad y era amigo de los animales y de los mendigos. Prefería el verde a ningún otro color y me irritaban el rojo, el amarillo y el negro. No me llamaba la atención la música y parte de la que escuchaba en mi casa —ópera italiana y zarzuelas— me daba un asco horrible. Con el «Vals de las velas» me ponía sentimental y lloraba.

Pues bien, la más inmediata reacción defensiva de aquel niño que ahora, al cabo del mucho tiempo que pasó, veo feliz, era la huelga del hambre. En mi primera huelga del hambre —la que motivó el secuestro, quizá lógico pero también injusto, del pollo Bufariñento y de la que me sacó, como contaré más adelante, mi tía Teresa— estaba dispuesto, casi heroicamente, a dejarme morir. Cómo esto era compatible con mi declarada escasa voluntad, es cosa que no sabría explicar.

Dejemos transcurrir unos años. El niño C. J. C. es ya adolescente. Vive en Madrid y su pureza ha muerto, según es tradición en las familias españolas, a mano de las criadas. Un día, al salir de misa, se compra, a la puerta de la iglesia del Rosario, en la calle de Torrijos, una revista infantil; en las planas interiores explicaba que los niños no vienen de París y daba «consejos eróticos para el adolescente» —recuerdo muy bien la exactitud del título— entonando la alabanza de Onán, segundo hijo de Judá, y sus costumbres. El golpe recibido fue muy violento y sacudidor y el origen y la finalidad de aquellas enturbiadoras páginas es algo que no pude averiguar jamás.

El adolescente C. J. C. come tortilla de patatas y fuma pitillos de anís, escondiéndose en el cuarto de baño o por los solares. Sigue con sus mismos elementales gustos culinarios y en el colegio es de los últimos de la clase. Los profesores, ¡qué bestias!, lo maltratan y se pasan el día dándole tortas y capones y poniéndole de rodillas contra la pared. Le brota el desánimo en el corazón y le nace, casi como una flor del camino, la duda en el alma. No es feliz y choca con el mundo que le rodea. Se vuelve taciturno y empieza a buscar y a encontrar razones para su egoísmo. La mujer le atrae al mismo tiempo que le repele. Se imagina que jamás llegará a ser nada medianamente útil y que las mujeres ni le mirarán a la cara.

—Poco importa. Me moriré antes de los veinte años. Y si no me muero antes de los veinte años, me suicidaré cuando me nazca la primer cana. Los viejos son unos estúpidos que deberían tener valor para tirarse al mar o por un barranco abajo.

Nuestro adolescente no estudia y va aprobando el bachillerato a trancas y barrancas y a fuerza de recomendaciones. Todo le aburre y no muestra constancia ni interés por nada. Duerme muchas horas y le gusta estar metido en la cama, aun sin dormir, hasta que lo levantan para ir al colegio. En el colegio tiene pocos amigos y desprecia por igual a profesores y alumnos. La muerte de uno de los pocos amigos que tenía, un niño de la vecindad que era un año mayor que él, le hunde en una profunda crisis de tristeza. Las muertes de su prima Mariña y de su primo Camilo acaban de remachar el clavo.

Le gusta callejear por la noche —antes de la cena, claro— y busca los rincones oscuros y misteriosos. Descubre el encanto de los malos olores, que lo envician, y sube, con el corazón en un puño, las escaleras desconocidas y crujidoras. Toca el timbre de cualquier puerta, tras la que se imagina los más torvos y desdichados personajes, y espera con la sangre latiéndole en las sienes a que le abran.

—¿Viven aquí los señores de Cela?

—No.

—Usted perdone.

Aunque lo intenta, no consigue aficionarse al vino. «Está claro que soy un imbécil.» Por la calle, cojea y tuerce la boca. También camina con las manos muertas y subidas hasta la altura de la cabeza, como hacen los tontos de los pueblos, y da gritos extraños y heridores gruñidos amargos y desacompasados. Le espantan los ciegos que piden limosna, con sus ojos en carne viva y su bastón blanco, y se siente imprecisamente culpable de las más raras culpas. A las ciudades habría que tirarlas abajo y levantarlas de nuevo, están todas mal hechas. Descubre el vagabundaje y los topes de los tranvías. Descubre también la suciedad, ese inmenso encanto. No siente lástima alguna por la especie humana, pero sí una infinita compasión, una simpatía sin límite, por los perros y los gatos y las arañas. Un día, haciendo un extraordinario esfuerzo de voluntad y retorciéndole el pescuezo a la conciencia, se propone derribar un nido de golondrinas y patear los polluelos. A continuación lloró hasta que se quedó dormido, más profundamente que nunca.

¡Qué le vamos a hacer! Este —y no otro alguno mejor— era el adolescente C.J.C., quizá, si no se le sabe entender bien y con cierto cariño, incluso odioso. Su reacción de defensa de entonces es la huida, y huye de su casa tres veces: dos de ellas, sin querer hacerlo —también sin poder evitarlo— y tras una considerable lucha consigo mismo.

Y pasan algunos años más y nuestro adolescente nace a su primera y más tierna juventud. Tiene novias múltiples y sucedidas —todas ellas, dato curioso, mozas populares: modistillas, planchadoras, chalequeras—, baila el tango en La cigale parisienne y en El búho rojo, se interesa por la física teórica y compone poesías. Se arma de valor y se presenta con sus cuartillitas bajo el brazo en el Centro de Estudios Históricos. Don Ramón Menéndez Pidal lo recibe (se lo recordó, aún hace poco, en la dedicatoria de su versión del *Cantar del Mio Cid*), y conoce a Pedro Salinas, el hombre que había de decidir su vocación.

Nuestro joven se siente poderoso y duro como el pedernal. El débil que se quede en el camino; no puede entorpecer la marcha de los demás hombres. La voluntad es la herramienta del éxito e ingrediente de mayor importancia que la inteligencia. No se debe dar un solo paso inconveniente, un solo paso que no nos acerque a la meta propuesta. Surge en su cabeza la teoría de las metas parciales: el objeto apetecido cae por sí solo, si se toman, uno a uno, los puntos en que se apoya. No se debe adoptar una sola actitud sin previo y frío informe de la cabeza. La paciencia —o la constancia o la perseverancia, llámese como se quiera— es el más fiel aliado de la voluntad, a veces llega a confundirse con la voluntad misma, pero no debe emplearse jamás vanamente ni en provecho de fines ajenos o accesorios. La decisión es una catapulta. La timidez no existe y si existe se puede sujetar. No debemos apiadarnos de nada ni de nadie. La caridad es una rémora. La humildad, otra. El amor, un desequilibrio del sistema nervioso. La mujer no es para ser amada, es para ser tenida y poseída. Etc., etc.

Con sus elementales filosofías, el joven C. J. C. adquiere una tuberculosis pulmonar. No importa; habrá que alargar los plazos señalados, pero no importa. La muerte es una abdicación. Agarrémonos, pues, a la vida como a un clavo ardiendo. No se debe morir a los veinte, sino a los cien años. Nuestro joven, en sus prolongados reposos, lee a Ortega entero y de cabo a rabo, en ejemplares que le presta Fernando Vela, amigo de su padre. Cuando termina con Ortega, nuestro joven devora la colección completa del Rivadeneyra: setenta tomos. El tomo setenta y uno —el de los índices— le servía para ir marcándose la diaria labor; no se salta una sola página, aunque no pocas páginas las encuentra pesadísimas. Cuando se da cuenta de que lee distraídamente, vuelve atrás. Cada volumen cumplido lo entiende como un triunfo, como una piedra más que se coloca en el trabajoso y necesario edificio. Los leyó por orden, mejor dicho, los leyó por el cuidado desorden con que el editor los ordenó. La margarita de sus aficiones de entonces, que ahora habría que revisar, claro es, resulta difícil: Lope, sí; Calderón, no; Cervantes, sí; fray Luis de Granada, no; Santa Teresa, sí; Tirso, no; Quevedo, sí; san Juan de la Cruz, sí; fray Luis de León, sí; el Arcipreste, sí; Santillana, sí; Jorge Manrique, sí; Jovellanos, sí; Moratín, no.

Come mucho y, cuando vomita, descansa un rato, se bebe media taza de tila o de manzanilla y vuelve a empezar. Cumple muy puntualmente —incluso exageradamente— el plan impuesto por los médicos y no se mueve en todo el día de la *chaise-longue*. La actividad del hombre —piensa— no es una actividad puramente animal, sino que habita dentro de su cabeza. Si mi circunstancia de hoy es la enfermedad —copia—, algo que forma parte de mi mismo yo, de nada vale que me rebele contra ella; lo que hay que hacer es curarse y modificar la propia circunstancia, mejorándola. Y, mientras exista esta circunstancia actual, aprovecharla y sacarle el máximo partido. Antes de los veinte años, no es tópico pensar y proclamar que el hombre es el escultor de sí mismo. La lectura de Ortega moraliza y aclara al joven confundido por Nietzsche y desmoralizado por los escolapios y los maristas.

Se cura y vuelve a la vida con mentalidad de triunfador, de hombre que ya ha probado que sabe superar las circunstancias adversas. «No soy un enfermo y, en cambio, sí soy un hombre que ha leído más, mucho más, y mejor que los demás hombres de su edad.» Desprecia al mundo y compadece al hombre. Lee a Dostoievski y relee *El Lazarillo*. Alterna el tango y el tumulto con la frecuentación de las amistades cultas; cuando se siente inferior, huye de confesárselo: se subleva y trabaja más. Pone los cimientos de su biblioteca con algunos viejos libros que le regala su padre. Cree en las soluciones quirúrgicas de los problemas del espíritu y confunde la moderación con la cobardía. Se proclama escritor —y sólo escritor— y proyecta ambiciosos planes que después pierde y olvida. Redacta un código civil y una constitución dura y liberal al tiempo. Piensa en la sociedad familiar y concluye en que el matrimonio es una institución mal inventada o, en todo caso, enmohecida por el uso. La ley de herencia de bienes deberá modificarse drásticamente. Los hombres no tienen por qué ser iguales, pero sí deben serlo las condiciones en que todos se encuentren para iniciar la lucha por la existencia, a la que debe dársele un aire entre caballeresco y deportivo. Antepone la consideración moral a ninguna otra y defiende las viejas formas paganas del vivir. A fuerza de repetírselo —como en los tratados de filosofía americana para uso de hijos de familia— se llega a considerar fuerte y casi todopoderoso.

En aquel momento, su reacción de defensa es el ataque. Se hace violento y pegón y anda a tortas con quien sea y por razones mínimas y sin importancia alguna. Llevó muchas bofetadas y, de sus tiempos de gallo, guarda nuestro exjoven el permanente recuerdo de cuatro cicatrices.

—¿Te han sacudido otra vez?

—Sí, otra vez. Y esta, a modo. Pero no importa el resultado, el caso es pegarse.

Y así fueron, poco más o menos, los móviles de la sinrazón —tampoco excesiva— de la infancia dorada, la pubertad siniestra y la primera juventud de nuestro personaje. Se sacaron a escena —y en esta ocasión— por aquello de que quizá pudieran servir, como documento, a los estudiosos de los raros recovecos de la cabeza del niño y del adolescente.

Y en el planeta un punto: Túy

Íbamos en lo de mi primer huelga del hambre. La tía Camila me había echado el pollo al gallinero y yo, que no podía librarlo de su prisión, me negué a comer.

—Tía Camila.

—Qué.

—No como.

—Eso vamos a verlo.

—Bueno, vamos a verlo.

La tía Camila cometió el error de ignorar que cuando un niño sale cabezota es más cabezota que nadie. La voluntad de los niños, incluso la de los niños que menos voluntariosos pudieran parecer, es inmensa, es casi ilimitada: quizá porque está íntegra y virginal, entera y verdadera. Y esta es cosa que los mayores, con la voluntad ajada y muy zurrada, suelen inexplicablemente olvidar.

Al otro día, al levantarme, tampoco desayuné. El abuelo, a media mañana, me llamó a capítulo. El abuelo, que no tenía pelo de tonto, andaba con la mosca en la oreja. Con él estaban —a diestra y siniestra— la tía Camila, seria y circunspecta, y la tía Teresa, sonriente y silenciosa. Hacía el coro el criado de los mostachos y la gorra y el perro Canelo.

—Camilito, te vas a ir con tu tía Teresa, a su casa. Allí estarás muy bien y podrás jugar con tu prima Ofelia.

—Sí, abuelito.

—Aquí vendrás a comer cuando quieras y a pasear por la huerta.

—Sí, abuelito.

—También podrás venir a ver a tu pollo siempre que quieras. Tu pollo ya es mayor y ya está fuerte; yo creo que donde mejor está es en el gallinero.

—Sí, abuelito.

—En casa de tu tía Teresa no tienen huerta y el pollo estaría triste.

—Sí, abuelito.

—Bien, hijo, ¿me das un beso?

—Sí, abuelito.

Yo esperaba un beso breve y de compromiso, pero el abuelo me dio un beso largo, amoroso, inexplicable, un beso que me supo a gloria y que le agradecí con todo el corazón.

—Anda, dale otro beso a la tía Camila. La tía Camila te quiere mucho.

—Sí, abuelito.

El abuelo me cogió cariñosamente de la nuca y me habló muy suave y mirándome a los ojos.

—¿Quieres desayunar?

—Sí, abuelito...

A continuación —no pude contenerme— lloré entre espectaculares sollozos. Mi tía Teresa me cogió en el brazo y me secó las lágrimas con el pañuelo.

—¿No te da vergüenza, todo un hombre llorando?

—Es que no lo pude evitar, tía Teresa, ¿me perdonas?

—¿De qué te voy a perdonar, hijo? Anda; no llores, que disgustas al abuelito.

Desayuné como un león y después me fui de la mano de la tía Teresa hasta su casa. Allí me esperaba mi prima Ofelia, algo mayor que yo aunque de la misma estatura, poco más o menos.

—¿Quieres jugar a las muñecas?

—No, ¿tú crees que soy una niña, como tú? Tú eres una niña pero yo no, ¡tonta!

—El tonto serás tú. ¡Mamá, Camilito me llamó tonta!

Desde dentro se oyó la voz de la tía Teresa.

—Estaos quietos, tengamos la fiesta en paz.

Yo le saqué la lengua a la prima Ofelia.

—¡Mamá, Camilito me está haciendo burla!

Volvió a oírse la voz de la tía Teresa.

—Déjalo, Ofelita, ¿no ves que es pequeño? Camilito, sé bueno, ven aquí.

—Voy, tía Teresa.

Desde la puerta volví a sacarle la lengua a la prima Ofelia.

Pude llegar hasta la tía Teresa antes de que Ofelita me tirase de los pelos; me libré por tablas.

—Vamos, daos un beso, que yo os vea.

Ofelita y yo nos dimos un beso, pero yo le llené la cara de babas.

—Mamá, Camilito me llenó de cuspe a propósito...

Al cabo de un rato se me fueron las malas inclinaciones y me pasé el resto de la mañana jugando a las muñecas con Ofelita; fui feliz, casi muy feliz.

—Oye, Ofelita, esto de ser niña no es malo, es igual que ser niño, pero al revés. Lo que pasa es que tú eres niña y yo no, yo soy niño.

—Claro.

—Oye, Ofelita, ¿tú sabes en qué se distinguen los niños de las niñas?

—No, yo no.

—¡Pues en el vestido, tonta! ¿Tú has visto alguna vez un niño un poco mayor con faldas?

—Claro... ¿y si están desnudos?

Yo me quedé pensativo; la pregunta me cogió un poco de sorpresa.

—Pues si están desnudos se distinguirán por el pelo, digo

yo. Los niños gastamos flequillo y las niñas, en cambio, lleváis trenzas.

—No... Oye, ¿y si le cortasen el pelo al rape a todo el mundo?

—¡Anda, eso está bien claro! Si le cortasen el pelo al rape a todo el mundo seríamos todos iguales y no habría niños ni niñas. A lo mejor era mejor así.

A la hora de comer nos sentamos a la mesa siete personas: la tía Teresa, el tío Fernando, el primo Julio, la prima Teresita, la prima Mariña, la prima Ofelia y yo. Ofelia tenía una silla más alta y a mí me pusieron un libro y un cojín encima para que alcanzase a la mesa.

—¿Estás bien?

—Sí, muy bien, gracias.

Ofelia quedaba a estribor y yo a babor de la tía Teresa; por debajo de la mesa nos dábamos patadas y a veces le tropezábamos.

—Quietos.

—Sí.

El tío Fernando era un hombre fuerte y corpulento, con el bigote negro, de color saludable y el pelo rizado. El tío Fernando tenía un caballo que se llamaba Olit, un mono y muchos pájaros metidos en una gran pajarera. A mí, el tío Fernando me quería mucho y fingía darme beligerancia, cosa que me llenaba de orgullo y de emoción.

—Camilito, sé que eres un gran amaestrador de pollos; me lo dijo el señor obispo.

—¿Quién?

—El señor obispo, el que manda en todos los curas, que quiere conocerte.

—¿A mí?

—Sí; tu fama ha trascendido, hijo mío. Así como así, no se puede ser el mejor amaestrador de pollos de España.

—¿Yo?

—Sí, tú. Todo el mundo lo dice. ¡Y de Portugal!

Yo miré para la tía Teresa, que me sonrió.

—Anda, come tranquilito... Fernando, hombre, deja al chiquillo, ¡para una vez que se estaba quieto!

Mi primo Julio, por entonces, era ya un hombre. Mi primo Julio —¡quién te ha visto y quién te ve!— gastaba corbatita de lazo color verde lechuga y cantaba «Los de Aragón» acompañándose a la bandurria.

> *Los de Aragón*
> *no saben perdonar.*
> *Los de Aragón*
> *lará, lará, lará.*

Mi primo Julio tenía novia y ya iba a los bailes y a los paseos. ¡Qué tío! Los dos vivíamos en la habitación del fondo, un inmenso cuarto con cuatro camas, un hondo armario y un lavabo. Las camas eran las de mis cuatro primos varones: Carlos, que estudiaba para ingeniero de caminos en Madrid; Fernando, que era teniente del cuerpo de Ingenieros; José Luis, marino de guerra, y Julio. Los tres mayores a los que veía —las pocas veces que los veía— como a tres héroes legendarios no estaban por entonces en Túy. Como mi instalación en casa de la tía Teresa fue resuelta e improvisada sobre la marcha, y como tres de las cuatro camas estaban recogidas y sin el mosquitero colocado, la tía Teresa, al llegar la noche, le dijo a su hijo Julio:

—Tú, Julio, vas a dormir en la cama de Fernando; en la tuya va a dormir Camilito. Mañana ya mandaré poner el otro mosquitero.

—Sí, mamá.

Yo estaba pasmado de lo generoso y obediente que era mi primo Julio. Lo malo fue que mi idea no duró más que hasta la hora de acostarnos. Cuando la tía Teresa me metió en la cama, me echó la bendición y me dio un beso, entró mi primo Julio, se quitó el lacito verde (que era de esos que tienen una goma por detrás) y muy sonriente me dijo:

—Venga, padronés, ¡largo de ahí!

—No quiero.

Mi primo Julio, sin perder su sonrisa, levantó el mosquitero, me cogió de un pie y me sacó de la cama. Yo grité:

—¡Auxilio, tía Teresa, que me tiran por el aire!

Mi primo Julio me tapó la boca con la mano.

—¡Calla, condenado! ¡Si gritas, te mato!

Como no deja de ser lógico, me callé y me metí en la otra cama. Mi primo Julio, desde debajo del mosquitero, me sonreía.

—¡Me la has dejado toda caliente, cochino!

—¡Mejor!

Al día siguiente le aflojé las clavijas de la bandurria.

—¡Como te vea andándome en la bandurria, te vas a acordar!

—Yo no te anduve en la bandurria, eso se conoce que se aflojó solo. Y además si te metes conmigo se lo digo a la tía Teresa.

—¡Acusica!

—¡Mejor!

La prima Teresita tenía dos trenzas y un pretendiente. La prima Teresa era bondadosa y tímida y hablaba con su novio desde las tapias de la huerta del abuelo, ella por dentro y él por fuera. Ofelia y yo, por el puro placer de molestar, les importunábamos a diario.

—Venga, ¡fuera de ahí!

—No queremos, ¿verdad, Camilo José?

—Eso, no queremos.

Al final, el novio nos daba una perra y nos íbamos; lo que no me expliqué nunca es por qué el novio no nos daba la perra al principio.

La prima Mariña era muy bella y delicada y también gastaba trenzas. Se casó jovencísima —quizá a los quince años— y la pobre murió, joven todavía, en Buenos Aires. El marido era un muchacho argentino —Manolo Lorenzo se llamaba—, alto y guapo, que estaba de cónsul de su país en Badajoz, que no era ciertamente un destino que mereciera demasiado la pena, tan sólo para que mi prima pudiera vivir en España. Hacían una pareja simpática. ¡Pobre Mariña, con sus facciones infantiles y bien dibujadas y su tipito gracioso y breve! ¡Qué pena me dio que se muriera!

La primera comida en casa de la tía Teresa me gustó mucho, y la tía Teresa, en mi honor, mandó hacer natillas.

—Esto es para celebrar tu venida, Camilito.

—Muchas gracias, tía Teresa.

A la hora del postre vino mi padrino, el tío Manolo, con mi primo Manolito de la mano. Mi primo Manolito era unos meses más pequeño que yo y tenía el pelo de punta.

—Aquí te traigo a Manolito, Camilo José, para que juegue contigo. Yo quiero que seáis buenos amigos.

—Sí, padrino.

El primo Manolito y yo nos dimos un beso y nos quedamos sentados, el uno enfrente del otro, sin saber qué decirnos. Después de que los mayores tomaron café, el tío Manolo nos sacó a Manolito y a mí de paseo por la Corredera, que me pareció amplia y hermosa y con mucha gente.

—¿Vas contento?

—Sí, padrino, muy contento.

Túy es una ciudad antigua y solemne, de arcaica traza y de rancias costumbres. En Túy, los señores hablan un castellano plagado de portuguesismos o, cuando no, rebosante de eufemismos y aproximaciones. En Túy, a la taza de chocolate, a la jícara, le llaman pocillo; al retrete, excusado; al pus, materia. Todo correcto, ciertamente y todo inusual. Al retrete, quizá para hacerlo más esotérico aún, también le llaman pieza. Y cuspe a la saliva. Mi madre solía llorar, con un amargo desconsuelo, cuando oía aquellas palabras tan exactas, aquellas palabras capaces de poner nervioso al más templado. Yo le doy toda la razón a mi madre.

Mi primo Manolito y yo, aquella tarde, no jugamos a nada y nos limitamos a pasear de la mano del tío Manolo, para arriba y para abajo. Probablemente no nos caíamos en gracia el uno al otro. Después fuimos amigos, incluso muy buenos amigos, pero al principio nos costó cierto trabajillo romper el hielo.

—¿Tú sabes jugar a las siete y media?

—No, ¿cómo es? ¿Con bolas?

—No, tonto, con cartas.

—¡Ah!

Yo, al lado de mi primo Manolito, era un pardillo, un infeliz que ni siquiera sabía que las siete y media era un juego de cartas.

—¿Me enseñarás?

—Sí, cuando vengas por casa te enseñaré; es muy fácil, enseguida se aprende. ¿Y a la mona? ¿Tú sabes jugar a la mona?

—¿Eso que es a saltar uno por encima del otro?

El primo Manolito me miró con un desprecio profundo.

—¡No, hombre, no! La mona también se juega con cartas.

Yo me sentí muy avergonzado.

—Es que, a mí, lo que me pasa es que no sé ningún juego de cartas. En casa de mi abuelita de Iria no me dejaban jugar a las cartas.

—¡Anda!, ¿y por qué?

—No sé, no querían.

A media tarde, el tío Manolo nos metió a Manolito y a mí en el casino, a merendar. A nuestro alrededor, la buena sociedad de Túy se entretenía en jugar a las cartas y al dominó; este último juego, quizá por lo ruidoso, me llamó mucho la atención.

—¡El pito doble!

—¡Lo esperaba! ¡El pito seis y cierro! ¡A contar!

Yo miré para mi primo Manolito.

—¿Y no se equivocan nunca?

Y mi primo Manolito puso el gesto serio de quien está en el secreto de las cosas.

—¡Jamás!

Cuando se acercó el camarero, el tío Manolo me preguntó:

—¿Tú qué quieres tomar, Camilo José, un boliche?

En mi espíritu, con el recuerdo de los boliches de Lozano, el del Ford, cundió el sobresalto.

—No, no, un boliche, no..., gracias. ¿Puedo tomar un vaso de leche?

Mi primo Manolito se tomó un boliche que le dio hipo. Mi vaso de leche no hizo más que aumentar, en su ánimo, el mucho desprecio que ya me había acarreado mi supina ignorancia de los juegos de mesa. Bien claro se le veía en el mirar.

—¿A ti no te gusta el boliche?

—Sí, pero no me sienta bien, me marea.

Mi primo Manolito sonrió con un asco evidente.

—¡Qué fino!

Algunos señores amigos del tío Manolo se le acercaron.

—¿Y este rapaz?

—Es el hijo de mi hermano Camilo.

Entonces los señores me miraron con gran curiosidad, como si fuera un pájaro de una especie desconocida.

—Se le nota que es medio inglés... ¿Y es listo?

El tío Manolo hizo un gesto un tanto ambiguo.

—Así, así... Es muy pequeño todavía, ya veremos cuando sea un poco mayor...

Dos o tres señores se sentaron en nuestra mesa, quizá para poder observarme con más detenimiento.

—¡Qué! ¿Quieres un boliche?

—No, no, muchas gracias, ya merendé.

—¡Pero, hombre, un boliche siempre cae bien!

—No, no, gracias, estoy algo malo, tengo la tripita algo mala.

El señor del boliche miró para el tío Manolo.

—¿Es verdad, Manolo?

—¡Cuando él lo dice! ¿No te apetecería un boliche, Camilo José? Dilo con confianza, este señor es muy amigo de tu padre.

—No, no gracias, con confianza, no tengo ganas.

—¡Bueno, bueno!

El señor del boliche, un tanto decepcionado, cedió su vez en el interrogatorio al otro señor, que usaba lentes y tenía un lobanillo en la nariz.

—¿De modo que eres hijo de Camilo?

—Sí, señor.

—¡Vaya, vaya! Y qué, ¿cómo está tu padre?

—Bien, está bien, gracias.

—¡Vaya, vaya! Y qué, ¿y tu madre?

—Bien, también, gracias.

—¡Vaya, vaya! Y qué, ¿tú qué vas a ser cuando seas mayor?

—No sé...

—¡Vaya, vaya! ¿Vas a ser como tu padre?

—No, señor, yo creo que voy a ser más alto..., papá siempre lo dice...

El señor se rió. El señor se rió de mí pero a mí aquel señor me dio una inmensa pena.

—¿Nos vamos ya, padrino?

—Cuando tú quieras, hijo.

Al llegar a casa de la tía Teresa, quise jugar a las muñecas con la prima Ofelia.

—¿Quieres que juguemos, Ofelita?

Pero la prima Ofelia estaba incomodada porque la había dejado sola toda la tarde.

—¡Vete a la mosca!

Sí, verdaderamente, Túy era —como ya me venía imaginando— un pueblo muy raro; por lo menos, muy raro para mí.

—Bueno, yo me voy a la mosca, pero tú también.

—¡Mamá, mamá, Camilito me ha mandado a la mosca!

Por la oscuridad abajo llegó la voz de la tía Teresa.

—Camilito, no te metas con Ofelita... Anda, ven aquí.

Yo fui a donde me llamaban pero antes, claro está, saqué la lengua a la prima Ofelia.

—¡Niña! ¡Niña!

El abuelo tenía dos huertas, la de arriba y la de abajo. La de arriba era donde estaban la casa y la bodega y los gallineros, que eran dos. En la de abajo también había una casa y un almacén. La casa la tenía el abuelo alquilada a un capitán del ejército portugués, emigrado político. El portugués tenía una noble prestancia, un hermoso bigote y un Ford, parecido al de Lozano. Era monárquico «paivante», partidario de Paiva Couceiro, y había andado a tiros en defensa de sus ideas. En la familia de mi madre, eso de que la gente tratara de propagar sus ideas corriendo la pólvora, como los moros cuando se ponen contentos, era tenido como propio de razas inferiores. Alguno de los descendientes de aquel tronco (yo, por ejemplo) heredó esa manera de pensar. El almacén, que también estaba alquilado, ardía todos los años; parece ser que eso de los seguros contra incendios, si se saben hacer las cosas con algo de discreción, es rentable, muy rentable. Como es lógico, yo ignoraba —y sigo ignorando— quién era el dueño de los fósforos y de la anual lata de petróleo.

La huerta de arriba estaba separada del cementerio por una alta tapia, toda llena de nichos por la parte de allá. De noche, subiéndose a los árboles de la huerta de arriba, podían verse los fuegos fatuos paseando por entre las tumbas, los ángeles de piedra y las cruces de hierro, como fantasmas. Mi primo Manolito era muy entendido en fuegos fatuos.

—¡Mira, mira! —me decía con voz susurrante, desde lo alto del cerezo—, ¡aquel fuego fatuo debe ser Montes, el confitero, que siempre estaba hinchándose de cañas y bartolillos!

—Ya, ya —le respondía casi sin poder respirar.

—¡Y aquel otro seguramente es el canónigo Freijomil, que murió de viruelas!

A mí me temblaba el espinazo con tan macabras explicaciones.

—Oye, Manolito, y eso de las viruelas ¿es contagioso?

—¡Ya lo creo! ¡Lo que más!

—¡Qué horror!

—¿Eh?

—Nada, que qué horror.

Manolito seguía oteando el fúnebre horizonte.

—¿Ves aquel que casi no se ve, que está allí agazapado?

—Sí.

—Pues ese debe de ser un niño delgadito, ¡vete tú a saber! Ese casi no es ni fuego fatuo ni nada, ¡qué ridiculez!

Por entre la alta hierba y apoyándose en un sepulcro marmóreo, solemne y sobrecogedor, se alzó un fuego fatuo hermoso y bien nutrido, lustroso, reverencioso y caprichoso como un general con uniforme de gala.

—¡Don Pedro! ¡Ese es don Pedro, estoy bien seguro! ¡Don Pedro Cedrón y Chao, coronel de carabineros! ¡Claro que es don Pedro, no hay más que verlo! ¡Mira cómo anda! Don Pedro no se enseña más que de vez en cuando, ¡has tenido suerte, Camilo José!

Yo estaba atónito y tratando de convencerme de mi buena fortuna.

Después de ver al coronel de carabineros vagando, en forma de fuego fatuo, por el más allá, mi primo Manolito me tuvo que ayudar a bajar del árbol. Las piernas me temblaban, la garganta la tenía seca, y el corazón, acelerado, y la camisa —que al subir me estaba más bien pequeña— no me llegaba al cuerpo.

—¿Tienes miedo?

—No, no..., regular...

El espectáculo de los fuegos fatuos era tiránico y subyugador como una droga, y aunque me hacía pasar unas noches horribles, llenas de pesadillas y sobresaltos, lo repetí todas las veces que tuve ocasión y el primo Manolito se prestó a servirme de cicerone.

—Hoy es mal día pero, en fin, ¡si tú quieres! Los días buenos, buenos de verdad, son los sábados. Se conoce que los sábados están los muertos como más maduros, ¡vamos, digo yo!

Una noche, al volver a la casa, se nos cruzó el zorro por uno de los senderos de la huerta.

—¡El demonio, mira el demonio!

—No, hombre, no, ¡qué va a ser el demonio! ¡Es el raposo! ¡Mira cómo lleva una gallina en la boca! ¿Dónde has visto tú que el demonio ande paseándose de aquí para allá con una gallina en la boca?

La verdad era, efectivamente, que yo jamás había visto al demonio paseándose —ni de aquí para allá ni por lado alguno— con una gallina en la boca. Mi ignorancia de las costumbres del demonio era absoluta.

—Sí, también es cierto...

Mi primo Manolito y yo nos veíamos todos los días o casi todos los días. Con frecuencia, a eso de la media tarde, después de merendar, nos acercábamos a la huerta de abajo, a comer pexegos y maroucas y amorillones. El pexego es un melocotón pequeño, peludo y muy sabroso. La marouca es una cereza diminuta, de carne prieta y roja. El amorillón es nuestra fresa silvestre, tímida y aromática como la flor de la más pura miel.

El recuerdo de las humildes y delicadas frutas de mi niñez —que no eran unas frutas de exposición ni casi, casi, de mercado, pero que sí eran unos paladares íntimos y amorosos como el silbo del pajarillo montaraz— me asalta, a veces, produciéndome la infinita nostalgia de todo lo que perdí. ¡Ay, el majuelomarzoa de carambulla-cuesco duro como el perdigón! ¡Ay, la pera barburiña que crece rodeada de la amapola-papoula de flor sangrante! ¡Ay, la mazán-manzana de la gris maceira con el tronco pintado con el viejo color de la carriza-musgo! ¡Ay, la mora-amora de la silveira, el morodo-mora del moral, el morango-fresa, el agraz ciruelo-abruñeiro, la dura noz a la que los castellanos, más modernos, llaman nuez, la avelá de color avellana y de sabor de honesta fiesta campesina!

En la huerta de abajo, con el Miño corriendo por detrás de su telón de árboles y al pie de las verdes y mansas colinas portuguesas, el abuelo tenía un vivero de árboles frutales —touzal, le llaman por el país— y una propicia sombra de membrilleros aromáticos, raros nísperos y castaños ampulosos, copudos y fecundos como matronas.

A mí me enamoraba aquel paisaje umbrío y misterioso, aquella decoración miedosa y húmeda y dulce como por entonces imaginaba que era el sueño de los pecadores, aquel sonoro y remoto mundo que poblaban el grillo y la mariposa, el ruiseñor y el jilguero, la gimnástica araña y la sedosa oruga, el mirlo azul, el verderol pintado de amarillo, la totovía con su airoso airón, mi primo Manolito y yo, el más mínimo y feliz de todos. ¡Qué firme brilla en mi memoria el tiempo aquel y cómo me acongojan, ahora que he podido escaparme de ella, los años que perdí en la ciudad, ese monstruo que inventó el demonio para uniformar las almas y los corazones!

En la huerta de abajo, una tarde que hacía mucho calor, mi primo Manolito me pegó una pedrada en la cabeza y me abrió un ojal de regular tamaño. No habíamos reñido, simplemente nos habíamos separado unos pasos y llevábamos unos minutos callados.

Al cabo de mucho tiempo, ya hombres los dos, mi primo Manolo me fue a ver al hospital militar de Logroño (a un hospital militar, provisional sin duda, instalado en la escuela de artes y oficios), donde yo estaba aburrido como un pato de corral, sin poder moverme de la cama y más muerto que vivo. Hablamos de todo y, cuando la conversación empezó a languidecer, le pregunté:

—¿Te acuerdas de la pedrada que me diste en la huerta del abuelo?

—¡Ya lo creo! A poco más te mato, ¡qué cosas!

—¿Y por qué me la diste?

Mi primo Manolo se quedó pensativo y sonrió.

—¡Psché! Por nada... A veces se pega una pedrada por nada... O un tiro, a lo mejor, vete tú a saber... Hacía mucho calor... Y tú estabas tan bien puesto, un poco agachado al lado del peral... ¡Si te hubieras visto!

Mi primo Manolo, a renglón seguido de la pedrada, escapó. Anduvo vagando por la Alameda y por la orilla del río, y después, cuando se hizo de noche, se fue a su casa. Llevaba, según me dijo en el hospital, el paso vivo y triscador, el ánimo confuso y alegre, la conciencia amablemente remordedora.

Quiero dejar constancia de que disculpo la pedrada que recibí (perdonada está ya desde hace tantos años como los transcurridos desde el suceso) porque me la explico. Las manos son desatadas fuerzas de la naturaleza que sólo la rigurosa razón puede sujetar. La caricia es un empleo culto y ulterior de la mano. Y, además, ¡hacía tanto calor!

Yo me porté, en cambio, con toda la diáfana ruindad —que es mucha— de que es capaz un niño; ese monstruo todavía por estudiar que vive, ¡feliz él!, al margen de las prostituidoras leyes del universo. El corazón del niño es un abismo en el que cabe todo —lo abyecto y lo sublime, lo estúpido y lo genial, lo demoníaco y lo angélico, lo nítido y sereno y lo nerviosamente confundido y manchado— y todo revuelto: de ahí su delicada y subyugadora monstruosidad. Un abismo, se lee en el *Libro de los Salmos*, llama a otro abismo. El abismal corazón del niño sólo escucha el eco de su propia voz, ese aullido capaz de derribar montañas, retumbando sobre las paredes de su propio y mismo corazón, esa olla de hierro o de cristal que ni empieza, ni acaba, ni se explica.

Sí; yo me porté mal, muy mal, aunque no faltaron, claro es, palabras que se alzaran en disculpa de lo que no tenía perdón.

Al llegar a casa, la tía Teresa me curó con mucho mimo la descalabradura que traía en medio del colodrillo y que aún hoy, buscándome entre los pelos, se puede encontrar. Cuando me quede calvo se verá mejor todavía. La tía Teresa me cortó el pelo todo alrededor, me lavó con agua oxigenada, me puso tintura de yodo que escocía a rabiar, me pegó un esparadrapo con una gasita por debajo y después me consoló.

—¿Quién fue?

—Un niño de la calle.

—Ya te tengo dicho que no andes con los niños de la calle; de ellos no podrás aprender nada bueno... Y tu primo Manolito, ¿no te defendió?

No me costó un excesivo esfuerzo mentirle.

—Manolito no estaba... Manolito ya se había ido a su casa... ¡Si hubiera estado Manolito!

—Claro, hijo, ¡también es mala suerte! Manolito tiene más costumbre que tú de defenderse de esos chiquillos, que son todos como cafres. ¡Manolito también le hubiera dado una pedrada, ten la seguridad! ¡Pues menudo es! ¡Hubiera sido un gran escarmiento!

—Claro.

—¡Qué lástima que no estuviera Manolito, hijo mío!

—Claro... esa sí que fue lástima.

Me pasé el resto de la tarde jugando con mi prima Ofelia y procuré no reñir. Mi preocupación apuntaba a otras metas y no podía permitirme distracciones que alterasen mi propósito.

Aquella noche, con el plan bien maduro y todos sus cabos atados, dormí como un bendito. Me quedé dormido incluso antes de que mi primo Julio, sentado a los pies de su cama, terminara sus diarios ejercicios de bandurria.

—¡Buena pedrada te dieron, padronés!

—Sí, porque me pillaron descuidado.

—Y, si no, hubiera sido igual; tú no sabes tirar piedras.

—Pero sé otras cosas, sé pegar tortas y patadas..., y también sé morder.

—Poco sabes, me parece a mí que tú poco sabes...

—Bueno, mejor. No quiero reñir.

A la mañana siguiente la tía Teresa me volvió a curar y me quitó el esparadrapo.

—La herida está limpia, lo mejor es que te dé el aire; sangrar ya no sangra y lo mejor es que te dé el aire, es lo más sano.

—Bueno.

Después fui a la huerta de arriba, a ver si el cerrojo del portón que daba a la parte de atrás funcionaba bien. Al principio iba algo duro, pero le di un poco de vaselina que le robé a la tía Camila de su lavabo y lo dejé suave como un guante. Daba gusto verlo: zas, zas, zas, zas, zas, zas, suave como si lo acabaran de poner.

El tío Manolo fue, como todos los días por aquella época, a tomar café a casa de la tía Teresa. Mi estrategia, vil como todas las estrategias, había contado con su presencia a la hora del café.

—Padrino.

—Dime, hijo.

—¿Y Manolito?

—En casa está; lo dejé castigado porque no se supo la lección.

—¿Por qué no lo perdonas?

—Porque tiene que saberse la lección; así aprende a no ser desobediente y a estudiar.

Yo me callé; lo sensato era callar a tiempo para volver a la carga después. El momento que elegí, incluso con cierto sentido de la oportunidad, fue el de la despedida.

—Padrino.

—Dime, hijo.

—Si no perdonas a Manolito me castigas también a mí. Si no perdonas a Manolito, ¿yo con quién juego?

La tía Teresa intervino:

—Perdónalo, hombre; ya sabes lo que son los chiquillos. Mándalo a merendar; ya le diré yo que sea más aplicado.

—Eso, mándalo a merendar.

El tío Manolo era un verdadero santo.

—Bueno, lo mandaré a merendar contigo, Camilito; le diré que tú me has pedido que lo perdone.

Acompañé al tío Manolo hasta el portal.

—Adiós, tío Manolo; muchas gracias.

—Adiós, Camilito; dame un beso.

Cuando le di un beso estuve al borde de echarme a llorar, tirando toda mi bien meditada conspiración patas arriba. Pero me contuve, ¡mi trabajo me costó!

A la hora de merendar se presentó mi primo Manolito. Venía muy arreglado y repeinado, con medio kilo de fijador tratando de sujetarle la hirsuta pelambrera, con pantalón blanco, la camisa limpia y las sandalias nuevas. Venía también un tanto temeroso y más azarado que una mona. Se lo noté en que andaba arrimado a las paredes, pasando una mano por el zócalo.

—Te vas a clavar una astilla.

—No.

Con el primo Manolito estuve muy fino y obsequioso.

—Toma, te regalo dos bolas.

—Gracias.

Al primo Manolito ni le hablé de la pedrada.

—Mi mamá me escribió una carta y me pregunta si jugamos mucho los dos; yo le dije que sí, claro.

El primo Manolito era cuatro meses más joven y cuatro dedos más bajo que yo.

—Yo también voy a ir al colegio; tú eres más pequeño, pero vas más adelantado que yo.

El primo Manolito no se explicaba demasiado la situación.

—Pero cuando vaya al colegio, yo también aprenderé a leer y a escribir.

—Claro.

—Y cuentas.

—Eso. Y cuentas, también.

El primo Manolito empezó a navegar por un confuso limbo de dudas.

—¿Quieres que vayamos a la huerta de arriba, que está más cerca, y juguemos?

Y el primo Manolito —en la confianza está el peligro— se confió.

—Bueno.

De casa de la tía Teresa salimos por la puerta de la cuadra. El primo Manolito y yo cruzamos la plaza del cementerio cogidos de la mano y en silencio. Yo no podía hablar. Al llegar a la huerta de arriba abrí el portón y pasé primero. Con una mano en el cerrojo —¡qué suave marchaba!, ¡no parecía un cerrojo instalado al aire libre!— esperé a que el primo Manolito entrase. Tenía las sienes ardiendo y el corazón al galope. Lo más probable es que los estranguladores maten con fuego en las sienes y una placentera angustia en el corazón. Mi primo Manolito entró y cerré la puerta tras él.

Después le di la paliza de la que públicamente hoy me avergüenzo. ¡Qué mano de tortas llevó!

Frente por frente a la casa del abuelo vivían mis amigos José María y Emilito. José María era quince meses mayor que yo, y Emilio, tres años menor. Andábamos siempre juntos y hacíamos, a veces, emocionantes excursiones por los más hondos recovecos de la huerta, en pos del misterioso mundo de las uvas de náparo o en busca de los escondidos tesoros que jamás llegamos a encontrar. Tenían más hermanos, que recuerdo peor; Darío, el mayor de todos, era ya un mozo por aquel tiempo. También tenían una criada bondadosa y sentimental, que se llamaba Joaquina y que me regalaba manzanas y empanadillas. La madre de mis amigos, doña María Blázquez, era una benemérita madre de familia que llevaba con tacto amoroso y dulce resignación a sus hijos y, lo que es aún más meritorio, a los amigos de sus hijos —entre los que me encontraba— y sus pifias y desaguisados, que no eran pocos. La madre de José María y Emilio era mi paño de lágrimas cuando la tía Camila me castigaba y fue mi liberadora de la cárcel del balcón, a raíz del bonito número de los pollos que no sabían nadar.

Este episodio de los pollos quizá merezca los honores del punto y aparte en esta verídica y minuciosa historia. La tía Camila acostaba todos los años un par de gallinas cluecas con huevos de pato. Las patas, por lo visto, son peores madres que las gallinas y la solución era bien fácil y al alcance de cualquier fortuna. Si la clueca no tenía más que huevos de pato, no había problema; se la acostaba en una cesta y a esperar. Si la clueca se echaba con huevos de pato y de gallina mezclados, tampoco se planteaba, sabiéndolo, cuestión alguna: se ponía a la clueca con los huevos de pato, que tardan veintinueve días en romper el cascarón y a la semana se le colocaban disimuladamente los de gallina, que salen a los veintiuno. Así nacían al mismo tiempo los pollitos y los patitos y todos contentos.

Era gracioso ver a los patitos, a las pocas horas de nacer, chapuzándose en el estanque ante el estupor de su madre adoptiva, la gallina, que los llamaba tan alarmada como infructuosamente, desde el borde y sin explicarse nada de lo que sus ojos estaban viendo.

Pues bien. Yo había oído decir a mi primo Julio que los únicos animales que no sabían nadar, si no se les enseñaba, eran el hombre y el mono. Mi primo, aquella noche —¡cuánto se lo agradecí!— me explicó de cama a cama y rasgueando con elegante displicencia en su bandurria cómo cruzan los monos los caudalosos ríos africanos, formando una larga cadena de monos que se cuelgan de un árbol corpulento y se mecen sobre la corriente, dejando caer al mono del extremo, en cada vaivén y con toda dulzura, sobre la otra orilla.

—Pero el último mono, como no tiene bastante pulo, se cae en medio del río y se ahoga.[1]

—¡Pobre!

—Sí, pero ¿qué le vas a hacer? Las cosas son así, padronés, y hay que tomarlas como son...

Mi primo Julio cambió el tono de voz para enlazar con lo que venía hablando.

—Por eso se dice que el último mono es el que se ahoga. ¿Tú no lo sabías?

—No, yo no.

—Bueno, pues ya lo sabes.

—Claro. Oye, Julio, y el penúltimo ¿también se ahoga?

—No; el penúltimo, no. ¿Tú quieres que se ahoguen todos? El penúltimo llega por los pelos, pero se libra.

A mí, el descubrimiento que me había hecho mi primo Julio me dio mucho que pensar. Ayudado por mi primo Manolito, empecé a hacer pruebas con gatos y perros y vi que, efectivamente, nadaban todos. Un día mi primo Manolito trajo un ratón guardado en una caja de litines; lo echamos al estanque y el ratón salió nadando, feliz y despavorido. Los saltones, con sus largas patas y sus ojos abultados y duros, también nadaban; mal y escorados, esa es la verdad, pero sin irse al fondo. La prueba con el mono resultaba más difícil; en Túy no había más que un mono, Ciriaco, el del tío Fernando, y a mi primo Manolito le mordió en un dedo cuando quisimos meterlo en la bañera del cuarto de baño; si el tío Fernando llega a enterarse, hubiera sido peor.

Tras varios días de experimentos, mi primo Manolito me hizo una confidencia sensacional.

—¿Tú sabes, Camilo José, otro animal que no nada?

1. *Pulo*, en gallego, significa 'salto', aunque también se dice por 'impulso'.

—No, ¿cuál?

—¡La gallina, tonto!

Yo me quedé estupefacto. ¿Cómo no se me había ocurrido pensarlo?

—¡Anda, pues es verdad!

Desde entonces no tuve más que una obsesión: probar. Probé con una gallina y, si no llego a sacarla a tiempo, adiós gallina; la muy estúpida, tras un cacareo alborotador, desgarrador y sin sentido común, se fue al fondo como una piedra. Por fortuna conseguí devolverla al gallinero, no sé si más alarmada que remojada o al revés. Las otras gallinas, sin percatarse de que ella no había tenido culpa alguna, la picaron al volver. Las gallinas suelen ser muy tradicionalistas y apegadas a la costumbre.

—A las gallinas —le dije a mi primo Manolito— les pasa como a los hombres y como a los monos, que no saben nadar porque nadie las enseñó. ¿Tú no crees que si les enseñamos bien acabarían por aprender?

—¡Hombre, no sé, pero podemos hacer la prueba! A mí me parece que es mejor hacer la prueba con pollos, las gallinas son como medio idiotas.

—¿Y los pollos?

—No; los pollos, menos. Los pollos son más espabilados.

Lo malo fue que mi primo Manolito y yo, guiándonos por nuestros optimistas cálculos, probamos con pollos: matamos trece, mal número, aunque bien sabe Dios que animados de los mejores propósitos docentes. ¡Qué pena recordar los trece minúsculos cadáveres, amarillos, grises, blancos, con el plumón pegado a la tierna carne y puestos a secar al sol, que no quiso obrar el milagro de devolverlos a la vida!

En este vano intento de resurrección nos cazó la tía Camila. El primo Manolito salió huyendo como un gamo, saltó la tapia y desapareció. A mí me cogieron de una oreja, me dieron dos azotes y me encerraron en el balcón —menos mal— por la parte de afuera. De allí fue de donde me sacaron, a las tres horas de pedir auxilio, los buenos oficios diplomáticos de la madre de José María y Emilito. Tres horas oyendo a un chiquillo gritar desde un balcón no hay vecina que las resista sin que sus nervios le fuercen a intervenir. Mi voz de alarma «¡Señora María, acúdame que estoy castigado!» debió de ser pronunciada en todos los agudos tonos de la súplica y más de un millar de veces.

El padre de José María y Emilito era médico prestigioso y un santo varón, muy amigo de mi tío Manolo; los dos habían escrito artículos en *La Integridad*. El padre de José María y Emilito murió en 1936, según el *Diccionario bio-bibliográfico de escritores gallegos* de Antonio Couceiro,[2] «por consecuencia de los acontecimientos nacionales de aquel año». Don Darío Álvarez Limeses era hermano de otro escritor, don Gerardo, autor de muy estimables libros de versos y de un tratado sobre *Las ideas pedagógicas del Padre Feijóo*. Este don Gerardo es el padre de Gerardo Álvarez Gallego, que fue redactor jefe de *El Pueblo Gallego*, de Vigo, y es hoy director de *La Voz de España*, de La Habana. Don Gerardo y don Darío fueron hijos de don Emilio Álvarez Giménez, escritor también, catedrático y fundador muy activo de la Sociedad Económica de Amigos del País. Esta familia de los Álvarez forma un grupo estudioso y cultivado al que debe mucho la cultura gallega.

Mi amigo Emilio es poeta de voz emocionada y personal. José María Álvarez Blázquez es narrador de muy firme estilo; en el año 1944 quedó finalista del Premio Nadal con su novela *En el pueblo hay caras nuevas*.

Ayudado por José María, una mañana me comí todos los nísperos de la nespereira. De resultas del hartazgo, José María y yo nos pasamos cinco días en la cama con alta fiebre y una

2. Santiago de Compostela, 1951.

indigestión descomunal. La tía Camila, que era mujer de soluciones drásticas, cortó por lo sano: mandó talar el árbol. Y aquí paz y después gloria.

Con mi primo Manolito, y no sé si también con José María, empecé a ir al colegio al verano siguiente. En realidad no fue aquel el primer colegio al que asistí; por el invierno me habían llevado mis padres a las monjas, en Vigo. Ya llegará el momento de contarlo.

El colegio al que fui en Túy no era un colegio, era la escuela; una habitación grande y destartalada, con una puerta en una pared y una ventana en la otra, una tarima para el maestro, unos mapas en colores chillones colgados de fieras alcayatas y las largas filas de inhóspitos y duros pupitres rebosantes de niños de todos los pelos, ropajes, tamaños y cataduras.

Recuerdo que un día que fui a la escuela, no sé con qué motivo, en ausencia de mis compañeros, me hizo una impresión violenta, desagradable y dolorosa el verla en cueros y deshabitada, llena de silencio.

El maestro se llamaba don Luis y era un hombre joven que sacudía unos entusiastas y retumbadores capones y que pegaba vergajazos a los niños en la cara o donde les alcanzase, con una larga vara cimbreante y amarga. Don Luis creía, probablemente, en el sádico aforismo de que la letra con sangre entra, sentencia que los maestros acostumbrados a sacudir candela —maestros con alma de policía o de guardia civil— se repiten una y otra vez, más que para convencerse de su dudosa verdad, para justificarse en sus crueles inclinaciones y aficiones. Esto de que la letra es consecuencia de la sangre que se haga verter, para que aprenda, al educando, es una idea muy extendida entre los educadores españoles. De su eficacia nos habla —y no bien— el que, históricamente, España es un país de analfabetos. Pero descargar en los lomos de los niños los palos que no pueden descargarse, por falta de valor, sobre la sociedad, las instituciones o la familia, es algo, por lo visto, que lleva una gran paz y sosiego a determinados espíritus.

Debo declarar, porque es verdad, que don Luis jamás me puso la mano encima. Pero el lector convendrá conmigo en que las causas que le llevaban a la contención —el ser yo «de familia conocida e influyente», como se dice y se padece en los pueblos— no podían ser más innobles ni rastreras.

Como en la escuela no había retrete —o, si lo había, estaba atascado e inservible—, don Luis, al empezar el recreo, nos formaba en rueda en medio de la calle (la escuela tampoco tenía patio ni jardín) y nos gastaba siempre la misma broma, que él, en su estulticia, debía de creer muy ingeniosa.

—¡Presenten armas! —gritaba con voz estentórea mientras daba una palmada.

Aquello quería decir que los niños debíamos poner al aire nuestra cómoda y práctica maquinita de mear. Como yo no tenía botones en el pantalón, sacaba la sonrosada y frágil herramienta por la pernera; al principio mis compañeros se reían de mí.

—¡Rompan fuego! —volvía a gritar don Luis, y volvía a dar otra palmada.

Aquel era el momento de hacer pipí; si alguno se retrasaba o no tenía ganas, don Luis, que estaba atento y vigilante, le pegaba con la vara en las piernas.

—¡A mear he dicho! ¡En la milicia no se ponen pegas al mando! —solía rugir.

Al cabo de un rato, cuando don Luis calculaba que ya estábamos suficientemente meados —que no en balde el maestro ha de saber adivinar las apetencias y necesidades, tanto físicas como espirituales, de sus alumnos—, daba otra palmada, la última del ritual, y otra orden.

—¡Cada mochuelo a su olivo! ¡Las armas al armario! ¡Arm...! ¡Rompan filas! ¡Recreo!

Después se iba a hablar con la novia, que vivía en la esquina, y del humor de ambos y de cómo les fuese en el coloquio dependía la duración del recreo. En algunas fases de la luna propicias al amor, los tórtolos —pensando, a pleno día, en el astro de la noche y su benéfica influencia sobre los corazones— estaban tan a gusto y tan amartelados que el recreo se prolongaba, como el mar, hasta límites difícilmente previsibles.

Por las tardes, los compañeros solíamos llegar temprano para jugar a las bolas o a pídola. Un día, media hora antes, poco más o menos, del comienzo de la clase, estalló el motín.

Un compañero, Braulio Cajide —que era bizco y simpático y forzudo y tenía el pelo colorado—, había descubierto por el camino a otro compañero, Josesiño Ferreiro —que era un cursi relamido y cobista, con andares de gaviota—, que traía al hombro tres o cuatro varas de fresno para regalarle a don Luis.

—¿Y esos palos?

—Son para el señor maestro, para que nos reprenda si nos comportamos mal y más para que nos encauce por el camino de la virtud y de la justicia.

Terminar Josesiño su discursete ejemplar y romper Braulio a tortas con él fue todo uno. Josesiño, el pobre, tenía tan escaso sentido de la realidad de las cosas que en vez de escapar para su casa, que hubiera sido lo sensato, escapó para la escuela, sin pararse a pensar que su defensor don Luis aún no habría llegado.

La mano de palos que Josesiño llevó con sus propios palos es algo que todavía se recuerda por Túy. Yo, al principio, me sentía dichoso de que le sacudiesen, pero después me dio pena. Si no es por un señor que pasó por allí y que intervino, probablemente lo baldan.

El Josesiño, llorando y echando sangre por la nariz y por los dientes, se marchó encogido como un perro apaleado y vagabundo. Estuvo una semana entera sin venir por clase y, cuando volvió, no le dijo ni una palabra a don Luis de todo lo que había pasado.

El Josesiño Ferreiro, andando el tiempo y los aconteceres, cantó misa y llegó a cura de San Benitiño de Vilameán, diminuta parroquia perdida entre los vetustos y verdinegros castaños de Tomiño. Murió el año 1942, según me dijo Braulio Cajide, que está de municipal en Redondela, a consecuencia de la mordedura de un can rabioso. Mi compañero el guardia Cajide matrimonió con miss Fornelos de Montes 1935, belleza indígena que le lleva dados ya dieciséis hijos.

A raíz de aquel lejano suceso de la tunda que se papara el Josesiño, descubrí, ¡y bien niño era!, los saludables efectos de la acción conjunta, esa rara arte de sosegada convivencia que los españoles ignoramos. Un motín a tiempo, un motín en pos de algo concreto y con la razón guardándole las espaldas, es terapéutica que puede traer como secuela toda una larga etapa de paz y de bienestar.

En la escuela de don Luis aprendí la tabla de multiplicar, hasta el 5 inclusive, los ríos de España —que tardé mucho tiempo en descubrir que eran más de seis: Miño, Duero, Tajo, Guadiana, Guadalquivir y Ebro— y los mandamientos de la Ley de Dios. Lo que no aprendí fue a leer ni a escribir; es cierto que tampoco me lo enseñaron.

De la escuela de don Luis guardo un vago y confuso recuerdo de malestar, una no demasiado explicable sensación de ahogo, de aburrimiento y de hastío. Quisiera para mis hijos y para los hijos de mis amigos unas escuelas más amables y habitables, unas escuelas en las que no sea rigurosamente forzoso sentirse preso y humillado.

Con mis compañeros de la escuela de don Luis supe de un deporte lleno de emoción y de insospechadas facetas. En medio de la plaza que quedaba en la Corredera, casi a la altura del quiosco de la música, a la otra banda, y frente a la botica de Areses, por un costado, la ferretería de mi tío Fernando, por otro, y la cárcel, por el tercero, había un farol que daba calambre. El mérito era tocarlo. Los más valientes se acercaban y, ¡una, dos, tres!, lo tocaban sin dejar de sonreír, como quitándole importancia a la hazaña. Otros, entre los que me encontraba yo, tocábamos también, pero cerrando los ojos. La cuenta mágica y decididora de uno, dos, tres teníamos, a veces, que repetirla para que resultara eficaz. Braulio Cajide no sólo lo tocaba, sino que se agarraba con las dos manos y daba saltos y cómicos rugidos entre la admiración de todos.

—A mí, la electricidad no me hace mal; en mi casa aguantamos todos mucho la electricidad. Mi padre hasta es capaz de meter la lengua en un enchufe... La electricidad es como los perros; si no le tienes miedo, no te hace mal.

—Claro —le respondí para caerle simpático—, lo que hay que hacer es no tenerle miedo, es igual que con los perros.

Braulio me miró como descubriendo en mí unas habilidades que antes ni sospechara. Yo le sonreí lleno de gratitud y me sentí inmensamente feliz y poderoso.

—Y tú, ¿tocas?

—¡Claro que toco!

Me acerqué al farol, cerré los ojos, ¡una, dos, tres!, y toqué. El farol me soltó un calambre menos violento, en todo caso, del que esperaba y estaba decidido y dispuesto a recibir.

—¿Lo ves?

—Muy bien, Camilito, ¡tú eres de los nuestros!

Hinché el pecho y miré desafiadoramente para los señores y las criadas que pasaban por la Corredera. Lo malo fue que ninguno parecía haberse dado cuenta de mi heroicidad.

—Y tú, Josesiño, mosquita muerta del carallo, ¿tocas también? —le preguntó Braulio Cajide a Josesiño Ferreiro.

—Ay, no, que eso es mismamente como atentar a Dios y más a los santos... Yo no toco al farol, que eso no puede traer nada bueno... Lo que teníamos es que decírselo a un guardia, para que lo supiese el señor alcalde y lo mandase arreglar para que no hubiese peligro...

La mirada de desprecio que le dirigió, sin decir ni una sola palabra, Braulio Cajide, hubiera necesitado, para ser descrita, de la pluma de los poetas épicos.

—¿Y tú?

—Yo, sí.

—A ver.

José María, ¡una, dos, tres!, cerró los ojos y tocó.

—Muy bien. ¿Y tú?

—Yo también.

—A ver.

Mi primo Manolito, ¡una, dos, tres!, cerró los ojos y tocó.

—Muy bien. ¿Y tú?

—No, yo, no...

Edmundiño Seoane miró para el suelo, lleno de honesta vergüenza.

—Es que a mí me da la mar de miedo —confesó con la vocecita entrecortada.

Braulio Cajide siguió clasificándonos a los compañeros, que éramos diez. Siete contestamos que sí: los ya dichos y Sebastián Cobelo, Moncho Couso y Emilito Álvarez, el hermano de José María, que era el más pequeño. Tres respondieron que no: los ya citados y Saturio Morañón, que el pobre era sordomudo y medio parvo.

Los siete partidarios de la electricidad nos cogimos de la mano y nos acercamos al manantial de los calambres y las emociones. Braulio Cajide tocó el farol y la electricidad, como un rayo, cruzó la latidora y viva cadena de la chiquillería. Monchito Couso se soltó y quedamos desconectados los cuatro últimos: él, yo, Emilito y mi primo Manolo, que era el del extremo.

—¡Y ahora, sin soltarnos!

—Eso, ¡ahora sin soltarnos!

Probamos otra vez y quedé muy mal: aguanté lo que pude pero al final solté.

—No, hombre, sin soltarnos. ¡Si no pasa nada!

—Bueno, a ver si ahora nos sale.

Ahora soltó José María.

—No, hombre, no. Cogeros bien fuerte. Sin soltar, ya veréis qué gracioso.

Al cabo de cerca de una hora de ensayos ya no nos soltamos ninguno, ya pasaba la electricidad por nosotros como si tal cosa. Braulio Cajide, más bizco que nunca, estaba radiante.

—¡Y, ahora, mejor aún! ¡Ahora, con el farol mojado!

Yo estaba dispuesto a facilitar las cosas.

—¿Te traigo agua?

Braulio Cajide me miró pero no me dijo ni palabra. Braulio Cajide, que era hombre de recursos, mojó el farol con sus naturalezas.

—¡Ya veréis ahora!

Volvimos a la suerte y la electricidad, vigorizada con las recias aguas que la vejiga de Braulio Cajide producía, volvió a invadirnos cosquilleadora y veloz. ¡Qué gran invento!

Braulio Cajide, emocionado y audaz como un capitán corsario, ordenó a Manolito, de extremo a extremo:

—¡Dale a aquella señora en las piernas, a ver qué hace!

—¡No, que es mi tía Camila!

—¡Bueno, pues déjala pasar! ¡Ya vendrá otra!

Tras la tía Camila se presentó a los alcances de Manolito una señora que llevaba un niño de cada mano.

—¡Prueba con esa!

Manolito le dio al niño de más acá un suavísimo cachete en el trasero y el niño, la señora y el otro niño pegaron un respingo fenomenal.

—¡Les va la luz!

—¡Pues claro que les va la luz!

—¡Dale a esa!

Manolito rozó el brazo de una señora que empezó a gritar y a correr.

—¡Y a esa!

Manolito acarició la nuca a una niña que se cayó al suelo entre graznidos.

—¡Y a esa otra! ¡Que no se te escape ninguna!

Manolito, con el poético y luminoso fulgor del crimen brillándole en la mirada, empezó a repartir electricidad entre los transeúntes hasta que un señor le pegó un bastonazo en la cabeza y la cadena de niños se rompió. Salimos huyendo, tras dejar la plaza sembrada de señoras calambreadas, señores indignados y niños espantados que ya veían venir el fin del mundo.

Menos Sebastián Cobelo, que se perdió, los demás nos reunimos al pie de la caseta de los consumeros, a deliberar.

—Y mañana —nos dijo Braulio Cajide, torciendo la boca a juego con la torcedura del mirar—, a la salida de la escuela, ¡volvemos otra vez!

—Eso; mañana, a la salida de la escuela, ¡volvemos otra vez!

Braulio Cajide me miró.

—¿De acuerdo?

—Sí, sí, de acuerdo.

Braulio Cajide se dirigió a mi primo Manolito.

—¿Comprometidos?

—Eso mismo, ¡comprometidos!

Braulio Cajide, como cabeza visible de la conspiración, nos dio la mano a todos. ¡Qué emocionada alegría sentí al estrechar la mano del héroe! En aquel momento hubiera dado cualquier cosa por tener el pelo colorado, por ser bizco y por llamarme Braulio.

«¡Braulio Cela Trulock, sí que hace bonito!», pensaba.

Aquella noche me la pasé sobresaltado y dando vueltas en la cama. Quise dormirme pronto, para llegar cuanto antes al otro día, pero la electricidad que llevaba escondida en los nervios no me dejó.

El número del farol lo repetimos, siempre los mismos y con fortuna variable, durante una semana. Tuvimos que dejarlo porque se enteraron en el ayuntamiento y nos sabotearon nuestra diversión.

—¿Arreglaron el farol?

—No; pusieron un guardia.

En uno de los lados de la placita del farol de los calambres —como ya dije— estaba la ferretería del tío Fernando, la honda y misteriosa ferretería de mi tío Fernando, toda llena de clavos y de azadones y de foucíños, toda rebosante también de incontables sorpresas, rincones emocionantes y penumbras propicias para la aventura. La ferretería de mi tío Fernando aparecía partida hacia la mitad poco más o menos por una cristalera: del lado de la calle quedaba la tienda, con el mostrador, entrando, a la derecha, todo a lo largo; del lado de dentro quedaba el almacén, desde el que podía subirse, por una pina escalerita al aire, hasta el patio-jardín de la vivienda, al otro extremo de la manzana.

A este patio-jardín, pequeño y bien aprovechado, con un porche para cenar al aire libre y una gran pajarera, al fondo, daban las ventanas de las alcobas. La nuestra, la de mi primo Julio y la mía, que era la más grande, tenía también una ventana a la calle, frente a la fonda de Generosa, con sus funcionarios solteros y forasteros, blanco y diana de las aspiraciones y los dorados sueños de las mamás de mozas casaderas y, según se van poniendo los tiempos, difíciles de casar; sus exilados portugueses, que soñaban con volver a la patria, a ser posible a un buen cargo; sus viajantes de comercio, que se jugaban la comisión y el bautismo al monte o al dominó; su cura viejo que iba de camino; sus criadas gordas que cantaban cuplés y arias de zarzuela; su dueña que gobernaba el negocio como un general con alma de cabo furriel; sus muebles marrones y aparatosos; sus olores nutricios y dispares, y sus esbeltos maceteros de marquetería coronados, casi con primoroso desgaire, por la palma enana, la hortensia y el llantén. A mí me gustaba mucho espiar el latido de la fonda de Generosa, con su permanente ir y venir de gentes serias y circunspectas, con su misterioso hervir de ilusiones, conspiraciones y decepciones.

Al lado de la fonda de Generosa había un almacén, que después fue garaje, en cuya pared campeaba un conminador y bien dibujado letrero que decía: «Aviso. Se prohíbe hacer aguas (meos)». Su redactor no dejaba resquicio alguno abierto a la ignorancia. Ni a la incontinencia. Su redactor era, probablemente, un déspota sin corazón.

Del patio-jardín se salía, por una pequeña cancela, al corralillo al que daban la cuadra y el cuarto de guardar la paja para el caballo y el alpiste, los cañamones y la nabina de los jilgueros y los canarios y los verderoles y el mínimo chamariz; en una artesa llena de salvado húmedo y medio podrido, el tío Fernando criaba los gordos y blancos gusanos que se comía el ruiseñor.

El corral de la cuadra tenía, al otro lado, el portón por el que el tío Fernando, jinete en su caballo Olit, salía a dar sus paseos. Olit tenía planta de caballo bueno, con la cabeza airosa y acarnerada, los remos finos y potentes, la grupa recogida y, por la capa, alazán quemado y brillador. Tenía las crines y la cola cortas y andaba orgullosamente, con el paso muy académico y solemne.

En la cuadra vivía también, menos cuando se escapaba, el mono del tío Fernando, que era un tití que se llamaba Ciriaco y que, según creo recordar, le había traído de regalo su hijo el marino, mi primo José Luis, en uno de sus viajes de vuelta de África. El mono del tío Fernando era listo, simpático y, si le daba la vena, también malaúva y mordedor. Cuando estaba tranquilo, en cambio, era manso como un cordero. Algunas mañanas se subía al palomar, robaba un pichón y lo paseaba, meciéndolo amorosamente, por el alero del tejado; después lo devolvía al nido, ante la espantada sorpresa de la paloma madre, sin hacerle daño alguno.

El mono Ciriaco era muy amigo de Olit y dormía cobijado en el tibio hueco que formaban el barboquejo y el pescuezo del caballo con el alto pesebre. El barboquejo, en la anatomía del caballo, corresponde, más o menos, a lo que en los hombres pudiera ser el arranque de la papada, inmediatamente debajo del mentón; el diccionario no lo registra. El mono Ciriaco correspondía a la paciencia de Olit matándole los tábanos de los ijares y de las nalgas. El mono Ciriaco paseaba por encima del caballo como Perico por su casa, y el caballo, volviendo, a veces, la cara para verlo, lo dejaba maniobrar sin in-

mutarse. Yo estoy seguro de que si los caballos supieran sonreír, Olit hubiera sonreído al ver al mono Ciriaco trajinar, para
arriba y para abajo, con su apresurada y cómica diligencia.
Conmigo, el mono Ciriaco se llevaba muy bien, o relativamen-
te bien, pero a mi primo Manolo, desde que quiso bañarlo, lo
odiaba a muerte y sin disimulo.

Volvamos a la ferretería. Frente a la pared del mostrador, o sea,
a mano izquierda de quien entrase en la calle, estaban el estanco y el escritorio. El tío Fernando tenía un estanco de ventanilla, como las de algunas oficinas públicas, sobre todo de correos
y telégrafos, y dentro de su minúsculo cuchitril y rodeada de
farias y pólizas y cajas de fósforos (y paquetes de picadura y
cajetillas de panetelas, cortas y largas, y de labores peninsula-
res), la estanquera, que siempre fue muy amable conmigo,
despachaba sus vicios a militares, clérigos y paisanos: puritos
a los oficiales del ejército, aromáticos cuarterones a los canónigos de la catedral, canarios a las gentes de profesiones libe-
rales que no habían llegado a los cuarenta años, emboquillados
extrafinos a los médicos y abogados ya mayores, macillos
—catorce pitos, cinco céntimos— al mísero, sufrido y gris cam-
pesinado de los contornos.

Los días de saca, que eran los más atareados y emocionantes, yo ayudaba a la estanquera a colocar, con todo primor, la
mercancía en las baldas y en los anaqueles; como no sabía leer,
me guiaba por las formas y los colores de los paquetes y no me
equivocaba demasiado. La estanquera, en correspondencia a
mi ayuda, me regalaba las largas tiras de papel de goma que
rodean a las brillantes y uniformes —y coloradas y verdes y
amarillas y azules de varios tonos— planchas de los sellos de
correos.

El empleado que mandaba en la ferretería se llamaba Telmo.

—Telmo, si te doy una perra, ¿me das un clavo que sea
regular?

—No, Camilito: si te portas bien, yo te doy un clavo de gratis todos los días. La perra guárdatela para caramelos.

Telmo era tan propio en el hablar que decía «de gratis», en vez de decir «de balde», como todo el mundo. Telmo tenía malas pulgas con los parroquianos pero conmigo era amable y paciente. Telmo era muy trabajador y estaba en todo y lo sabía todo: el precio de la gruesa de puntas de París; la rebaja que se podía hacer (él no hablaba de rebaja sino de «oportuno y razonable descuento») a quien comprase tres aguamaniles, tres jofainas y tres cubos; los tornillos buenos para una cosa o para otra; el sitio donde se guardaban los orinales de hierro esmaltado, blancos y con el reborde azul o de color salmón, y los orinales de loza con unos helechos verde claro pintados por fuera, que eran muy lujosos y distinguidos; y los livianos orinales de aluminio, que eran sumamente prácticos e higiénicos —según le oía decir a Telmo— pero tan modernos que la gente no entraba por ellos.

Cuando Telmo, algunas mañanas, me enviaba a darle algún recado al tío Fernando, yo me sentía orgulloso y necesario y no me cabía el gozo en el cuerpo. Una tarde que me mandó por cambios a la tienda de ultramarinos de al lado, yo me emocioné tanto que nada me faltó para echarme a llorar.

—Oiga, señor, que me dice Telmo que si le da usted cambio de cien pesetas. Las traigo aquí...

—No tengo, hijo; bien me apura pero, ya lo ves, no tengo. Dile de mi parte que no tengo, que acabo de cambiar.

Yo noté hundírseme el mundo bajo los pies, pero procuré reaccionar.

—¿Me cruza?

—¿Eh?

—Que si me cruza la Corredera; voy a ver en la botica de Areses.

El tendero puso el mirar perplejo, pero salió de detrás del mostrador y me cruzó la Corredera sin soltarme de la mano.

—Anda, pregunta, que yo te espero aquí.

En la botica de Areses me cambiaron los veinte duros en sonoros y nobles duros de plata. Cuando le llevé el cambio, Telmo me dio un real.

El despacho del tío Fernando estaba a la izquierda, según se entraba. El despacho del tío Fernando parecía el escritorio de un armador, con su mesa de caoba oscura, su silla giratoria, un sofá de cuero, su lámpara de sube y baja, su globo terráqueo, su caja fuerte y sus libros de cuentas llenos de cuidadosas apuntaciones. El tío Fernando se pasaba el día en su despacho; por la tienda iba poco, y por el estanco, menos aún. A la izquierda y colgado de la pared, el tío Fernando tenía un teléfono de tubo, un teléfono en el que la voz, como el agua, iba por un tubo. El teléfono comunicaba con dos sitios: con el mostrador y con la casa. El tío Fernando, para que la voz fuese por un tubo o por el otro, maniobraba con unas llaves de paso iguales a las del gas.

—Esto es como el gas, Camilito, la voz es como el gas: no pasa por donde no tiene sitio.

—Claro.

Si por el teléfono se soplaba, el soplido iba, todo derechito y sin perder una gota de aire, hasta el otro lado.

—¿No lo crees?

—No.

—Pues vete a la tienda y ponte el teléfono en la oreja.

Fui a la tienda, me puse el teléfono en la oreja y esperé a que el tío Fernando soplara. Cuando el tío Fernando sopló, me entró tal huracán por el oído que a poco me deja sordo.

—¿Y ahora lo crees?

—Sí, ahora sí.

El tío Fernando, para avisar que descolgasen el teléfono, tenía dos timbres puestos el uno encima del otro.

—Este es el de la casa.

—Y ese otro, ¿es el de la tienda?

—Sí, ¿cómo lo sabes?

De las paredes del despacho del tío Fernando —que tenían un zócalo de madera hasta media altura— colgaba un retrato del caballo Olit y un calendario de la Mala Real Inglesa, muy bonito, que representaba a unos cazadores de casaca roja saltando un seto y persiguiendo el zorro a caballo.

En el despacho del tío Fernando no había ninguna ventana, era un despacho interior que se hizo aprovechando un recodo del local. El despacho del tío Fernando era muy ahogado y caluroso y solía estar lleno de moscas.

—Don Fernando, ¿por qué no pone usted un papel pegamoscas?

—Porque no. Prefiero no verlas todas juntas, me dan asco.

Una vez, cuando estábamos todos reunidos después de la comida, ellos —los mayores— tomando café y yo haciéndome el disimulado para que la tía Teresa no me mandara a reposar la comida (¡qué aburrimiento!), el tío Fernando me dio una palmada en la mejilla y me hizo una proposición desconcertante.

—Camilito, vete al despacho, coge un *ABC*, que para esto es muy bueno, y empieza a matarme moscas. Las que vayas matando, ponlas encima de un periódico. Por cada mosca que mates te doy una perra chica. Después, cuando baje, ya las contaremos. Si trabajas, ganas para seis gaseosas lo menos. Pago al contado.

La tía Teresa hizo constar su protesta:

—Es una porquería lo que mandas al chiquillo, Fernando. ¡Qué pensarán sus padres cuando lo sepan!

—Nada, mujer, no pensarán nada. Anda, Camilito, manos a la obra.

Bajé al despacho del tío Fernando, busqué el *ABC*, lo doblé a lo alto para manejarlo mejor y empecé a cazar moscas. Al principio les daba demasiado fuerte y quedaban despanzurradas, con las tripas al aire y hechas una porquería; algunas casi no podía despegarlas del *ABC*. Después les di más flojo, pero muchas se me escapaban: medio atontadas, pero lo bastante vivas como para poder huir. Me costó trabajo acertar con el pulso exacto que necesitan las moscas para ser muertas limpiamente.

El deporte de cazar moscas con *ABC* es emocionante y puede llegar a ser apasionante. Cuando hay muchas y no están todavía fogueadas, su caza es rentable, sí, pero no subyugadora ni mucho menos. El verdadero interés deportivo empieza cuando las moscas se dan cuenta de las intenciones del prójimo y están todo el tiempo volando o se posan, para reparar las fuerzas perdidas, en el techo o en los sitios más inverosímiles y lejanos. A estas reacias moscas de las alturas conviene espantarlas flojito, a ver si se deciden a bajar. Espantarlas fuerte es mala técnica porque se asustan y se van a posar más altas aún.

Sobre la carpeta de la mesa extendí un periódico para ir poniendo las piezas cobradas. Cuando ya vi un montoncito regular, las conté: diecisiete.

—No; lo mejor es ponerlas por grupitos de a diez, que lucen más.

El primer medio centenar de moscas cayó con bastante rapidez, en cosa de media hora. Las moscas que fueron a dormir su sueño eterno en los montoncitos del segundo medio centenar ya dieron más trabajo. Cuando llegué a la mosca ciento dieciocho, me consideré incapaz de seguir.

—Por lo menos dos, para que haya doce montoncitos enteros.

Fue imposible. Las últimas dos moscas, entre las únicas tres o cuatro supervivientes, no cayeron por más que me esforcé.

—Bueno: ciento dieciocho ya está bien, ya son bastantes. El tío Fernando se va a poner muy contento cuando las vea.

Las dejé todas muy bien dispuestas y colocadas y salí a la tienda.

—Oye, Telmo, ¿cuánto dinero es ciento dieciocho perras chicas?

—¿Ciento dieciocho perras chicas?

—Sí.

—Pues ciento dieciocho..., partido por veinte..., cabe a cinco..., restan dieciocho..., y un cero, ciento ochenta..., se quitan los ceros..., dieciocho entre dos a nueve..., pues son un duro y noventa céntimos, Camilito, ¿por qué?

—No, por nada, por saberlo. Muchas gracias.

Me volví al despacho del tío Fernando, eché un ojo a mis moscas, cerré la puerta para que no entrasen más de refresco, rematé —incluso con cierto sentido de estar haciendo algo que no se debía hacer— a tres o cuatro moscas moribundas, y me senté a esperar. El *ABC* estaba sucio perdido de las huellas de la cacería y el aire —en cambio— estaba limpio, diáfano, sin una sola mosca, casi sin una sola mosca.

—Así da gusto. ¡Qué contento se pondrá el tío Fernando!

Al cabo de un rato se abrió la puerta y entró el tío Fernando, con botas de montar, los guantes en la mano y fusta debajo del brazo.

—¿Hubo suerte?

Yo sonreí.

—Sí, tío Fernando, ¡mira qué montón!

El tío Fernando chascó la lengua.

—¡Hombre! ¡Por lo que veo eres un cazador de primera!

A mí no me cabía el gozo en el cuerpo.

—¡Psché! ¡Regular...! Oye, tío Fernando, me debes un duro y noventa céntimos.

—¿Un duro y noventa céntimos? Pero ¿tú sabes, criatura, lo que es un duro y noventa céntimos?

—Sí, tío Fernando: ciento dieciocho moscas, a perra chica cada mosca. Me echó Telmo la cuenta.

El tío Fernando se acercó a la mesa.

—Pero ¿tú has matado ciento dieciocho moscas? ¡Muchas moscas me parecen!

A mí me sorprendió que se pusieran en tela de juicio mis capacidades de cazador de moscas.

—Ahí están, tío Fernando, y bien contadas. Cuéntalas tú, si quieres.

El tío Fernando se sentó a la mesa y empezó la cuenta.

—Mosco, mosco, mosco, mosco, mosco, ¡vaya ya salió una mosca! Acuérdate, Camilito, llevamos una. Mosco, mosco, mosco...

Yo me fui desinflando poco a poco, como un globo que tiene un pinchazo por el que se le escapa el aire... De mis ciento dieciocho moscas, ¡también es mala suerte!, ciento diez resultaron moscos. ¡Paciencia!

—Te tocan cuatro patacones. Tómalos.

El tío Fernando dio un paso atrás, tiernamente, en su crueldad.

—Y toma también esta peseta, como precio al valor.

—Gracias, tío Fernando.

Con mi una cuarenta y arrastrando los pies, me fui a ver los pájaros de la pajarera. El ruiseñor y el mirlo cazaban las moscas —o los moscos— mejor que nadie. Los canarios y los jilgueros, no; los canarios y los jilgueros preferían el alpiste y las negras y redondas bolitas del cañamón.

Por aquella época yo soñaba con llegar a ser un gran inventor, un inventor famoso en el mundo entero.

—¡Qué pena que ya esté inventado el teléfono, con lo fácil que es! Tas, tas, tas..., tas, tas..., tas..., tas, tas, tas... A lo mejor, si lo pienso bien, también a mí se me ocurre un buen invento. Lo primero que hay que hacer es saber qué es lo que se quiere inventar. Eso de ponerse, así como así, a inventar a tontas y a locas, seguramente no da resultado.

—Claro; lo mejor es saber primero lo que se quiere inventar. Si no, es más difícil.

Mi primo Manolito también quería ser inventor, pero tampoco tenía ideas muy claras sobre lo que convenía inventar.

—Podemos inventar un globo y subirnos en él.

—Eso ya está inventado.

El primo Manolito era un inventor sin conciencia profesional.

—Bueno, pero en Túy no lo sabe nadie.

—Aunque no lo sepa nadie. Eso es trampa, los buenos inventores no tienen que ser tramposos.

Mi primo Julio no sabía nada de mis proyectos ni yo se lo dije. Mi primo Julio, con eso de que era mayor, se hubiera reído de mí. Los primos mayores —y si además tocan la bandurria, peor— suelen ser muy déspotas y pegones.

—Oye, Manolito.

—Qué.

—Que no se entere el primo Julio, ¿eh? Sobre todo que no se entere el primo Julio; por lo menos, hasta que tengamos algo bien inventado.

—Descuida.

Yo me pasaba el día entero pensando qué cosa inventar, pero me desesperaba al ver que todo lo que se me ocurría —el submarino, el gramófono, el paracaídas— estaba ya inventado por los demás.

—¡Qué bárbaros, estos inventores ya han inventado todo!

A fuerza de darle muchas vueltas en la cabeza, inventé un idioma nuevo al que bauticé con el bonito nombre de parrapul. Era igual que el español pero antes de cada sílaba había que decir «parrapú», si empezaba por consonante, o «parrapún», si empezaba por vocal. Por ejemplo, buenas tardes, se decía así:

—Parrapubu parrapune parrapunas parraputar parrapudes.

La cosa quedaba algo complicada pero, desde luego, cumplía uno de los fines de las lenguas: entenderse entre los iniciados sin ser entendidos por los extranjeros. Lo malo del parrapul fue que no nos sirvió ni para entendernos entre mi primo Manolito y yo, que éramos sus inventores.

—¿Parrapuque parraputal parrapunes parraputás?

Mi primo Manolito me miró suplicante y, como avergonzándose de que alguien pudiera oírnos hablar el español, me susurró al oído:

—Dímelo bajito.

Y yo le respondí con un hilo de voz:

—Que qué tal estás...

Y él me replicó discretísimamente apagado:

—¡Ah, bien! Yo estoy bien, ¿y tú?

Y yo volvía a hablarle como un agonizante o un conspirador:

—Yo también.

El parrapul murió porque sus creadores no conseguimos aprenderlo. Fue lástima porque a lo mejor ahora, al cabo de los años, habría ya poesías y tratados de física en parrapul.

—¿Lo dejamos?

—Sí, va a ser mejor dejarlo; yo creo que con el español tenemos bastante.

Recién salido del parrapul, mi primo Manolito, que ya sabía leer y escribir, inventó un alfabeto sin haches, ni ges, ni uves.

—¡Para lo que sirven!

—¡Claro! ¡Para lo que sirven!

La verdad es que yo ignoraba para qué servían, o para qué no servían, las haches, las ges y las uves. Por entonces —recuérdese que ya lo dije— no conocía las letras. Mi primo Manolito bautizó a su invento con el hermoso nombre de albemace (*albe* de alfabeto y *mace* de Manuel Cela), que tiene un bello y vago aire morisco. Del albemace no me acuerdo más que de las vocales, que aprendí antes que las que aprende todo el mundo. Las cinco vocales del albemace, según diseño de mi primo Manolito eran así:

ΛⅭL□U, mayúsculas, y **ϙοϭοϕ**, minúsculas.

A mí, particularmente, me gustan más que las que vienen en los libros.

—¿Se lo decimos a Julio?

—No, no; todavía no.

—¿Y a Ofelita?

—No, tampoco; enseguida se lo iría a contar a Julio.

—Bueno.

Una noche, ya metido en la cama, tuve una idea luminosa: inventar una cocina que no gastase leña, ni carbón, ni luz, ni nada; que gastase agua y nada más.

—Primo Julio.

—¡Qué quieres, padronés, duérmete!

—Oye.

—Qué.

—Mañana por la mañana, ¿me querrás recordar una cosa?

—Cuál.

—Cocina.

—¿Cocina?

—Sí.

—Bueno; anda, duérmete.

Al día siguiente por la mañana me desperté más pronto que el primo Julio y me acordaba perfectamente de las líneas generales de mi invento. No hubiera sido preciso que él me recordase nada. Lo único que ahora debía ocupar mi atención era su perfeccionamiento. Por aquellos días consulté con Telmo y con el tío Fernando; Telmo no me sacó de dudas —aunque me ayudó a hacer los planos—, pero el tío Fernando, que parecía muy interesado en el proyecto, me habló del poder del sol, de las fuerzas de las mareas, de lentes cóncavas, de espejos misteriosos y de raros frotamientos generadores de energía.

—Eso es un gran invento, Camilito, que nos puede hacer ricos a todos, ¡ricos y poderosos! Ahora, lo que hace falta es interesar al capital.

—¿A qué capital?

—Pues al capital del socio capitalista, hombre, de eso me encargo yo.

—Bueno; sí, de eso encárgate tú.

Telmo, cuando la tienda no estaba llena de parroquianos, me pintaba líneas rectas en un papel, según mis instrucciones.

—Ahora, haz una raya por aquí: ese es el sitio por donde entra el agua caliente.

—Bueno, pero ¿cómo calientas el agua?

—Eso es lo que me falta inventar; pero ya lo inventaré, ya verás. Ahora hazme dos rayas que salgan desde aquí hasta aquí; esos son los rayos del sol.

—¿Y si hay nubes?

—Bueno, esto es para cuando no haya nubes; para quitar las nubes ya inventaré algo.

Los planos de mi cocina de agua, aunque no se entendían mucho, presentaban muy buen aspecto, tenían un gran aire. Cuando ya lo tuve todo bien preparado, me acerqué a casa de la tía Camila a explicarle mi invento. Conmigo venía Manolito, mi socio comanditario.

—Tía Camila, ¿puedo explicarte un invento que hice? A lo mejor te sirve; es una cocina que no gasta carbón, ni leña, ni nada. Es una cocina que anda con agua. Mira: este es el plano. Aquí pones el agua caliente (lo único que me falta por inventar es la manera de calentarla con los rayos solares) y aquí dentro pones la tartera. ¿Te das cuenta?

La tía Camila siguió mis explicaciones con mucho más interés del que yo hubiera sospechado. Cuando terminé, la tía Camila, sin mirarme a la cara, me dijo:

—¡Bah, bah, eso ya está inventado! ¡Eso es el baño de María!

Al oír aquello sentí una inmensa sensación de soledad, una amarga y dolorosa angustia, un cósmico abandono.

—¿El baño de María?

—Sí, hijo, el baño de María.

—¿Y quién lo inventó?

—No sé..., María, probablemente.

Estaba tan hundido que tardé en darme cuenta de que María, que es un nombre muy bonito, no es, sin embargo, un buen nombre de inventor.

—No, eso debe de ser una broma de la tía Camila. La cocina de agua seguramente no está inventada aún...

La reconquista de Iria

Al acabar el verano volví a Iria-Flavia, a casa de la abuela. ¡Qué alegre me pareció la enredadera que trepaba por la fachada! ¡Qué alegre el pozo, con sus helechos y su musgo suave! ¡Qué alegres el manzano, el cerezo, el peral, el copudo naranjo, la palmera como un chafarís, la azul hortensia, la grosella roja, las piedras de los caminos que recordaba, una a una, y con todo detalle! ¡Qué alegre el cielo gris, nuboso! ¡Qué alegre el pito de la fábrica y el voltear de las campanas de Adina! ¡Qué alegre el tren pasando! ¡Qué alegres los rincones propicios, las altas hierbas, los frutales sembrando el suelo de las frutas picadas por el negro mirlo cantarín!

La vuelta a Iria, a mi casa de Iria, fue un regreso —para aquel niño delicado— a los delicados chorros en cuyas aguas tanto deleite le producía beber. Y tanta paz y salud.

La abuela me recibió con amorosa frialdad, según su norma, o, quizá mejor, con sosegado equilibrio difícil y amantísimo, y me dio su mano a besar. Yo me eché en sus brazos con los ojos manando gozosas lágrimas de alegría.

—Camilo José, repórtate. Un niño fino no debe manifestar así sus sentimientos.

—Perdón, abuelita.

Cuando me calmé, la abuela me sentó en sus rodillas —señaladísima distinción— y me preguntó por todos los parientes de Túy, uno a uno y con sus nombres y apellidos.

—En esta casa donde naciste, Camilo José, es siempre motivo de alegría el ver que vuelves.

—Sí, abuelita.

—Sí, hijo, sí; me gustaría que supieras, Camilo José, que en nuestra familia es siempre motivo de alegría el ver que vuelve alguno de los nuestros...

Creo recordar que a mi abuela le tembló la voz al decir lo que dijo. Entonces aún ignoraba las causas de su velada emoción, de su correctamente velada emoción.

—Sí, abuelita.

La abuela sonrió.

—Sí, hijo; anda, vete al jardín a ver tus flores, a ver tus gallinas, a ver a Juan que siempre preguntó mucho por ti.

A mi primer día de Iria le faltaron horas para verlo todo, para olerlo todo, para tocarlo todo con mimo tierno y acariciador.

Teresiña era pelirroja, casi albina, feúcha... ¡Qué guapa era Teresiña, qué hermoso su pelo de panocha, qué lindos sus ojos que casi no podían mirar la luz del sol!

—¡Cuánto han crecido los pollos, Teresiña!

—Sí, meu homiño; tú también estás muy alto.

Juan, el jardinero, estaba blanco como nunca y con la barba triste, sentimental y sin fuerzas.

—¡Qué frondosos se han puesto los rosales, Juan!

—Sí, Camiliño Josesiño, tú también estás muy lozano.

—Y tú, Juan.

—No, Camiliño Josesiño; yo ya poco juego he de dar... Yo ya viví bastante... Ahora tenéis que vivir los que sois tiernos y jovencitos, como tú...

En la voz de Juan, el jardinero no había ni un punto de dolor. En la voz de Juan, el jardinero, había hecho su nido la conformidad.

—Nuestro Señor Santiago lleva un libro muy gordo en el que está escrito lo que tenemos que vivir cada uno. De vez en cuando lo abre y se lo lee a Dios Nuestro Señor.

—Sí...

—Y Dios Nuestro Señor, entonces, manda llamar a quien le toca... A mí me va a tocar ya pronto...

—No, Juan.

—Sí, Camiliño Josesiño... Y Dios Nuestro Señor, según lo que cada uno haya hecho en este mundo de bueno y de malo, lo sube a los cielos a estar con él o lo bota a los eternos infiernos a estar con el demo carneiro, con el perello maldito, que se llama Barrabás...

Yo tenía el corazón en un puño y la mente llena de nauseabundos olores a azufre.

—Pero tú irás al cielo, Juan, yo rezaré todas las noches para que vayas al cielo... Tú eres muy bueno, Juan...

Juan, el jardinero, sonrió con sus lejanos ojos azules, con su barba blanca y su boca sin dientes.

—No, Camiliño Josesiño, como todos... Pero que Nuestro Señor Santiago te escuche en tus oraciones. Amén.

A las dos semanas de mi vuelta a Iria, Juan, el jardinero, se puso enfermo y al año siguiente, estando yo en Iria otra vez, se murió. La abuela no me dejó ir al entierro pero un domingo, al salir de misa, me acerqué hasta su sepultura y le recé un emocionado y confuso padrenuestro, con incrustaciones de mi espontánea cosecha:

—Padre nuestro que estás en los cielos, llévate a Juan, el jardinero, que siempre se portó tan bien en esta vida...

Me quedé sorprendido de lo bien que me salió y me alejé con una rara alegría, con una triste y reconfortadora e íntima alegría, silbándome en el corazón.

—Abuelita.

—Dime, hijo.

—¿Tú no crees que Nuestro Señor habrá llevado al cielo a Juan, el jardinero?

—Sí, hijo, sin duda... Dios es muy bueno.

A mí me gustó mucho escuchar aquella razón. Hasta entonces había pensado que la gente iba al cielo por ser buena.

Desde entonces vengo pensando que la gente va al cielo porque el que es bueno, muy bueno, infinitamente bueno y generoso, es Dios.

—Camilo José.

—Dime, abuelita.

—No digas Nuestro Señor; no es que esté mal, Camilo José, porque es verdad que es nuestro señor y señor y rey de todo el mundo, pero a mí me gusta más que digas Dios, que es su nombre. Un buen cristiano no debe tener miedo a llamar a Dios por su nombre.

—Sí, abuelita.

A Juan, el jardinero, ya para siempre jamás entre los florecidos y mágicos rosales del cielo del buen Dios, rey y señor nuestro y de todo el mundo, le sucedió, en el cuidado de los rosales —menos mágicos, pero también bonitos y florecidos— del jardín de la casa de Iria, el que hoy es jardinero mayor de Padrón, villa cuyo jardín es tan hermoso que el Gobierno lo declaró monumento nacional. Esto fue hace ya muchos años, cuando los gallegos mandábamos, en los añorados tiempos de Montero Ríos, de Canalejas, de Bugallal y de García Prieto.

El jardinero nuevo se llamaba Manuel Cajaravilla y era de la aldea de Pedreda, como todas las gentes que entonces andaban a nuestro alrededor. Manoliño era pequeño, cabezorro y gimnástico. Manoliño traía un feixe de paja a la cabeza, lo descargaba tirándose contra el suelo y dando un limpio salto mortal sobre tan blando almohadón. Con la roldana del pozo hacía también verdaderas maravillas, subiendo y bajando a pulso y cortando, con su navaja, allá en el negro fondo y para demostrar que allí había llegado unas ramitas de helecho fresco y verde. Manuel Cajaravilla, que era joven y recio, alegre y sonriente, se hizo también muy amigo mío.

Mi tío Jorge, por broma, le hablaba a Manuel Cajaravilla en latín macarrónico mezclado con el falso italiano que por entonces, según era moda, solían usar algunos prestidigitadores que pasaban haciendo bolos por el pueblo.

—Manuélibus, saca il cubi de la acua per la gallini.

Manuel, al principio, estaba como un poco asustado, pero a los escasos días me confesó radiante:

—Camilito, ¡lo entiendo todo sin que me se escape nada! ¡Al señorito Gorgue le entiendo todo lo que dice! ¡Se ve que yo cogo el latín de orega, como otros tocan la flauta!

Manuel Cajaravilla —como buen padronés, nacido en plena zona de la geada—cambiaba las ges suaves en jotas y las jotas en ges suaves sin equivocarse nunca. Al tío Jorge le llamaba Gorgue; a los guantes, juantes; al jamón, gamón; al jilguero, guiljero, y al juzgado, guzjado, que es dificilísimo. Manuel Cajaravilla también cambiaba las ces en eses, aunque no las eses en ces, y pronunciaba las vocales *a*, *e*, *i* como si las tres fueran una sola en la que la *e* mandase llevando la voz cantante.

Esta rara fonética de Manuel Cajaravilla —no tan rara en aquella comarca en la que el gallego y el castellano luchan destrozándose ambos—, unida a su deseo de copiar lo que le oía a mi tío Jorge y tomaba con una seriedad absoluta, produjo el hecho pasmoso de que, al poco tiempo, hablase una extraña lengua absolutamente ininteligible y de la que no se apeaba más que cuando tenía que hablar con la abuela, que era bien pocas veces.

Las criadas, los proveedores, los mendigos y en general todos cuantos se acercaban por la casa empezaron a mirarlo con cierto temeroso recelo, pero Manuel Cajaravilla, erre que erre, les seguía hablando en su latín y terminaba sus peroratas, cada vez más esotéricas y prolijas, con unas flexiones de piernas y el consabido salto mortal.

El alarmante panorama lo vino a redondear el hecho de que Manuel Cajaravilla descubrió los encantos del eslogan «Francis Lea, motor de fama mundial», con el que saludaba a la gente y terminaba sus discursos.

Manuel Cajaravilla fue el primer surrealista que recuerda la historia de Padrón. Como todos los precursores, Manuel

Cajaravilla fue sañudamente perseguido. Un día, la doncella Marta lo denunció a la abuela.

—Se pasa el día hablando en latín, señora, y diciendo que es un motor de fama mundial. Yo no quería decirle nada, señora, pero la cocinera piensa si no estará endemoniado.

La abuela frunció el ceño.

—No diga necedades, Marta. Recuerde que no tolero las supersticiones. Puede retirarse.

—Bien, señora.

La abuela —para oír a las dos partes en litigio— mandó llamar a Manuel.

—Manuel.

—Mande, señora.

—Vamos a ver, ¿tú sabes latín?

Manuel respondió dando lentas vueltas a la boina, que tenía sujeta con ambas manos.

—No, señora... Bueno, sé un poco..., casi nada...

—A ver, di algo en latín.

Manuel se puso colorado.

—Dominus vobiscum.

—Algo más.

Manuel trataba de contener su azoramiento rozando una bota con la pantorrilla contraria.

—Ora pro nobis.

—¿No sabes más?

Manuel vio el cielo abierto.

—No, señora.

—Bien, retírate.

Manuel Cajaravilla, al pasar por la cocina, camino del jardín, agarró por el cogote a la doncella Marta.

—Bruga de la mierdi, ti he de matare a pali. ¡Yo soy el verdaderi Francis Lea, motor de fama mundial!

A continuación, Manuel Cajaravilla dio un salto por encima de la mesa y produjo, con sus propias orquestas intestinales, un ruido atronador y espantable.

—¡Para tu boqui, para que ti enguajis la jarjanti y le vayis con cuentis a la señori! ¡Francis Lea, motor de fama mundial!

La doncella Marta, la cocinera Joaquina y la pincha Paquita fueron mudos testigos de la escena desde su temeroso rincón. Manuel Cajaravilla —también llamado Francis Lea, motor de fama mundial— salió erguido y orgulloso como un gladiador y, desde la puerta, obsequió a las tres asustadas mujeres poniendo los ojos bizcos y sacándoles la lengua en una prolongada pedorreta, en un trémolo zumbón y victorioso.

A Manuel Cajaravilla, una mañana, haciendo sus gimnasias, se le rompió la cadena del pozo y se dio un morrón considerable. El pobre Manuel Cajaravilla, por más que gritó, no fue oído por nadie. Dar berridos en un pozo es una de las cosas más desairadas que hay porque hasta arriba, por más esfuerzos que haga el que está abajo, es muy difícil que llegue la voz. Al náufrago Manuel Cajaravilla lo descubrí yo, al cabo de mucho tiempo y por casualidad. Me acerqué al pozo, miré para adentro y oí silbar «Muévete Irene», una canción que por entonces estaba muy en boga. El hecho, quizá por tan inusitado como era, no me asustó. Me asomé al brocal y Manuel Cajaravilla, desde las profundidades, me habló, con su más suave voz.

—Camilito, dile a Filoteo que me bote un cabo, que si sigo aquí más me afojo.

A Manuel Cajaravilla, con el remojón, se le había olvidado el latín. Filoteo le echó un cabo y Manuel Cajaravilla llegó a la superficie, sonriente y empapado.

—¡A Francis Lea, motor de fama mundial, no lo afoja ni diola!

Filoteo no tenía mucha simpatía por Manuel Cajaravilla. Filoteo era más antiguo —la antigüedad es un grado—, pero su oficio era más deslucido, menos brillante y espectacular. Él era, también, como es lógico, mucho menos brillante y espectacular que Manuel Cajaravilla, hombre que, en ese terreno, no tenía posible competencia. Manuel Cajaravilla era un D'Annunzio rústico y bárbaro, disparatado y genial, que salía siempre por el más imprevisible registro y siempre airoso y vencedor. Probablemente, la ría de Arosa no ha producido, desde el marqués de Bradomín, un tipo humano como Manuel Cajaravilla. Puesto en París, Manuel Cajaravilla hubiera sido un Verlaine.

Cuando Filoteo sacó del pozo a Manuel Cajaravilla, tuvieron ambos una conversación ejemplar.[1]

—¿No te da rabia? —Y Manuel Cajaravilla sonrió como un conejo.

—Rabia, qué.

—Rabia tenerme que sacare del pozo. —Y Manuel Cajaravilla dejó caer las palabras con recochineo.

—¡No te iba a degar dentro!

—¡No sería por falta de janas! —Y Manuel Cajaravilla habló rápido y cantarín.

—Por falta de janas, no; que fue por caridade y más por amor de Dios.

—¡Ay, que sé que eres muy bueniño, Filoteo! —Y Manuel Cajaravilla empleó un tono burlesco para su gran jugada—. ¿Quieres ver cómo me meto dentro y me sacas otra vez?

—No lo hajas, Manoel.

—Sí que lo hajo y a ti no te toca más que sacarme. —Y Manuel Cajaravilla, apoyándose en las paredes del pozo, bajó hasta la mitad y se dejó caer.

A mí, aquel inútil y temerario arranque de insensatez me llenó de admiración.

El primero que habló fue Filoteo.

—Manoel.

—Qué.

—¿Estás vivo?

1. Este diálogo, como es lógico, se produjo en gallego; lo pongo aquí en el relativo castellano que ellos hubieran usado, para el mejor entendimiento del que leyere.

—No, que estoy difunto; manda tocar las campanas.

Filoteo estaba nervioso, se le notaba en la voz.

—Manoel.

—Qué.

—Sale de ahí; ajárrate bien al cabo.

—No quiero, que aquí estoy bien; ya saliré cuando me dé la jana.

Filoteo me miró pero yo no supe lo que decirle.

—Manoel.

—Qué.

—Si sales te dijo una cosa de la Paquita, la de la Goaquina.

Desde dentro se oyó la voz de Manuel Cajaravilla, ya en otro tono.

—¡Tira del cabo y no lo degues caer!

Filoteo tiró del cabo y Manuel Cajaravilla volvió a salir a flote.

—No quiero saber nada de la Paquita ni de la Goaquina. ¿Ves como eres parvo? ¡Si quiero me tiro al ajua veinte veces más!

Manuel Cajaravilla, aquel día, le comió definitivamente la moral a Filoteo. Manuel Cajaravilla era capaz de comerle la moral a cualquiera.

—Filoteis, veti a sacare la bosta de la cuadri...

Una de las mayores alegrías de mi regreso a Iria la tuve cuando volví a entrar en la casa de Padín. La casa de Padín no era una casa sino una habitación de nuestra casa. La casa de Padín era la última y la más misteriosa habitación de nuestra casa, con más encanto aún que el rumoroso y penumbroso desván. La casa de Padín estaba orientada al norte y era fría, heladora más bien. La casa de Padín no tenía ventana sino un ventanuco alto, con una tela metálica tupida para que no entrasen los mosquitos, siempre abierto. La casa de Padín era, a partes iguales, despensa de lo menos habitual —no de lo cotidiano, que estaba en la despensa de la cocina— y trastera, una trastera ordenadísima a la que se quitaba el polvo y en la que cada trasto estaba puesto en su preciso sitio patentado e inalterable. En la casa de Padín había sillas con el respaldo desencolado; dos mesitas con incrustaciones de nácar a las que se les habían caído la mitad de los adornos; una fila entera de canecas de ginebra vacías, que hacían su juego en el invierno —bien llenas de agua caliente— calentando las húmedas sábanas de la cama; dos sables de esgrima olvidados y tristes como caballeros que no son ya lo que fueron; todo un estante de tarros de cristal, con el ancho tapón pegado con cera, llenos de mermelada de naranja; dos arcas hondas y grandes como la ilusión, con el vientre abarrotado de viejos disfraces inverosímiles; una bombona de agua de colonia de la que se sacaba el contenido con un sifón complicado, y, presidiéndolo todo, el batallón de las figuras de nacimiento —pequeñas, regulares, grandes— formando en batería y solitarias, hieráticas y aburridas en sus actitudes previstas. Algunas de estas figuras de nacimiento tenían el cuerpo o los brazos cuidadosamente pegados con pegamín; otras, en cambio, mutiladas por el paso del tiempo, estaban cojas o mancas o descabezadas. A mí, aquellas estatuillas multicolores y rígidas me resultaban poco simpáticas y, puestas en el nacimiento, menos aún.

Como por la Navidad no solía estar en Iria, mis tías me organizaban el nacimiento para el día del Apóstol. Los preparativos me gustaban mucho; el resultado ya no tanto. El nacimiento, con sus ríos de espejo, sus cascadas de papel de plata, su nieve de escamitas de ácido bórico, su portal de Belén, sus Reyes Magos, su Herodes, sus lavanderas, sus pastorcitos, sus ovejas y sus pavos, me parecía tan falso como triste. Mayor tristeza aún me daba la alegre diligencia de mis tías, que movían las figuras cada mañana y pasaban un plumerito muy fino sobre san José y sus acompañantes. A mí, todo aquello se me antojaba un mundo muerto; pero no un mundo muerto con naturalidad —como el de las ruinas, que suele ser tan noble y tan hermoso—, sino un mundo muerto con alevosía y artificio y sin ningún interés.

Las figuritas del nacimiento donde estaban bien era en sus estantes; puestas en el nacimiento aparecían forzadas y como sin gracia. Las cosas se hacen a su ambiente, al mundo en que se desenvuelven con naturalidad, y fuera de él son con frecuencia torpes y envaradas. Esto que es tan sencillo mis tías no lo comprendieron jamás.

Un día le confesé a la abuela mis pensamientos. Ella, que era una de las mujeres más inteligentes que conocí en mi vida, me entendió muy bien.

—Sí, hijo, a mí también me gustan más las rosas del jardín. Pero tus tías te han puesto el nacimiento con su mejor ilusión, puedes creerme. Tú juega en el jardín, al aire libre, pero de vez en cuando acércate al nacimiento y, si está por allí alguna de las tías, dile algo amable. Yo te lo pido, Camilo José, ¿lo harás así?

—Sí, abuelita, te lo prometo.

—No hace falta prometerlo, Camilo José, a mí me basta con que me lo digas.

—Sí, abuelita.

Desde aquel instante, el nacimiento empezó a gustarme algo más.

—Tía Mitas.

—Qué.

—El nacimiento es muy bonito, ¡ya lo creo! Y eso de mover las figuritas cada mañana es una idea muy buena, y que hace muy bien.

La tía Mitas se me quedó mirando con sus clarísimos ojos azules.

—¿Qué mosca te picó?

A la hora del té, la tía Mitas comentó que me gustaba mucho el nacimiento.

—¿Estará malo este niño?

Yo no dije una palabra. Miré para la abuela y la abuela me hizo un gesto muy suyo y que yo entendía bien. El gesto de la

213

abuela consistía en mirar con fijeza y sin hacer un solo gesto. Aquello quería decir muchas y muy complejas cosas, que no todos hubieran sabido interpretar.

—Mitas.

—Dime, mamá.

—Este niño tiene un nombre: Camilo José.

—Sí, mamá.

—Bien. Camilo José, gracias a Dios, no está malo. Camilo José está muy sanito y con muchas ganas de jugar.

—Sí, mamá.

—Y con muchas ganas de comer. Prepárale una tostada.

—Sí, mamá.

En la casa de Padín también estaban guardadas en sus fundas de tela con cantoneras de piel las prolijas artes de pesca del abuelo muerto. En un estuchito con la tapa de cristal, dormían las moscas artificiales rojas, azules, muy llamativas, que escondían el traidor y puntiagudo anzuelo debajo de la barriga. ¡Qué misteriosas aquellas brillantes moscas de metal, con sus historias de truchas rebeldes, de salmones atléticos y saltarines, de recelosas carpas y de tencas ágiles y tímidas como doncellas!

El abuelo había sido aficionado a la pesca, de la que tenía un concepto muy deportivo, y en vida siempre se sintió solidario de todos los pescadores de caña de la Commonwealth y del Ulla, que es más pequeño aunque también tenga su importancia. El abuelo publicaba todos los años en el *Times* de Londres un anuncio que decía, poco más o menos: «Mr. John Trulock advierte a todos los pescadores británicos que en el río Ulla (Galicia, Spain) ha cobrado muy hermosos ejemplares de salmón, trucha salmonada y trucha. Temporada, de tal fecha a tal otra, Mr. John Trulock. Villagarcía de Arosa, Pontevedra (Spain), se ofrece para ampliar información a quienes la soliciten». El anuncio, como es lógico, le costaba sus cuartos, y los informes y consejos que daba a los aficionados que se lo pedían eran siempre gratuitos y absolutamente desinteresados.

Un día recibió una carta de sir William Dungannon, coronel de lanceros bengalíes, que venía a Europa de permiso. Sir William y el abuelo no eran amigos, ni siquiera conocidos, pero sí pescadores, lo que era ya suficiente. Sir William le comunicaba al abuelo el nombre del barco y el día en que tenía prevista su llegada a Vigo. El abuelo le contestó dándole sus instrucciones: De Vigo sale un tren, a tal hora, del que debe apearse al llegar a Pontevedra; en Pontevedra —donde empezaba el trazado ferroviario del The West Railway Galicia— debe presentarse al jefe de estación, que tiene muy concretas órdenes; al llegar a la estación de Puente Cesures debe regirse por el plano que le adjunto. Trescientas sesenta yardas aguas arriba del puentecillo señalado con una cruz, yendo por el camino de su margen izquierda, habrá un hombre pescando, ese hombre es Mr. John Trulock.

Sir William llegó a Vigo y se fue en tren a Pontevedra. El jefe de estación lo metió en el Ford de dirección fija que usaba el abuelo para ir de un lado para otro por la vía, en vez de por la carretera, y sir William, al poco rato, estaba en Puente Cesures. Sacó su plano y empezó a caminar. A las trescientas sesenta yardas aguas arriba del puente de tablas señalado con la cruz, había un pescador.

—¿Mr. Trulock?

—Yes. ¿Sir William Dungannon?

—Yes.

Mi abuelo y sir William Dungannon se hicieron muy amigos. Tan amigos, que el último día de la estancia de sir William en España el abuelo lo invitó a tomar el té en nuestra casa. Sir William y el abuelo se escribían, después, una carta cada año.

El Ford que usaba el abuelo para ir por la vía era como el de Lozano, pero sin volante y con las ruedas de hierro, igual que el tren. Estaba pintado de verde oscuro y en la popa —y con letras doradas— llevaba el nombre de la compañía y, encima, las banderas de España y de Inglaterra, que hacían muy simbólico. El Ford del abuelo sonaba, al pasar entre los carballos rumorosos, con un sonar huracanado y raudo.

—¡Qué ruido más contemporáneo y progresista! —decía don Rigoberto Grijoa, un farmacéutico al que enterraron por lo civil.

—¡Y usted que lo diga, amigo Grijoa, y usted que lo diga! —le contestaba don Proyecto Leobalde, un clérigo que después colgó los hábitos y se hizo republicano de Basilio Álvarez—. ¡Con muchos ruidos como este conseguiríamos sacar a España de su marasmo, tal como quiere el escritor Azorín!

El abuelo usaba su Ford para inspeccionar las obras y trasladarse rápidamente a cualquier lado. Solía conducirlo él, que para semejante trance se vestía de manera muy deportiva: pantalones *breeches* con vendas, chaqueta de mezclilla con parches de cuero en los codos, un *foulard* anudado a la garganta, gorra de visera de hule y gafas de motorista. El Ford era descapotable y el abuelo, salvo que diluviase, lo llevaba siempre descapotado.

—¡Qué imagen de la industrial Europa! —decía don Rigoberto—. ¡Qué estampa de la Albión del librecambio y del librepensamiento!

—Ya, ya... —suspiraba, lleno de saludable pasmo el cura Leobalde, que era seco y reseco como una caña—. ¡Cuánto tenemos que aprender!

Para llevar a la familia, para presentarse con carácter oficial o para uso y servicio de algún invitado de postín, el abuelo tenía un *brake* que parecía el *boudoir* de una *prima donna*: con sus graciosas y casi femeninas mesitas atornilladas al suelo, con sus sillones chipendale, sus caobas por las paredes, sus visillos de encaje y sus búcaros con delicadas y geométricas florecitas de tafetán de colores.

El *brake*, que iba siempre en cola, tenía un airoso balcón a la parte de atrás para ver bien el paisaje, un balcón de hierro que formaba guirnaldas y arabescos y que, en el centro, dibujaba unas letras llenas de rabos y de adornos: TWRG, las iniciales de la compañía.

El *brake* del abuelo tenía tres personas a su servicio: un guardafrenos vestido de azul y dos doncellas con uniforme negro y cofia blanca. El guardafrenos cuidaba de limpiar el *brake* por fuera, de engrasar los ejes, de vigilar los tornillos y las tuercas de las ruedas, de llenar de agua el depósito y de echar el freno al llegar a las estaciones o al punto de partida. El guardafrenos se llamaba Simeón, tenía alrededor de los cincuenta años y soplaba, a veces, un largo pitido en la corneta de bien bruñido latón que llevaba siempre en bandolera.

—Simeón.

—¡Mande, don Johniño!

—Vamos a La Esclavitud.

—Bien, don Johniño.

Simeón, para dar a entender su confianza, no llamaba al abuelo señor gerente, como todos, sino don John y, cuando no había nadie delante, don Johniño. Simeón tenía un puesto de confianza y en algo había de notarse.

—Simeón.

—¡Mande, don Johniño!

—Ya no vamos a La Esclavitud.

—Bien, don Johniño.

Las doncellas se llamaban Paulita y Febita y su obligación era limpiar el *brake* por dentro, sacar brillo a los dorados, vaciar los ceniceros, poner derechos los tapetillos y servir el té o unos refrescos cuando se los pedían. Paulita era mayor que Febita, pero más guapa y más mujer. Don Camilo Reigosa, médico de Castrofeito, solía decir que Paulita era la dueña de la más bella, proporcionada y cumplida grupa de occidente.

—Paulita.

—Mande, don Camilo.

—Ponte mirando para el paisaje.

—Calle, don Camilo, calle, ¡no me comprometa!

Aun admitiendo cierta lógica y galante exageración en los pensamientos de don Camilo, no hay duda que la Paulita tenía un culo escultórico, poderoso y de firmes musculaturas que llamaba mucho la atención. Don Camilo era su admirador rendido y su paladín.

—¡En forma de pera, amigo mío, que son los buenos, y remangado para arriba! ¡Para qué le voy a contar!

Febita era mona y delicada, tenía los ojos verdes y la tez blanca, el cabello castaño y liso, y el pecho y el trasero breves, aunque bien dibujados. Para el gusto de la época, a Febita le faltaba tonelaje.

—¡Qué lástima esta chica! Y el caso es que no es fea. ¡Yo no sé si andará medio anémica o medio tuberculosa!

Paulita y Febita me querían mucho las dos y a veces, en los viajes largos, me ponían a hacer pipí, cuando era menester. Contra lo que pudiera pensarse, Paulita era más delicada y suave en el siempre difícil manejo del triple y quebradizo instrumental.

—Paulita.

—Qué, reiciño.

—¿Me quieres mucho?

—Mucho, reiciño, bien lo sabes.

Paulita, pasado el tiempo, se casó con un brigada de la guardia civil y tuvo varios hijos, uno de ellos muy famoso: Quique, que fue defensa del Eiriña F. C. de Pontevedra.

Febita se fue monja misionera; la mandaron a la selva colombiana y, a poco de llegar, se murió —dicen que como una santa— de unas fiebres malignas que le dieron. Es triste ver cómo la gente se dispersa y cambia y, al final, se muere.

Cuando yo iba o venía de Iria a Carril, enganchaban el *brake*, y el tren —para que yo me subiese o me bajase— paraba enfrente de la casa, en el paso a nivel. A veces, algún forastero se alarmaba.

—¿Qué ocurre?

—Nada; se conoce que viene alguien de la familia del gerente.

—¡Ah!

Otras veces, los automovilistas detenidos por las cadenas se impacientaban y rompían a tocar la bocina.

—Calma, calma —les predicaba Rego, el guardabarrera—, todos tenemos derecho a vivir...

Rego tenía unas ideas extrañas sobre los derechos del hombre. Para él, le servían.

—¡Dese usted prisa, por favor, que ya nos ha hecho perder bastante tiempo!

—Calma, calma, que a todos nos habrán de decir misas...

El abuelo tenía un tercer armatoste para su uso: una plataforma pequeña, montada sobre cuatro ruedas, que usaban para traernos cosas de la estación y que movían a brazo por medio de una larga pértiga, como en las góndolas, que se apoyaba en el suelo. A mí me hubiera gustado viajar en aquel carrito destartalado —e incluso sentimental— pero jamás logré que me dejaran ir.

Páginas atrás, di la triste noticia de la muerte de Juan, el jardinero. Con él murió —y aún antes— la rosa que habitaba, niña también, mi tierno y disparado corazón.

Ignoro cómo fue pero recuerdo que un castillo sin raíces brotó del mismo aire que respiraba —avaramente, ansiosamente, desesperadamente— aquella dulce rosa sin cimentar: aquella tímida flor que naciera (todos, menos mi madre, lo pensaron) para no vivir.

Quizá fuera un súbito campanilleo en el aire, quizá un tenue clarinazo allá donde el oído pinta la blanca margarita confusa de su laberinto.

Siete años larguísimos van ya pasados. A los siete años —la rosa, recién presta a morir— mi madre, una mañana, me sentó en sus rodillas y me habló mirándome a los ojos.

—Camilo José.

—Qué.

—Cuando sepas escribir, ¿me harás una poesía?

—Sí.

—¿Y será muy bonita?

—Sí.

—¿Y tratará de pájaros que cantan y de niños que pasean con sus mamás por el jardín?

En aquel momento —lo sé bien— murió de golpe la rosa cándida y nació, en su lugar, una llamita perenne y brilladora a la que todavía —y aún vive— no aprendí a llamarla por su misterioso y doloroso nombre.

—Sí...

Un día, el cartero me trajo un cartapacio de impresos, muy bien empaquetados, con una cuerdecita todo alrededor y con tres lacres. Tenía muy respetable aspecto, y a mí, quizá por lo inesperado, me asustó un poco recibirlo.

—No sabía que fueses un inventor tan famoso, Camilito.

—¿Yo?

—Sí, ahí lo pone.

Salí corriendo hasta la sala y le rogué a la abuela que me leyese el sobre. La abuela se puso los lentes, leyó para sí y sonrió.

—Aquí dice: Sr. D. Camilo José Cela Trulock, inventor de fama internacional. Iria Flavia. Padrón. La Coruña. ¡Caramba, hijo, cómo trasciende tu fama!

Yo me quedé pegado y de una pieza; aquello no podía ser.

—¿Dice eso de verdad, abuelita?

—Sí, hijo, ¿cómo piensas que yo te pueda engañar?

—No, claro; perdóname, abuelita.

El sobre venía lleno de prospectos de herramientas y maquinarias: martillos, azadas, tornillos y clavos de varias formas y calibres, arados, máquinas de coser y de escribir, motores para elevar el agua, trilladoras, elevadoras, estrujadoras, etcétera. Venía también un catálogo de los automóviles Hudson y Essex, de líneas muy modernas y deportivas.

—¿Quién me mandará todo esto, abuelita?

—No sé, hijo, se conoce que los fabricantes se enteraron de que eres inventor.

—¿Y para qué me lo mandan?

—Pues para que les compres a ellos las piezas de tus inventos, se conoce.

Yo me quedé mirando para la abuela, que tenía los ojos nobles, inteligentes y negros.

—Abuelita.

—Dime, hijo.

—A mí me parece que esto no puede ser, los inventos míos son aún poco famosos...

La abuela me habló acariciándome la cabeza.

—¡O no, hijo, o no! Los fabricantes enseguida se enteran de todo. ¿No ves que lo que quieren es vender?

—Aunque sea así, abuelita...

El reloj de la sala dio una hora. El reloj de la sala tenía un carillón que sonaba finito y delicado y que dejaba caer, sobre el aire en penumbra y los oscuros muebles llenos de solemnidad, los primeros y suaves acordes de un vals romántico y británico.

—Abuelita.

—Dime, hijo.

—¿Quién inventó el reloj?

—No lo sé, hijo: el reloj es un invento muy antiguo... a lo mejor viene de los chinos...

A mí me dio pena —más por mí, sin duda, que por ella— que la abuelita no supiese quién había inventado el reloj y me sentí culpable de haber ido demasiado lejos en mi pregunta.

—Claro...

El paquete que me había traído el cartero, con todo su ilustrador contenido revuelto sobre la mesita en la que la abuela solía tener sus cosas, ofrecía un aspecto tentador, misterioso y casi apasionante. También nocivo y venenoso, como las bolitas negras que frutaban en el copudo árbol sin nombre que crecía en un rincón del jardín.

—Si mis inventos son ya tan conocidos, abuelita, el día menos pensado me meterán en una fábrica y ya no me dejarán salir más de allí...

Tenía la voz cortada y triste y el ánimo encogido.

—Aunque tú fueses a verme todos los días, abuelita, yo no quiero estar encerrado ya para siempre en una fábrica...

Se me hizo un nudo en la garganta y noté que las lágrimas estaban a punto de saltarme.

—Las fábricas están muy sucias, abuelita..., me pondría todo perdido...

Sentí una inmensa congoja y también una infinita envidia hacia los niños del campo, hacia los niños que, al llegar a hombres, jamás abandonarían el campo verde, el cielo gris, el río azul y rumoroso.

—Abuelita.

—Dime, hijo.

No pude decir nada porque me eché a llorar con un amargo desconsuelo. La abuela me besó la frente y me habló con suavidad.

—Camilo José.

—Qué, abuelita.

—Llora fuerte, ahora estamos aquí solos los dos; llora todo lo que tengas que llorar... Pero quiero que sepas, hijo mío, que tú no irás jamás a una fábrica... Tú eres aún muy pequeño, pero te pareces más a Lord Byron que a Edison, ten la seguridad.

No entendí nada, pero me volvió la paz al corazón.

—¿De verdad que no dejarás que me metan nunca en una fábrica, abuelita?

—De verdad, Camilo José. Tú y yo somos dos campesinos... A mí tampoco me gusta eso de estar encerrada en una fábrica, oliendo a petróleo y respirando humo.

La abuela me dio una palmada en la mejilla.

—Anda; ahora que ya estás tranquilito, vete a jugar al jardín... Dame un beso.

Besé a la abuela y salí al jardín, que me pareció bello y frondoso como nunca. A Manuel Cajaravilla —tal me hizo creer— le hubiera gustado ser inventor.

—¡Inventor del Francis Lea, motor de fama mundial! ¡Se admiten pedidos para todos los países, Camilito! ¡Viva la industria!

En aquellos instantes, Manuel Cajaravilla me pareció estúpido y odioso. Sin embargo, pronto —con su clara sonrisa— pude rectificar. Manuel Cajaravilla cortó una rosa y me la ofreció.

—Mira cómo cheira, Camilito... Mira qué color tiene y qué suave es... Y no la hicieran en ninguna fábrica... El campo es la mejor fábrica, Camilito... Yo te soy un campesino.

—¿Como la abuela?

—No; como la abuela, no... Pero yo te soy un campesino, Camilito, y no me cambiaba por nadie... El campo lo hizo Dios Nuestro Señor, ayudado por el Santo Apóstol, y las fábricas las hicieron los contratistas: el señor Ramón, ese que tiene un ojo de cristal, y otro así.

La señora María tampoco era partidaria de las fábricas.

—¡Quita, quita, José Camilo! ¡Eso no trae más que enfermedades y gente forastera: castellanos de León y de Asturias y de Barcelona, que vienen a comernos el pan! ¡Quita, quita!

Teresita y Filoteo, como Manuel y la señora María, también eran enemigos de las fábricas. Y Joaquina, y la pincha Paquita, y Carmelina la costurera, y la leprosa Marcela, y Rosalía, y la niñera Julia, y todos menos Rego, que decía que cuantas más fábricas, mejor.

—Aquí lo que debían poner es una fábrica de bicicletas.

—¿Para qué?

—Pues para que sí.

—¡Ah!

Cuando volví a casa, le dije a la abuela que ya no quería ser inventor.

—Lo malo de los inventores, abuelita, es que al final los meten en una fábrica y no los dejan salir. Y además el campo lo hizo Dios, me lo dijo Manuel, y las fábricas, no: las fábricas las hicieron los contratistas... Si pudiese quedarme aquí para siempre, a lo mejor aún inventaba algo... A la cocina de agua todavía le faltan bastantes detalles.

Yo estaba sentado frente a la abuela y circulándome por el cuerpo sentía un inmenso sosiego, una inaudita paz, una dicha sin fin.

—Mi primo Manolito aún no sabe que ya no soy inventor. Abuelita, ¿puedo decirle a la tía Chucha que le escriba una carta para que sepa que ya no soy inventor?

—Sí, hijo, esta misma tarde te la escribirá.

Por el aire de la sala voló un ángel de luz que me estremeció. La conversión de san Pablo debió de ser algo parecido. Di un grito jolgorioso y estruendoso y vi de pronto la verdad bailándome dentro de la cabeza.

—¡Abuelita, abuelita!

—¿Qué quieres, hijo? No grites de esa manera.

—No... ¿Sabes quién me mandó tantos papeles, para reírse de mí?

—No, hijo, ¿quién?

—El tío Fernando, ¡estoy seguro!

La abuela sonrió. A la abuela siempre le hizo mucha ilusión comprobar que su nieto, aunque lo parecía, no era tonto, sino ingenuo, incluso delicadamente ingenuo.

Un domingo, en premio a mi buen comportamiento, la abuela me dejó ir a la catequesis, entre la turbamulta de los niños descalzos y triscadores, atónitos, explosivos y raramente versados en las más esotéricas sabidurías: la caza de la rana, la busca del grillo, el cruel y delicado tormento del murciélago, la emocionante persecución del gato de los tejados, la piedra que se tira al agua, el cuesco que se lanza al aire, la niña que se derriba en tierra como un potrillo al que le tocó la hora amarga del hierro quemador.

En el púlpito, don Evelino, un cura joven, estaba en el uso de la palabra.

—Porque habedes de saber, mis higos amantísimos, que la higuiene indica que en el vrano, con la calor, es moy conveniente y saludable lavarse los pies. Y mismamente como el jrano de la mostaza llega a sere un árbole frondoso, así los niñitos, sijiendo los preceutos de la higuiene...

El parlamento de don Evelino me deprimió, pero procuré sacar fuerzas de flaqueza. Miré para los dos lados y vi que el único niño que le atendía era yo. Los demás llenaban su tiempo andándose con un dedo en la nariz, o bizqueando el mirar, o dándose patadas por debajo de los bancos o pintando rayitas con saliva en el respaldo del largo reclinatorio: ¡Qué extraño mundo el de la catequesis de Iria, con su cura pailán, sus niños como lobeznos, su aire antiguo y una luz tamizada arropando, igual que una bufanda, la rara escena!

Cuando llegó el momento de cantar me sentí muy desgraciado e ignorante. Mis compañeros, puestos en pie, rugían las interminables letras de los himnos que se sabían de memoria y sin olvidarse de un solo detalle ni de la más mínima y oportuna inflexión de la voz.

Cantamos —cantaron— «Corazón santo», que tiene ritmo de vals, «Salve Regina Mater», en latín arreglado por el uso y la costumbre, «La Virgen María es nuestra protectora; nuestra defensora», con la música de la Marcha Real, y «Glorioso san Antonio», que era la pieza fuerte y que se interpretaba a dos voces. Don Evelino, encaramado en su garita, dirigía —es un decir— el tumulto con un gesto arrobado y mirífico mientras la nube de niños, inflamada de piadoso ardor, enronquecía en las alabanzas del atemorizado santo de la humildad.

¡Homilde y jlorioso Antonio!
¡Homilde y jlorioso Antonio!

¡Homilde y jlorioso Antooonio!

¡Rueja por los pecadooores!

A mí, aquello de que apeasen el tratamiento a san Antonio, no me pareció respetuoso ni conveniente. Pero a nadie más que a la abuela —y al volver a casa— se lo dije.

—Lo que menos me gustó, abuelita, fue que llamasen Antonio a san Antonio. ¿Tú crees, abuelita, que a don Evelino le gustaría que le llamasen Evelino, a secas, como si fuese un jornalero? Bueno, pues a san Antonio, tampoco... Todo lo demás salió bastante bien.

Al acabar la catequesis, don Evelino se colocó a la puerta y todos los niños desfilamos ante él, besándole la mano. Don Evelino nos dio un caramelo a cada uno y un consejo.

—No saltedes por riba de la tumba de los muertos, ¿eh? Irvos cada uno para vuestra aldea y que no me entere que andades haciendo el camello, ¿eh?

Don Evelino, al despedirme, me dedicó un discursete especial.

—Y a ti, Camilito, que la Santísima Virguen te protega. Amén, Guesús. Y ten cuidado de no ir por la vía, que ahora pasa el correo. Dile a la señora que un día de estos me llejaré a merendare con ella y más con tus tías.

—Sí, don Evelino.

Cuando me dio su mano a besar —una mano callosa y áspera que olía a tabaco— sentí unas horribles náuseas que me costó trabajo contener.

—Adiós, don Evelino, que usted lo pase bien.

Fuera, cabalgando las tumbas de los muertos, los niños de la catequesis —esa desatada fuerza de la naturaleza— jugaban a apedrearse con los clementes terrones que arropaban a los últimos y todavía enteros convecinos, aquellos que se habían ido, nada importa si rabiosa o resignadamente, para el otro mundo pocas fechas atrás.

—¡Quítate, Camilito, que te manchamos la blusa!

—Sí...

Por la vía, poco antes de llegar a casa, me crucé con el correo que bajaba de Santiago y me acordé —con la conciencia en culpa— de los prudentes consejos de don Evelino.

—Si ahora me mata el tren —iba pensando—, don Evelino dirá: «¡Ay, que chiquillos estos! ¡Le son el mismo demonio, doña Nina, el mismo enemigo malo! ¡Mire usted que yo se lo dije, doña Nina: no vayas por la vía; Camilito, que ahora pasa el correo...! ¡Pues ya lo ve!».

Para evitar que don Evelino acertase en su siniestro y agorero pronóstico, me senté sobre el húmedo helecho de la cuneta —¡qué importa el pantalón blanco!— y esperé a que pasase el último vagón. El correo de Santiago, sintiéndolo de cerca, levantaba un emocionante viento retumbador y lleno de misteriosos atractivos.

—¡Qué velocidad!

Entonces aún no me había planteado la cuestión, pero años después vi claro y explicable el mortal placer de las jóvenes de Leiro, que, con un hijo en la panza y muy románticas figuraciones en la sesera, cruzaban la ría en bote para acostarse, como extrañas palomas hartas ya de volar, sobre los raíles del tren, a la fresca sombra del pinar que queda a la salida de Catoira.

A poco de llegar a casa observé que sobre mi presencia en la catequesis había muy encontrados pareceres. No pude precisar quiénes votaban a favor y quiénes en contra, pero lo cierto es que a la catequesis no volví. Tampoco —bien es verdad— lo deseé. Esto de ir a la catequesis es como llegar a ministro, a embajador o a académico, que tiene gracia, e incluso sus gotas de emoción, cuando se intenta, pero que una vez conseguido pierde encanto. España es un país en el que hay que conquistar posiciones para aquietar el ánimo y la voluntad. Mantenerlas sería jugar con ventaja ya que hay que hacer hueco a quienes vienen detrás. También hay que tener un concepto deportivo de lo que, poco a poco, nos va inexorablemente sucediendo. Que todo es —siempre y aunque, a veces, no lo parezca— para bien.

En la catequesis hice algunos amigos, no muchos; tampoco tuve tiempo para más. Uno de los niños que mayor afición me cobró fue Quiquito, cuyo padre, a quien llamaban por mal nombre el Cábila, tenía una pequeña industria de insignias y botonaduras militares. Quiquito gastaba la voz de flauta, como todos los demás, pero cuando todos los demás cambiamos la voz, Quiquito, que se conoce que era más conservador, siguió hablando en falsete y agudo, igual que una vicetiple con no muchas facultades. Quiquito era piadosillo y recortadete, cobista y zalamero. En nuestro jardín, un día, se pasó la tarde cogiendo margaritas.

—¡Ay, qué hermosa y delicada flor para el altar del glorioso patriarca san José, patrono de la pureza y más de la familia! —comentaba Quiquito en voz alta, para que le oyesen mis tías.

Quiquito, no obstante su tierna edad, hablaba muy redicho y bien medido. Esto del purismo infantil conduce con frecuencia a la pederastia. A lo mejor, esto del purismo infantil no es una causa sino un síntoma. Conviene distinguir.

En Pedreda, a la izquierda según se sube, vivían los Cruces, que eran varios hermanos. Uno de los Cruces era de nuestra edad —de la edad de Quiquito y mía— y también iba a la catequesis. Este Cruces (no recuerdo cómo se llamaba de nombre) era un garzón fuerte y decidido, con las espaldas anchas y el brazo duro, el pecho como un lobo y el cuello como un toro, la mano recia, la mirada altiva y la voz tartamuda, incluso elegantemente tartamuda.

Mi amigo Cruces, el de Pedreda, tiraba con honda, fumaba las cumplidas y aromáticas hojas de la flor del magnolio, silbaba casi igual que el tren y se subía a los más altos árboles con tanta decisión como limpieza. Una tarde, Quiquito y mi amigo Cruces, el de Pedreda, coincidieron en el jardín de casa. Quiquito estaba cogiendo nardos para el altar de la Santísima Virgen, esposa del glorioso patriarca san José, etcétera. A mi amigo Cruces, el de Pedreda, se le pusieron los ojos brillantes, el pelo de punta y la voz aún más turbia y difícil que de costumbre.

—Qui..., qui..., quiquito.

—Manda.

—Ti..., ti..., tírate al re... regato.

—¡Ay, no, que se me echa a perder el traje!

Mi amigo Cruces, el de Pedreda, cogió a Quiquito por la garganta y lo tiró al regato. A mí me gustó mucho verlo por el aire, pero después me asusté y rompí a llorar. Los patos huyeron despavoridos y Quiquito, cuando consiguió salir, se escapó corriendo por la vía.

—Oye, Cruces.

—Qué, Ca..., ca..., camilito.

—¿Por qué lo tiraste al agua?

—Por na..., na..., nada; por par..., parvo.

—Ah.

A Quiquito, al volver a su casa, su padre le pegó una paliza con el cinturón por haberse mojado el traje, por haberse echado a perder el traje nuevo.

—¡Así aprenderás a cuidar mejor la ropa que te compran!

—Sí, mi papá...

En la violenta hebilla de latón del cinto que empleaba el padre de Quiquito para pegarle las concienzudas y amargas palizas que le pegaba, lucía la insignia y el número de un viejo y quizá glorioso regimiento.

—¡Te lo he de marcar de forma que no se te borre en toda la vida, desgraciado! ¡Te he de hacer un tatuaje con él!

—Sí, mi papá...

Quiquito estuvo varios días sin volver por casa.

—¿Está Cruces?

—No; pasa sin miedo.

Quiquito tenía la mirada triste y el traje encogido y sin apresto. A mí me dio mucha lástima verlo tan derrotado. Nos pusimos a pasear en silencio y cuando llegamos al regato le di un empujón y lo tiré al agua. Después salí corriendo y me metí en el gallinero. Tenía la garganta seca y los oídos zumbadores, pero me sentí inmensamente feliz; también extraña y casi descaradamente feliz. Cuando vi a Cruces, no le dije nada.

—¿Va..., vamos a coger gri..., gri..., grillos?

—Bueno.

Por la fiesta de la patrona, Quiquito no estrenó traje, pero sí pantalón y jersey. Padrón, por las fiestas de la patrona, está muy animado, y al cobijo de los viejos árboles del Espolón, el paseo que corre a las verdes y mansas orillas del Sar, se levantan las barracas del tiro al blanco y de la mujer barbuda, los puestecillos que enseñan la blanca almendra bañada y la refulgente joya de bisutería, la fuente de limpia loza y la bandeja que muestra, llena de orgullo, el malva y verde y salmonado pañuelo de crespón de los domingos. En un extremo del paseo, en la esquina donde empieza el ferial del puerco rentador y de la vaca ubérrima, humea, pegajosa y densa, la profunda y casi demoniaca sartén de los churros. Los hombres y las mujeres —el pie en el duro zueco, el paraguas al brazo— caminan con muy solemne y atónita parsimonia y, entre las mozas que pregonan su celo a gritos, cruzan, torpones y serpenteantes, los inciertos niños de la bicicleta oxidada, manoseada y alquilada.

Son las doce de la mañana, y el sol, tras la nube gris, escucha el sonoro tañido del esquilón que anuncia el mediodía. La gente está animosa y, de las abiertas puertas de las tabernas, salen al aire los aromas nunca bastante agradecidos del pulpo, de los pimientos de Herbón y del ribeiro que tiñe como la sangre: igual que si la sangre tuviera el noble e higiénico color del permanganato.

Tres curas barrigones se pasean, hablando de sus cosas: llevan el balandrán terciado y la teja algo echada para atrás. Tres mozas carpazonas se contonean, bien ceñidas sus carnes; gastan saya de seda y luminoso refajo de color. Tres paisanos setentones se regodean en el silente mirar; usan sombrero negro y venerable y cuidan, en el gesto evadido, la florecilla tierna de los ya resignados propósitos, de las ya agonizantes inclinaciones y emociones. Tres cochinos lucidos gruñen, incluso con descaro, en un rincón. Alguien tendrá que ordenar algún día, y apoyándose en el número tres, la misteriosa clave de mi país, la tierra —Dios la bendiga— donde los huevos fritos son siempre tres como las hijas de Elena.

A las doce del día, por una esquina del Espolón, se presentó Quiquito, con sus pantalones y su jersey nuevo (que era de color chocolate), jinete en la alquilada bicicleta.

—¡Quiquito, no te esnuques!

—No, señor...

La bicicleta de Quiquito tenía el manillar revirado como los cuernos de los viejos bueyes.

—¡Quiquito, no te eslomes!

—No, señorita.

La bicicleta de Quiquito mostraba muy manifiestas aficiones al zigzag.

—¡Quiquito, no te vayas a esgraciar!

—No, padre...

La bicicleta de Quiquito —¡válganos Nuestro Señor!— enfiló, igual que un potranco azarado, la sartén de los churros. Quiquito salió muy limpiamente por el aire y fue a caer, igual que la cagadina de la blanca pasta, en el aceite hirviendo. Cuando lo sacaron, estaba casi frito. Fue tan veloz que muchos no lo vieron. ¡Lástima!

El freír niños en una sartén de churros es una crueldad innecesaria: igual que el cocer langostas vivas en la honda olla del agua bullidora del tormento. Pero la gente es cruel, ya se sabe, y toma a cachondeo el dolor del prójimo —el niño frito que no la langosta cocida— a quien se le mandó que amara.

Algunos de los espectadores se rieron. Otros, no; otros se estuvieron quietos y en silencio.

Alvarito, el loco Alvarito, no se rió cuando a mi amigo lo sacaron de la sartén de los churros. Los locos suelen ser menos crueles que los cuerdos. Los locos, acostumbrados a los desmanes de los cuerdos, hechos a los inclementes palos que los sádicos cuerdos les dan sin ton ni son y, a veces, según dicen, para curarlos, guardan en su hondo y temeroso pecho un minúsculo frasquito de ternura que abren, con un hermoso recato, de cuando en cuando. El loco Alvarito, aquel día, abrió su corazón para que en él llorase, protegido y amargo, el niño de las carnes en ascuas. El loco Alvarito, que era alto y fuerte como una torre, cogió en brazos al niño en desdicha y lo llevó hasta su casa. Cuando alguno quería quitárselo, el loco Alvarito, erguido paladín, lo apartaba de una coz ejemplar. ¡Qué airoso y noble el loco Alvarito, sereno san Cristobalón entre el atemorizado guirigay de los cuerdos, llevando en volandas al niño que se frió, igual que una torpe y amorosa mariposita, en la paila impía de los buñuelos, los churros y los tejeringos!

Quiquito, a raíz de la fritura, estuvo varios días entre la vida y la muerte. Después fue mejorando poco a poco y al final sanó, gracias a Dios.

—Quiquito, hueles a sartén —le decía la gente, que no era buena.

—Sí, señora, ¡y menos mal mientras no me quede más que el olor!

A Quiquito le quedaron, en las piernas, unas cumplidas manchas de carne brilladora, de tierna carne que se frió viva en el vivo aceite en borbollón.

—Quiquito.

—Mande.

—A lo mejor te echaron en la sartén para quitar el rancio del aceite.

—No, señora, que no me echaron, que me caí yo solo. No hay que acusar a nadie, que fue mía y sólo mía, por malo y más por imprudente, la culpa de todo lo que me pasó...

Quiquito —¡qué lástima de inflagaitas!— era un zagal que entonces hubiera podido morirse, entre otros olores, en olor de santidad.

—Fue la voluntad de Dios Nuestro Señor. ¡Más sufrió Él por nosotros en el Calvario!

Las señoras de la conferencia (nunca supe de qué conferencia se trataba) iban a visitarlo y le daban consejos y pastillas de goma.

—Los jóvenes no deben alquilar bicicletas ni gastarse el dinero en cosas sin sustancia ni aprovechamiento.

—Sí, señora...

—Los jóvenes, cuando tienen una perra, deben meterla en la hucha y pensar en el día de mañana.

—Sí, señora...

—¡Claro, hijo, claro! ¡Pues claro que sí! El mundo está lleno de peligros y el Enemigo Malo acecha a la juventud para perderla...

—Sí, señora, bien me percato... —decía el pobre y asendereado Quiquito, con muy místicos arpegios temblándole en la vocecilla.

Cruces y yo fuimos, alguna que otra vez, a ver a Quiquito. Después suspendimos las visitas porque nos daban ganas de estrangularlo; dada su situación, no hubiera sido deportivo.

—Quiquito.

—Qué.

—¿Estás mejor?

—¡Ay, sí, que llevo el sufrimiento resignado y lo ofrezco por la conversión de los infieles!

A Cruces, con aquellos arrobos, se le ponía el pelo de punta.

—Qui..., qui... quiquito.

—¿Qué quieres, amiguito Cruces?

—Si, si, si no fuera por..., por..., porque estás frito, te, te, te ibas a acordar...

En el pueblo se hizo una colecta para premiar el comportamiento del loco Alvarito. Se reunieron más de treinta y cinco pesetas, pero las señoras de la conferencia, que eran las encargadas de administrar los bienes cosechados, no se las dieron porque llevaba desabrochada la camisa y enseñaba los pelos del generoso pecho. El loco Alvarito, como no se enteró de nada, siguió viviendo muy feliz.

El loco Alvarito andaba con frecuencia por Iria y algunas noches se quedaba a dormir en el pajar de nuestra casa. El loco Alvarito era un hombre simpático y risueño, fuerte como un toro y jovial —y también sentimental— como el ruiseñor que cantaba, a la alta medianoche, en el lato y negro carballo de la corredoira que iba por detrás del jardín. El loco Alvarito tenía los ojos azules y caminaba con el bamboleante e incierto andar de los marineros. El loco Alvarito, salvo en el pequeño detalle de que se creía García Prieto, marqués de Alhucemas y presidente del consejo de ministros, era un loco que razonaba muy bien y sin meterse con nadie, si no se le provocaba. Cuando le decían «Adiós, señor marqués» o «Adiós, señor ministro», el loco Alvarito sonreía con gran reverencia y echaba la bendición al contribuyente.

—Dios te bendiga, amado contribuyente, y Nuestro Señor Santiago te multiplique los caudales. Amén.

En cambio, cuando le negaban los tratamientos de rigor, el loco Alvarito se ponía rabioso y escupía sapos y culebras por la boca y por los ojos y hasta por los oídos. Lo que Alvarito decía en tan solemnes momentos es algo que, aunque precisamente sonoro, no hay por qué traer aquí.

Cuando Quiquito se puso bueno, los niños hicieron un acto en su honor (digo hicieron —y no hicimos— porque a mí no me dejaron ir más que de público). Don Evelino, que estrenaba sotana, afirmó que el demonio, que era partidario del fuego y más de los emíferos (quizá quiso decir efímeros) placeres que al fuego conducen, había empujado a Quiquito para que se cayese en la caldera, imagen, si bien más reducida, del martirio eterno de los abismos de Satanás, de Lucifer y de Belcebú, mientras que la santísima Virgen del Carmen, patrona de la luz radiante y más triunfadora de la ira del averno, lo había rescatado conduciéndole, sano y salvo, a la salud y a la alegría propias de la infancia. Lo que no explicó don Evelino es por qué el demonio había elegido a Quiquito y no a ningún otro niño. Tampoco aludió para nada al loco Alvarito, cosa que me pareció bastante injusta.

Al acabar don Evelino su parlamento, las señoras de la conferencia —que se habían traído un fotógrafo para salir en el *Faro de Vigo*— repartieron sonrisas al clero y a las fuerzas vivas y camisetas y calcetines a los niños pobres. Los niños pobres entonaron cantos patrióticos y el loco Alvarito, subido en las tapias del cementerio, cantaba también, emocionado y sin desafinar. Al loco Alvarito, como era loco, solían dejarlo fuera en todas partes.

El loco Alvarito era de la edad de mi madre, poco más o menos. El loco Alvarito conocía a mi madre desde niña y, según es costumbre en Galicia, la tuteaba. En el campo gallego, el tuteo entre niños se conserva después toda la vida por diferentes que sean los caminos de cada cual. Los viejos criados que conocieron a sus amos de niños los tutean también. A veces llega a darse la hermosa paradoja de que es el señor quien trata de usted al anciano criado que le tutea. La edad, en Galicia, es todavía un valor. Y un lazo el comer del mismo pan.

El loco Alvarito tuteaba a todo el mundo, menos a la abuela y a los curas. A mi madre, aunque no hubiera sido loco ni tuteador, la hubiera tuteado también, por la razón que atrás quedó apuntada. Cuando mis padres fueron por vez primera a Iria después de su matrimonio, el loco Alvarito se acercó a casa de la abuela a saludarlos y a conocer a mi padre. Mi padre paseaba por el jardín, fumándose un pitillo, cuando el loco Alvarito abrió la cancela y se le acercó.

—Tú, seguramente, te llamas Camilo, ¿verdad?

Mi padre se quedó un poco sorprendido.

—Pues sí, yo me llamo Camilo. ¿Y tú?

—No; yo no. Yo me llamo don Manuel García Prieto y ahora estoy de ministro. Como tú eres el marido de Camila, puedes llamarme Manolo.

Mi padre le ofreció un pitillo y los dos se sentaron en un banco, a seguir la conversación.

—Tú has sido más listo que yo. A mí también me hubiera gustado casarme con Camila, lo que pasa es que tú fuiste más decidido... Tú eres pontevedrés, ¿verdad?

—Sí, de Túy.

—¡Claro! Los pontevedreses sois más decididos y más listos que nosotros. Los pontevedreses sois pequeños pero listos como el rayo. Yo se lo dije cierta vez al rey y me dio la razón... El rey es muy sencillo y campechano, ¿tú le conoces?

—No, no le conozco.

—Pues es muy sencillo, ya te digo, parece uno de nosotros.

El loco Alvarito, con un gesto de gran señor bailándole en la sonrisa, hablaba del joven rey con el tolerante aplomo de un viejo palaciego.

—Yo le dije al rey que lo mejor era elegir los carteros entre los pontevedreses, así no se perderían tantas cartas.

—¿Y qué te contestó?

—Nada, que tenía que pensarlo... Hizo bien: los reyes no pueden decir las cosas a tontas y a locas y así como así.

—Claro.

De la casa salieron la abuela y mi madre, cogidas del brazo. Alvarito, que era muy discreto y respetuoso, al verlas venir se despidió de mi padre.

—Bueno, Camilo. Adiós, tanto gusto. Voy a acercarme a Bastabales, a ver si salgo de una buena vez de esta gaita de andar siempre inaugurando escuelas... ¡Qué pesado es esto de ser ministro!

—¡Hombre, también tiene sus compensaciones!

—No, no creas... En el fondo es muy pesado, te lo aseguro.

El loco Alvarito empleaba el castellano o el gallego indistintamente; los dos mal, es cierto, pero indistintamente y con facilidad. Las razones de sus preferencias no eran claras, a primera vista. Después, pensándolo un poco, se veía que sus razones, aunque confusas, eran también lógicas. Alvarito guardaba el gallego para las personas que quería, y el castellano, para las que respetaba. Los discursos los echaba siempre en castellano, y a mi madre, como cabe suponer, se le dirigía en gallego.

Al loco Alvarito lo recuerdo, merodeando por el jardín, desde todo el tiempo del que guardo memoria. En casa le querían y le daban de comer, y el loco Alvarito, en elegante y justa correspondencia, hacía recados o ayudaba al jardinero en su faena. Con quien no se llevaba bien era con Filoteo, pero la cosa jamás pasó a mayores porque ambos se limitaban a expresar su recíproca desafección no hablándose.

—Yo no hablo con parvos —decía Alvarito—, los parvos no dicen más que parvadas sin sustancia.

A mí, el loco Alvarito me quería mucho y me contaba los misterios de Madrid, ciudad donde jamás estuvo.

—Madrid es grande como Santiago, Camilito, y aún más, y está todo lleno de catedrales de donde se ven salir señores con sombrero de copa que es un gusto: ministros, hermanos de ministros, cuñados de ministros, hijos de ministros, yernos de ministros y así hasta el final, todos gordos, relucientes y con bigote. Allí, el que no sirve para ministro, Camilito, tiene que hacerse carterista y andar por las alcantarillas, vestido como las ánimas del purgatorio y con una careta tapándole la cara para que no lo conozca la Guardia Civil. La Guardia Civil, cuando coge a algún carterista, primero lo mutila y después lo unta de brea y le pega fuego en mitad de la Puerta del Sol. ¡Madrid es muy misterioso, Camilito! ¡La mar de misterioso!

Yo escuchaba las explicaciones de Alvarito con tanto pasmo como interés. Filoteo, que en el fondo era algo envidiosillo, me había dicho que Alvarito estaba loco y que debía tener mucho cuidado con él, no fuera a estrangularme, pero yo no le notaba nada raro y me parecía muy amable y simpático.

—Ten mucho cuidado, Camilito. A mí se me hace que un día va a armar la de Dios.

—A mí no, Filoteo. A mí me parece que es muy bueno.

El loco Alvarito andaba siempre descalzo y despechugado y no tenía frío jamás. Por el invierno, cuando todo el mundo tosía, el loco Alvarito inflaba el pecho y se pegaba unos golpes que retumbaban como el trueno.

—¡Peito de lobacho, Camilito! ¡Palpa aquí!

Yo palpaba y el loco Alvarito, aguantando el aire, me llenaba de admiración con su abombado y más que cumplido pecho, duro como la piedra.

—Cuando tú seas mayor, Camilito, también serás así. Los padroneses somos peito de lobo. Los pontevedreses son más listos, sí, pero también más cativos. Los pontevedreses no comen más que nécoras, que son de poco alimento. Pregúntale a tu papá, ya verás lo que te dice.

El loco Alvarito se portaba todos los años como un héroe, salvando gente y carreteando auxilios durante las trágicas y espectaculares crecidas del río, que por allí llaman cheas: llenas. La gente encontraba muy normal que el loco Alvarito se portase mejor que nadie y ni le agradecían, siquiera, sus esfuerzos. El loco Alvarito, que estaba ya acostumbrado, ni se lamentaba.

Poco antes de marcharme de Iria, el loco Alvarito se quedó dormido en la vía y el tren le pasó por encima y lo mató. Al entierro no fuimos más que tres personas: Cruces, Filoteo y yo. Las campanas no doblaron a muerto, ¿para qué?, pero mientras lo enterraban silbó el xílgaro en el cerezo de la rectoral.

Una mañana, a la hora de desayunar, recibí una extraña noticia tan desorientadora como preocupadora, una noticia que rebosaba titubeantes emociones, aventuras sin fin, horizontes novísimos y sugestivos, aunque también preñados de raras y misteriosas incertidumbres: los primos Moray llegaban de Escocia y a mí tenían que hacerme a toda prisa un kilt para salir a recibirlos.

—Abuelita, ¿y el kilt será a cuadros?

—Claro, hijo, naturalmente; a cuadros verdes y negros, con una raya roja.

—¿Y no pueden ser azules y blancos, como la bandera?

—No, hijo; el verde y el negro son los colores de la familia.

—¿Y el rojo?

—El rojo es tradición, todas las familias lo llevan.

—¡Ah!

El kilt, el primero y único kilt que había de llevar en mi vida, no trajo más que preocupaciones sin cuenta y dolorosos quebraderos de cabeza a nuestra casa. La niñera Julia, aquella misma mañana, salió para Santiago a comprar la tela. Regresó por la tarde, y la abuela, que estaba algo nerviosa, le riñó porque no había hecho acertadamente el encargo.

—Los cuadros están bastante bien, pueden pasar. ¡Pero la tela! ¿Cómo piensa usted, Julia, que le vayamos a hacer al niño un kilt de cretona? ¿En qué cabeza cabe que vistamos al niño como los sofás de las fondas? Ande, ande, mañana mismo vuélvase a Santiago y busque un buen paño, un paño grueso, de lana, que caiga a su ser y que tenga cuerpo suficiente. ¿Me entiende?

—Sí, señora.

—Y esa tela regálesela a don Evelino para que le haga un faldellín a san Roque; el niño no la puede llevar.

—Bien, señora.

En Santiago, por más que la niñera Julia fue y vino una y otra vez, no apareció el paño que se precisaba. Ni en La Coruña ni en Vigo. La abuela, que era mujer de recursos, lo encargó a Inglaterra y, al cabo del tiempo, semana y media antes de que llegasen los primos Moray, uno de los pilotos de los macandros[2] que hacían la ruta de Londres a Gibraltar tocando en la ría de Arosa, lo dejó en Villagarcía.

—¡Menos mal que llegó a tiempo!

2. Barcos de la naviera Mac Andrews.

—Sí, verdaderamente. ¡Qué hubieran dicho los Moray!

La ilusión que me produjo la llegada de la tela del kilt se vio muy mermada cuando me hicieron la primera prueba. Las criadas ayudaron un poco a que me desinflase.

—Te van a poner de faldas, Camilito.

—No, tonta, no es una falda: es un kilt.

—Llámale como quieras. En inglés se dirá kilt, pero en español es una falda, por más vueltas que le des.

La explicación de la abuela —¡bien lo sentí!— no me convenció demasiado.

—Abuelita, el kilt ¿es una falda?

—No, Camilo José, ¿quién te dijo eso?; falda es lo que usan las mujeres. El kilt lo llevan los hombres.

—¿Y en qué se distingue?

—Pues en eso, hijo, en que lo llevan los hombres.

—No, digo si están las dos cosas colgadas en un armario, por ejemplo.

—¡Pero, hombre, en el tejido, en el corte..., qué sé yo!

—¿Y en la forma?

—En la forma, menos. El kilt es más corto.

—Pero ¿está abierto por abajo, como las faldas?

—Sí; eso sí.

Después de la conversación con la abuela procuré no volver por la cocina ni por el cuarto de la plancha. Mis convicciones habían sufrido un embate considerable y no me encontraba con ánimos suficientes para abordar el tema ni para defender los puntos de vista de las tradiciones escocesas.

—Camilito, sé que te van a poner de faldas.

—¡Mejor, tonta! ¡Tú lo que eres es una ignorante y una burra!

—¡Caray con el niño! ¡Qué manera de tratar a la gente!

—¡Mejor!

Otro de los problemas que se plantearon fue el de decidir si debía llevar algo por debajo o no.

—Lo correcto es no llevar nada —les decía la abuela a las tías—, pero yo creo que a Camilo José debemos ponerle una fajita y unos calzoncillos de punto. Hace mucha humedad y la criaturita puede coger un catarro.

—Claro, yo no creo que los Moray se den cuenta.

—No, mujer; ¡a quién se le ocurre! Los Moray no van a andar levantándole la falda, digo, el kilt, a ver si lleva o no algo por debajo.

El calzoncillo de punto que me hicieron —en una noche y sin tomarme las medidas— me estaba pequeño y me picaba a rabiar.

—Me pica mucho, abuelita; yo no lo puedo resistir.

La abuela se volvió a mis tías.

—Habrá que buscar la manera de evitarlo, niñas. Quizá lo mejor sea ponerle un forro.

—No se puede, mamá; le está pequeño.

—¡Pues soltarlo y hacérselo mayor! ¡El chiquillo no puede ir rascándose todo el camino!

—Bien, mamá.

Dos días antes de la llegada de los primos Moray (¡acuérdate bien, Camilo José!, el mayor se llama David; el mediano, Carlos, y el pequeño, que es de tu edad, Guillermo; David, Carlos y Guillermo, no te olvides) nos fuimos todos a Vigo, a esperarlos.

—Yo creo que a Camila le gustará verlo llegar con el kilt... Camilo José, ¿tú quieres llevar el kilt puesto, en el viaje?

—Sí, abuelita, lo que tú quieras.

¡Nunca lo hubiera dicho! En el camino de la estación —¡qué cantidad de niños se criaban por aquel contorno!— una nube de niños se hinchó de llamarme niña desde las tapias, desde los árboles, desde los tejados, desde el maizal, desde el patatar, desde la huerta, desde el campanario de la iglesia, desde los muros del cementerio, desde la casa-cuartel de la Guardia Civil, desde debajo mismo de las piedras... ¡Qué vergüenza pasé!

En el trayecto no me atreví a salir ni al pasillo.

—¿Te encuentras mal, Camilo José?

—No, abuelita, gracias, me encuentro muy bien.

—¿Vas mareado, Camilo José?

—No, tía Mitas, gracias, voy la mar de bien.

—¿No prefieres mirar por la ventana del pasillo, Camilo José, que se ven las Torres del Oeste?

—No, tía Chucha, gracias, voy bien aquí.

—¿Quieres que te lleve al lavabo, Camilo José, por si quieres hacer algo?

—No, tía Anita, gracias, no quiero hacer nada.

En Pontevedra, la abuela ordenó a la tía Anita que me llevase al lavabo. Por el camino pasé algo de vergüenza —menos, sin duda, de la que pensaba—, pero, en cuanto me vi en el lavabo, ¡qué felicidad!

Mis padres salieron a Redondela a esperarnos. El encuentro fue muy emocionante para mí, y mi madre me sentó en su regazo y me hizo muchas caricias.

—¡Qué alto estás, Camilo José!

—Sí, mamá.

—¡Y qué guapo, vestido de escocés, con la falda de los *highlanders*!

—Se dice kilt, Camila.

—Sí, mamá, perdón.

Mi padre estaba un sí es no es atónito ante mi indumentaria. Debe recordarse que mi padre es de Túy, ciudad donde sus naturales no se permiten excesivas libertades en el vestir.

—¿Qué te parece, Camilo?

—Bien, bien...

Los primos Moray, David, Carlos y Guillermo Moray eran, de lejos y en teoría, elegantes, finísimos y aristocráticos. De cerca, y en la práctica, no; de cerca y en la práctica eran más bien tres mulas de varas, tres bestias desatadas y sin principios. David Moray, diez años, tenía el pelo colorado y la cara llena de pecas. Carlos Moray, ocho años, usaba lentes y enseñaba una cicatriz en la mejilla. A Guillermo Moray, siete años, le crecía la pelambrera de punta y áspera como el estropajo.

Los primos Moray llegaron con sus padres a bordo del *Cap Polonio*, un barco de la Mala Real Inglesa. En medio de la bahía, el *Cap Polonio*, con su airosa y recia silueta y sus chimeneas humeantes, era la imagen misma del progreso, el no va más del lujo de la vida moderna.

Mi familia y yo nos trasladamos en una vieja gasolinera a bordo del *Cap Polonio*. La gasolinera estaba pintada de blanco y verde y se llamaba *Joven Luisa II*, aunque la gente, quizá por abreviar, le decía, con harta desconsideración, *La Peideira*. ¡Pobre pedorra *Peideira*, máquina anciana, con su pedorrea de gasoil quebrándose, en entrecortada y eterna pedorreta, en las propicias aguas de la ría de Vigo, aquellas que ocultan el legendario y misterioso galeón del oro y que reflejan, como la fuente clara, la negra copa del pino marinero!

—Niñas —dijo mi padre—, ¿sabéis cómo le llaman a la motora?

—¡Por Dios, Camilo! —le atajó mi madre mientras mis tías, que eran inglesas y solteras, miraban ruborosamente para el suelo de tablas.

La banda del *Cap Polonio*, cuando subimos por la escalera, interpretaba los dislocados compases del «Yes, we have not bananas; we have not bananas today!».

—¡Qué ocurrencia! —susurró la abuela—, ¡qué músicas las de hoy! ¿Adónde iremos a parar, Camilo?

—No lo sé, Nina, ¡cualquiera lo sabe! De momento, al *Cap Polonio*, a ver a nuestros parientes...

Desde la borda, los primos Moray y sus padres nos miraban subir. A mí me extrañó que los primos Moray y sus padres no demostraran, no ya emoción, sino siquiera interés alguno ante nuestra presencia. Los primos Moray y sus padres, alineados como para hacerse una fotografía, semejaban cinco raros animales puestos en la preocupadora antesala del sacrificio. Tío David fumaba en pipa y tenía cara de sapo.

—¡Mamá, mamá! ¡Tío David tiene cara de sapo!

—¡Cállate, nene!

Al poner el pie en cubierta, los Moray nos saludaron contenidamente correctos. Tía Pamella gastaba impertinentes y tenía cara de gaviota.

—¡Mamá, mamá! ¡Tía Pamella tiene cara de gaviota!

—¡Que te calles, nene! ¡Te he dicho que te calles!

Ni tío David ni mis primos vestían kilt. Mi kilt tuvo un gran éxito y fue muy festejado por tía Pamella.

—¡Oh, qué idea más feliz!

Tía Pamella, tras los cumplidos de rigor, me subió el kilt para ver si llevaba algo por debajo. Cuando descubrió que sí, que por debajo llevaba una faja y unos calzoncillos de punto, se puso furiosa.

—¡Oh, incorrecto, incorrecto! ¡La tradición exige que el kilt se lleve sin nada por debajo!

—Pero, mujer, podía enfriarse...

—¡No, no! ¡Aunque se enfríe! ¡La tradición lo exige!

Tío David y mis primos venían de pantalón y chaqueta, como todo el mundo. Quizá los pantalones y las chaquetas del tío David y mis primos fueran algo más viejas —o bastante más viejas— que las de todo el mundo, cosa que no tenía mucha explicación. Tía Pamella, al vernos tan de punta en blanco, trató de justificar los atuendos de su marido y sus hijos diciendo que eran las ropas «for The Continent». A la abuela, que ante los continentales se sentía británica, y ante los británicos, continental, no le satisfizo el argumento, pero disimuló.

Tío David era alto, gordo e ingeniero. Tía Pamella era menuda, bullidora y de la sociedad protectora de animales. Tía Pamella viajaba con un perrito bobtail peinado con raya al medio, al que no se le veían los ojos. El perrito de tía Pamella se llamaba Snaw; *snaw*, en Escocia, significa lo mismo que *snow* en Inglaterra: nieve.

—¿Por qué le llamas Snaw al perrito, tía Pamella?

—Porque es blanco, frío y subyugador como la nieve, Camilo José.

—¡Ah!

Snaw se abrigaba con una camiseta de fieltro a cuadros verdes y negros, con una raya roja. Snaw y yo éramos los únicos que lucíamos los colores de la familia.

—Abuelita, ¿te has fijado en la tela que lleva Snaw?

—Sí, hijo. Tú, estate calladito.

Mi primo David y su madre eran de la misma estatura, quizá mi primo un poco más alto todavía. Mi primo Carlos era como yo. A mi primo Guillermo, que era de mi edad, le sacaba media cabeza.

—¡Qué alto está tu hijo, Camila, para lo pequeño que es! Estos desarrollos precoces no suelen ser saludables; a los niños que crecen demasiado deprisa conviene vigilarlos mucho porque con frecuencia son retrasados mentales...

Por fortuna, mi madre tuvo un raro rapto de sensatez y disimuló. A veces las mujeres románticas y pasionales son más sensatas que nadie. Quizá sea cuestión de que están bien educadas. Las madres de familia como Dios manda, las madres de familia morenazas, piadosas, hacendosas, culonas, ecuánimes y bigotudas, suelen ser unas mulas pardas que no se las salta un banderillero. Esto del diagnóstico de las madres de familia es algo muy misterioso, algo sobre lo que la ciencia no se ha pronunciado todavía.

—El niño, Pamella, está alto pero fuertecito, gracias a Dios. Come mucho y toma a cada comida una cucharada de aceite de hígado de bacalao. Por el verano, para que digiera bien, en vez de aceite de hígado de bacalao le damos emulsión Scott.

Aquella misma tarde salimos para nuestros destinos. Mis padres se volvieron a Redondela, los Moray y la tía Mitas se quedaron en Villagarcía y la abuela, las otras tías y yo volvimos a Iria. El viaje hasta la estación de Carril fue más bien embarazoso, pero después respiré. Los primos Moray no me habían resultado simpáticos.

—¿A ti te resultaron simpáticos los Moray, abuelita?

—Sí, hijo, ¿por qué no?

Yo me callé, pero estoy seguro que si la pregunta se la llego a hacer a mi madre, hubiera sido muy otra la respuesta. A Padrón llegamos ya de noche y pude llegar a casa sin que los amigos me vieran y se rieran de mí.

Aquella noche cené otra vez de pantalón. Con el kilt, andando el tiempo, me hicieron una chaqueta de sport.

Mi prima Nina era la hija mayor de mi tía María, hermana de mi madre. Mi prima Nina tenía un año más que yo y unos tirabuzones rubios, sedosos, bien dibujados, de mucho mérito. Mi prima Nina era muy bella, muy dulce y muy delicada. A veces, sin embargo, le daba la vena y me arañaba. Según decía la cocinera Joaquina, que pasase lo que pasase tomaba siempre mi partido, mientras yo, que era muy bueno, me estaba quieto, mirando cómo volaban los pajaritos o cómo pasaba el tren, mi prima Nina, que tenía malas inclinaciones, se me tiraba a los ojos como un gato. Cierto es, sin duda, que las niñas blondas y sentimentales suelen arañar —tendencia que se les agudiza con el paso de los años—, pero quizá ya no lo sea tanto el que mi prima Nina, con la peor de las intenciones del mundo, se peleara conmigo con el deliberado propósito de vaciarme los ojos. No; yo no lo veo así. La cocinera Joaquina, sin duda, era una mujer muy exagerada.

Mi prima Nina tenía los ojos grandes, azules y transparentes. Los ojos de mi prima Nina llamaban la atención por su hermosura. Una vez, jugando en el jardín de su casa de La Coruña, se clavó una espina de palmera en la niña de un ojo. No le pasó nada.

Los lápices de los arquitectos son duros y tienen una punta muy afilada, una punta heridora y criminal. Mi tío Eduardo, el padre de mi prima Nina, era arquitecto, como ya dije páginas atrás. Una vez, jugando en el estudio de su padre, mi prima

Nina se clavó la punta de un lápiz en la niña del otro ojo. Tampoco le pasó nada. Fue providencial que ninguna de las dos veces le pasara nada.

Mi prima Nina y yo como mejor lo pasábamos era contándonos mentiras.

—Mamá no es mi mamá; mamá es un hada que papá se encontró cuando era mariposa. Antes fue reina mora, y el rey, que era muy malo, mandó meterla en una botella, porque se había hecho buena cristiana, y tirarla al mar. Un pescador holandés vio la botella flotando y cuando la destapó salió de dentro una mariposa que tenía las alas azules con redondelitos de color de oro; era mamá, que se escapó volando, volando, hasta la costa y allí se puso encima de una flor de tojo. Papá, entonces, la atrapó con una boina de seda y le desclavó un alfiler de cabeza gorda que tenía clavado en la sien. Entonces mamá se convirtió en un hada y le dijo: si quieres me caso contigo. Y papá, claro, le dijo que sí y se casaron.

—Bueno. En La Coruña, que es más grande y más bonita que Iria, ¡no se puede comparar!, mi papá tiene la casa llena de caballos para mandarlos a recados. Los hay blancos y negros, y algunos, pocos, son de color café con leche. Por las noches, antes de meterse en la cama, los caballos miran bien todo, a ver si hay algún ladrón en el desván o en el lavadero. Cuando encuentran un ladrón, se lo comen y en paz. Así no hay ladrones nunca.

—Claro —le respondía sin gran convencimiento—, eso es lo mejor: comérselos. Así no vuelven más.

En el jardín, mi prima Nina y yo jugábamos poco; ella prefería estar con las tías y yo me encontraba mejor con Manuel Cajaravilla, que era más divertido y que hablaba con los rosales y con las dalias. Una mañana, Manuel Cajaravilla me avisó de una conspiración que las tías y mi prima Nina estaban tramando contra mí.

—Camilito, guárdate, que me parece que quieren lavarte los dientes.

—¿A mí?

—Sí; por lo que pude entender, pienso que sí. Yo bien te aviso.

—Gracias.

Me llegué al grupo de las mujeres, quienes, al verme venir, se callaron. Mala señal. Me acerqué un poco más y empezaron a tararear por lo bajo, como disimulando. Peor señal todavía. Me armé de valor y me senté en el corro. Entonces ellas, como movidas por un resorte, se abalanzaron sobre mí dispuestas a lavarme los dientes. Me sujetaron entre la tía Mitas y la tía Chucha, mientras la tía Anita, con el cepillo de los dientes en una mano, me apretaba la nariz con la otra para que abriese la boca. La prima Nina, muerta de risa —¡qué trabajo me costó perdonárselo!—, sostenía el vaso de agua y el tubo de perborol.

La que se armó, como cabe suponer, fue suave. Mis tías me trincaron por los brazos, pero me dejaron sueltas las piernas y ese descuido fue su perdición. Los errores tácticos, en el combate, suelen pagarse muy dolorosamente.

No guardo la cuenta de las coces que tuve que repartir para liberarme, pero sí recuerdo que tampoco fueron demasiadas. Los puntapiés, si se dan con fe y con entusiasmo, son, por lo general, de una eficacia manifiesta.

Cuando me vi libre, salí huyendo. Manuel Cajaravilla, para proteger mi retirada, se interpuso entre el niño que huía y su familia, que lo perseguía.

—¡Se van a ir a caer! ¡Se van a ir a caer y más a romper la crisma!

—¡Quítate, parvo! ¡Déjanos pasar!

Tras todas las galopadas, fintas y regateos de que fui capaz, el grupo enemigo me dio caza a la sombra de un árbol copudo y que daba unos frutillos negros y venenosos, que había —y hay— pegado a la fachada norte de la casa y al que llamábamos, por su forma, el Paraguas. Al pie del Paraguas, rendido como estaba y con las piernas sujetas, no tuve defensa, y, aunque escupí, lloré y grité todo lo que pude, me lavaron los dientes.

Aquel día, mi prima Nina llevó bastantes tortas de su primo el de los dientes limpios. Me devolvió las que pudo y me hizo un pequeño arañazo en una ceja. La cocinera Joaquina, al contarlo, juraba y perjuraba que mi prima Nina, tan mona, tan rubia, tan suave, se me había tirado a los ojos, como un gato.

—Talmente como un gato, señora. ¡Así me muera!

—No diga usted barbaridades, Joaquina, no hay ninguna necesidad.

Cuando llegó el tío Víctor de Buenos Aires o cuando fuimos de gira al monasterio de Herbón, donde había sido fraile el tío santo, vino también la prima Nina. En cambio, cuando lo del entierro de Mrs. Mole, que fue tan emocionante, la prima Nina se quedó en casa. Esto de los entierros no es cosa de mujeres, se conoce que no es costumbre que vayan.

Al morir Mrs. Mole, en el pueblo hubo división de opiniones. Doña Obdulia Tomé, viuda de Fernández-Pontes, que representaba la integridad de las ideas, la rectitud de pensamiento y, como es lógico, la dureza de alma y de mollera, estaba muy contenta porque, con la muerte de la vieja, según era fácil ver, había un hereje menos sobre la faz de la tierra.

En el extremo opuesto de la fiera e ibérica doña Obdulia estaba, gracias a Dios, mi abuela, quien lloró la muerte de la pobre Mrs. Mole, como correspondía a la desaparición de un cristiano.

Mrs. Mole, en su butaca de peluche, murió como un pajarito, sin quejarse, sin moverse, sin tocar la campanilla para que todos vinieran a verla morir. Mrs. Mole, muriéndose, fue un ejemplo de sensatez y de consideración para con los demás, y su correcta actitud fue muy elogiosamente comentada por las personas ecuánimes, que tampoco faltaban en Padrón.

—¿Y cómo fue? —preguntaban las visitas.

—Pues casi no fue —respondía Francisca, que estaba muy acongojada—, la pobre señora casi ni se murió. Murió sentada.

—¡Horrible, horrible! —exclamaban las visitas mientras Francisca tomaba aire para seguir.

—Entonces pensé que lo mejor era llevar a la señora a la cama, para amortajarla más cómodamente. A estas señoras que se mueren en una butaca, si se les deja enfriar, después no hay quien las ponga derechas, cuesta Dios y ayuda el desdoblarlas.

—¡Claro! Estas cosas hay que hacerlas en caliente, después se ponen como el cartón.

—¡Como el cartón piedra! —terció don Constancio Lepe y Blanco-Lepe, maestro de escuela jubilado—, ¡como el cartoné!

—¡Eso, como el cartoné! —dijo doña Apolonia Lepe de Lepe, cónyuge y prima de don Constancio—, ¡mismamente como el cartoné!

Francisca, otra vez aprovisionada de aire, volvió a su puntual relato.

—Pensarlo y realizarlo fue todo uno. Envolví a la señora en su toquilla, la cogí en brazos y me la llevé a la habitación. ¡Pobre señora!

—¡Pobre!

En el reloj de la sala de Mrs. Mole, el campanil cantó una hora cualquiera. Francisca, reverente y discreta, descolgó la pesa de la sonería.

—Así está mejor.

—¡Dónde va a parar!

Francisca, con un mohín resignado, pegó otra vez la hebra.

—Iba yo tan campante por el pasillo, cuando de la cocina salió Thackeray, que es el mismo diablo.

—¿Quién?

—Thackeray, el gato.

—¡Ah!

—Se me enredó en las piernas, pisé la toquilla de la señora y, ¡cataplum!, nos caímos las dos rodando, patas arriba.

—¡Qué risa! Digo... ¡qué horror!

—¡Un verdadero horror! Yo me doblé un tobillo y la señora se pegó un tremendo coscorrón contra la consola... Yo creo que, si no llega a estar muerta, la mato.

—¡También es ocurrencia!

—Verdaderamente... Ese chichón que tiene la señora en la sien se lo hizo contra la consola.

—¿A ver, a ver?

Francisca y las visitas manipularon sobre el cadáver de Mrs. Mole.

—Este.

—Ya, ya...

Francisca y sus visitas volvieron a la sala.

—Yo la tumbé en la cama, le lavé el chichón con alcohol para que no se le infectase, la desnudé, la envolví bien envuelta en una sábana limpia y le puse las botas de charol.

Francisca exhaló un profundo suspiro.

—Después se corrió la voz por Iria, por Padrón, por Cesures, y empezaron a venir ustedes, mis buenos amigos a quienes agradezco tanto su compañía.

—No tiene usted nada que agradecernos, Francisca, por Dios —decía una señora.

—En absoluto, Francisca, es nuestro deber, nuestro doloroso deber —añadió un caballero.

—Eso, eso —corroboraba la dócil esposa del caballero que había hablado.

Bajo el clemente cielo de Iria, mientras Mrs. Mole estuvo de cuerpo presente, no dejaron oír las campanas su lúgubre voz tañendo a muerto. Recuérdese que Mrs. Mole, al decir de doña Obdulia Tomé, era una hereje.

—¡Qué pena, con lo buena que parecía!

—¡Pues ya lo ve! ¡Para que se fíe usted de las apariencias!

Bajo el ilustre cielo de Iria, mientras Mrs. Mole se enfriaba dentro de su sábana limpia y quizá un poco húmeda, volaban las avecicas en el aire —la geométrica golondrina, el mirlo con su voz de barítono, el golfo y gris gorrión sentimental—, saltaba la trucha en la corriente del río, se chapuzaba la rana en el espejo del charco, navegaba el pato surcando el agua del estanque, corría el niño sobre la verde tierra en la que cantaba el grillo y tejía la araña la telaraña, y trotaba, viva y en libertad, la yeguada de la antigua estampa campesina.

—¡Qué raro es esto de la vida y la muerte..., esto de las viejas que se quedan en su butaca..., de los gatos que andan buscando a la gata por el tejado...! ¡Qué raro es todo!

—¡Y usted que lo diga!

Bajo el amoroso y familiar cielo de Iria, mientras Mrs. Mole, llena de paciencia, esperaba la hora de que la llevasen al cementerio, y su fiel sirvienta Francisca —como habría de leerse en el *Faro de Vigo*— se afanaba por atender a las visitas, los montes y los pinares y los robledales siguieron, envueltos en la niebla, como si tal cosa.

—¿Quiere una taza de té, mi buena amiga? ¿Prefiere una copa de benedictine? A la señora, ¡pobre señora!, cuando era más joven, le gustaba tomarse, a veces, alguna copita de benedictine...

El entierro de Mrs. Mole fue, como ya dije, muy emocionante. Los entierros no suelen ser emocionantes, sino monótonos, aunque, a veces, chistosos. El entierro de Mrs. Mole fue emocionante y singular, y la pobre Mrs. Mole, desde su caja, asistió a la batalla campal que tuvo lugar entre los acompañantes y los asaltantes, con la esporádica intervención de los mirones que, como siempre pasa, eran los más.

Los acompañantes de Mrs. Mole eran pescadores de Marín, gente dura y muy zurrada por el mar, que iban cantando salmos con una gran seriedad. Los asaltantes fueron los niños del pueblo, entre quienes se habían repartido diez reales de caramelos y otros tantos de pastillas de goma para inducirles al desafuero y al desmán.

Los niños del pueblo, para demostrar su ardor y justificar los caramelos que les habían regalado, apedrearon al cadáver de Mrs. Mole y a su séquito con un entusiasmo muy militante. Al principio, los pescadores de Marín, a quienes se había predicado conformidad y paciencia, aguantaron el chaparrón con cierta elegante calma. Cuando se cansaron, dejaron a Mrs. Mole en el suelo y repelieron la agresión de la misma forma. Los mirones estaban atónitos y, en general, no tomaron partido por ninguno de los dos bandos en contienda. Repartieron algunas tortas, es la verdad, pero no tomaron partido por nadie. Fue providencial esta abstención ya que, de no haberse producido, hubiera tenido que tomar cartas en el asunto la Guardia Civil, que lo estaba deseando.

El capitán de las juveniles hordas, subido en una tapia y con la faz congestionada, arengaba a sus huestes con denuedo y con unos estentóreos e inexplicables vivas de muy esotérico sentido.

La batalla la ganaron, al final, los pescadores, que tiraron media docena de infantiles mílites al río, y el entierro pudo tener lugar. La lluvia caía mansamente sobre la escena, y los mirones, arropados por la clemente lluvia, lo pasaron muy bien y muy entretenidos.

A Francisca, a raíz de la muerte de Mrs. Mole, se le fueron quitando poco a poco su acento inglés y sus desviadas ideas y, al poco tiempo, volvió a hablar como todo el mundo y como siempre lo hiciera y volvió también —y esto es lo más importante— al redil. En realidad, ella no había dejado nunca de pensar rectamente, aunque las apariencias, que tanto engañan, indicasen lo contrario. Las herencias deben defenderse con uñas y dientes. Desde fuera se ven las cosas muy fáciles. Desde fuera nadie se imagina los sinsabores y las renunciaciones que, a veces, acarrea la persecución, la justa persecución, de una herencia.

Los niños del pueblo, después del entierro de Mrs. Mole, descubrieron que aún les quedaban energías (la dosificación del esfuerzo es siempre muy difícil y aproximada) y las aplicaban a romper faroles, perseguir gatos, darse patadas los unos y los otros y cometer otros desmanes y desafueros.

—¿Es esto lo que os enseñaron en la catequesis? —les preguntaba alguna viejecita.

—¡Váyase a la porra! —le respondían los más finos.

—¡Váyase a la mosca! —le contestaban los más timoratos.

—¡Váyase a la m...! —le ordenaba despótico y autoritario Mamerto Roucón, el hijo de Lombriciñas, el enterrador.

A los acompañantes de Mrs. Mole también les pasó que les sobraban fuerzas, y antes de subirse al camión que los devolviese a Marín se metieron en la taberna del Cuco a comer nécoras y pimientos. Cada cual gasta sus ímpetus como le da la gana y sin tener que dar cuentas a nadie.

—¿Están buenos los pimientos?

—¡De rechupete! —contestaban los de Marín, que eran muy redichos.

—Bueno, bueno, más vale... Pues a comer pimientos que aquí somos todos gallegos y no hemos de reñir.

—¡Eso! —respondían los marineros—. ¡Viva Galicia unida!

—¡Viva!

—¡Vivan los gallegos honrados!

—¡Vivan!

En la taberna del Cuco, los vivas de hermandad proliferaron.

—¡Vivan los de Marín y más los de Pontevedra! —decían los de Padrón.

—¡Vivan los de Padrón y más los de La Coruña! —correspondían los de Marín.

Al cabo de varios cuartillos más, los de Marín y los de Padrón cantaron «Ondiñas veñen». Algunos, más cultos, que habían llegado en sus correrías hasta Valladolid e incluso hasta Madrid, cantaron lo de «Fiel espada triunfadora», pero, como no sabían seguir, pronto se callaron.

El cabecilla de los asaltantes, cuando consiguió reunir a sus mesnadas, les armó la bronca del siglo.

—¡Vergüenza os debía de dar! ¡Los de Marín riéndose en vuestras barbas! ¿Y para esto me gasté yo mis cuartos en caramelos y más en pastillas de goma? ¡Qué dirán vuestros hijos el día de mañana!

Los niños del pueblo, que no habían previsto que el día de mañana serían padres, murmuraban para sus adentros:

—¡Anda, pues es verdad!

Desde su húmeda tumba —más húmeda aún que la limpia sábana de la mortaja—, Mrs. Mole, con los ojos sin ver, el oído sordo y el corazón varado, estaba ajena a la noble confraternidad de la lengua que se habla, el aire que se respira y el vino tinto que se bebe sin sentir. Los ingleses, sobre todo cuando están muertos, son muy poco porosos y sensibles a las costumbres y a las reacciones de los otros pueblos. Esta es cosa sabida desde los tiempos del rey Cirilo, a quien sus nobles mandaron para el otro mundo poniéndole una lavativa de plomo ardiendo.

—¡También es ocurrencia!

—Ya, ya... ¡Si eso lo llegamos a hacer los gallegos!

Al volver a casa vi que la abuela estaba disgustada.

—¿Estás disgustada conmigo, abuelita?

—No, hijo; contigo, no. Anda, vete a jugar al cuarto de los juguetes.

El tío Víctor Bertorini era gordo, luminoso, vital y hablaba por los codos y con acento argentino. El tío Víctor era hermano de la abuela y, aunque muy semejante en el físico, un poco el reverso de su medalla en la manera de ser. El tío Víctor Bertorini era alegre y aspaventero, decidor, exagerado y amigo de la broma y del tumulto. Cuando yo lo vi por vez primera, debía de andar, sobre poco más o menos, por alrededor de los cincuenta años, no creo que más. El tío Víctor Bertorini, aunque de apellido italiano y pasaporte argentino, era español por su nacimiento, había nacido en Iria, en la misma casa que yo. De niño, yo daba una gran importancia a este suceso y pensaba que el eje de la familia éramos los irienses: la abuela, el tío Víctor y yo. A los demás, a quienes habían nacido en Santiago de Compostela, en Londres o en Túy —mi madre, mi abuelo o mi padre, por ejemplo—, tenía que hacer verdaderos esfuerzos para no considerarlos punto menos que intrusos entre nosotros.

Ahora que, de mayor, y académico, y escritor conocido y traducido, y no sé cuántas zarandajas más, no tengo una teja ni un palmo de tierra que sea mío, vuelvo a mi idea de la niñez y me duelo de haber perdido lo que tuve y de no estar vinculado, con hondas raíces, a la tierra. Mi errabundo vivir pinta, al lado de sus luminosos y no sé si falsos encantos, sus enlutados, minúsculos y cotidianos desencantos. No tengo más que un hijo y cuando nació —en una clínica, según ahora es costumbre— me asaltaron muy imprecisos remordimientos de conciencia. Pero dejemos estas tristes y menudas especulaciones domésticas que a nadie importan.

El tío Víctor Bertorini llegó acompañado de su mujer, la tía Hortensia, y de su hija Dina, bellísima y de unos diecisiete años, a quien mis tías llamaban —ignoro por qué— Dina Ford. Mi tía Dina, con sus nobles y alegres facciones, su larga trenza, sus ojos de un delicado mirar, sus zapatos de medio tacón y su acento ultramarino, fue mi primer y más rendido y mejor llevado amor.

Mi padre, en homenaje del tío Víctor, organizó una jira al monasterio franciscano de Herbón, rodeado de leyendas y de huertecillos de pimientos. Por Herbón, el río Ulla, recio y saltarín, cría la trucha acróbata, la penca vergonzosa y sabrosa, la lamprea de horrenda imagen y sabio paladar, y el atlético salmón de carne colorada y prieta como la carne de las cerezas silvestres.

Por el cielo de Herbón vuela, envuelto en el cantar del mirlo, el alegre tañer del bronce franciscano, amable y tímido como la sonrisa que acecha, en amoroso trance, al pie de la florida zarza de la primavera.

En el huerto del monasterio de Herbón había —que ya no hay— un casar de palmeras: el macho, como un gallo, fantasmal y soberbio; la hembra, como una pava clueca, esponjada y mimosa. Pero la dama palmera se murió, dicen que de un mal invierno, y el caballero palmera, que no pudo aguantar la soledad, se murió también, de tristeza, que es poética muerte. En el huerto del monasterio de Herbón, el ruiseñor, despierto en la alta noche, guardó silencio durante nueve noches con sus días. Fueron noches muy tristes, noches en las que sólo se escuchó el amargo silbar de la lechuza escurriéndose por encima de las verdinegras y durísimas hojas de los robles.

En el monasterio de Herbón mi familia tenía un cierto predicamento; el beato Juan Jacobo, mi tío bisabuelo, había profesado en aquellos muros más bellos que ilustres, más viejos que históricos, más poéticos y entrañables que sapientes, antes de encontrar su camino de Damasco, aquel rumbo que había de conducirlo al Damasco donde murió en el martirio.

Cuando llegamos al monasterio de Herbón, en tres rugidores automóviles y envueltos en el polvo de la tierra y el pasmo de los trabajadores de la tierra, el prior, que era un ancianito encogido y con cara de saltamontes, nos saludó besándole a mi padre en la cara, en señal de amor, y en la mano, en muestra de respeto. Estas viejas costumbres de trazas y de sabor medieval, de aire antiguo y de ruda y ascétida cortesía, es lástima que se pierdan en el inclemente molino de los tiempos, y no es —quien esto apunta— un tradicionalista, precisamente.

En la visita al monasterio, las mujeres no pudieron entrar en la clausura. Al salir, mi prima Nina me preguntó:

—Camilo José, ¿qué hay ahí dentro?

Yo estuve por responderle la verdad —«no hay nada, Nina»—, pero me contuve.

—Algo que las mujeres no podéis ver. ¿No te das cuenta de que os dejaron fuera? Algo que es sólo para hombres...

Le volví la espalda con un elegante gesto de triunfador que tuve que rectificar sobre la marcha porque mi prima Nina, no más volverme, me arreó semejante patada en las cachas que me dobló. Mi prima Nina tenía unos prontos muy arrebatados.

Aunque comimos en el mirador del monasterio, que resultaba más cómodo —si bien menos emocionante— que comer en el suelo, pasamos la tarde a la orilla del río, escuchando sonar la gaita que mi padre había escondido entre los árboles. El tío Víctor estaba emocionado; la tía Hortensia, atónita, y la tía Dina Ford, resplandeciente. Se bebió vino, se bailaron muiñeiras y se sacaron fotografías. Lo pasamos muy bien, sobre todo los mayores. Mi prima Nina y yo, a veces, estábamos incluso como un poco asustados y al volver a casa me asaltaron terribles dudas sobre si esto de las jiras campestres no sería una solemne estupidez sin sentido común. A lo mejor, no; a lo mejor esto de las jiras campestres es algo muy útil y oportuno, algo que está muy bien inventado. Las costumbres suelen siempre obedecer a una causa. Lo que sucede es que esta causa, con frecuencia, no se sabe cuál es.

—Abuelita, ¿a ti te gustan las jiras campestres?

—Sí, hijo, mucho. Y a ti, ¿por qué no te gustan, con lo bonitas que son?

La abuela me conocía de memoria y me adivinaba, yo creo que aun sin verme.

—Claro..., realmente las jiras campestres están muy bien, abuelita, ¿verdad? Se respira aire puro..., se estiran las piernas..., se varía un poco del ambiente diario...

La abuela me miró.

—Dame un beso, Camilo José, y vete con tu prima Nina al cuarto de los juguetes. Ya sabes que no me gusta que los niños estén en las conversaciones de las personas mayores.

Palma de Mallorca, 23 de agosto de 1958

Cronología breve de la vida y de la obra de Camilo José Cela

1916 El 11 de mayo nace en Iria Flavia, provincia de A Coruña, el primogénito de la familia Cela Trulock, que es bautizado con los nombres de Camilo José Manuel Juan Ramón Francisco de Jerónimo.

1925 La familia Cela Trulock se instala en Madrid, donde es destinado el padre. Camilo José es alumno del colegio de los escolapios de Porlier.

1931-1932 Es internado en el sanatorio de Guadarrama, aquejado de tuberculosis pulmonar. Los periodos de reposo serán empleados en lecturas de la obra completa de Ortega y Gasset y la colección completa de clásicos españoles de Rivadeneyra.

1933 Concluye estudios secundarios.

1934 Abandona la carrera de Medicina para asistir, en la nueva facultad de Filosofía y Letras, a las clases de Literatura española contemporánea de Pedro Salinas, a quien confía sus primeros poemas. Allí se hace amigo del escritor y filólogo Alonso Zamora Vicente. También frecuenta a Miguel Hernández y a María Zambrano, en cuya casa conoce a Max Aub y otros escritores e intelectuales.

1936-1938   Escribe *Pisando la dudosa luz del día* cuando la Guerra Civil ha estallado ya y Madrid es asediada. Cela, integrado en el ejército nacional, es hospitalizado tras una recaída en su enfermedad.

1940   Estudia Derecho en Madrid. Primeras publicaciones, entre ellas una hoy inencontrable biografía popular de san Juan de la Cruz que firma con el seudónimo de «Matilde Verdú» y el artículo titulado «Fotografías de la Condesa de Pardo Bazán», que aparece en la revista *Y*.

1942   Tras una recaída en su enfermedad, es internado en Hoyo de Manzanares. Allí conoce a Felisa Aldecoa, que va a posibilitar la publicación de *La familia de Pascual Duarte*; inicia *Pabellón de reposo* y recupera la salud, lo que le permitirá emprender el viaje a la Alcarria en 1946. Concluye *La familia de Pascual Duarte*, que, tras una dificultosa búsqueda de editor, en la que contó con la ayuda de su amigo José María Cossío, es editada a finales de año por Aldecoa en Burgos. Pío Baroja, que había rehusado prologarla, declara en *El Español* que es una novela muy buena.

1943   Las revistas literarias, entre ellas *El Español* y *La Estafeta Literaria*, aplauden unánimemente *La familia de Pascual Duarte*, que no obstante es objeto de sonoros ataques por parte de *Ecclesia*, portavoz de la jerarquía católica. Y así la segunda edición es prohibida en noviembre. Cela abandona sus estudios y su empleo como funcionario para dedicarse por completo a la literatura.

1944   El 12 de marzo Camilo José Cela se casa con María Rosario Conde Picavea.

1946   El 17 de enero nace el único hijo, Camilo José. Entre el 6 y el 15 de junio, el escritor viaja a la Alcarria en compañía del fotógrafo Karl Wlasak y Conchita Stichaner. La censura prohíbe la primera versión de *La colmena*.

1947   Cela expone su pintura en la galería Clan de Madrid y luego en la sala coruñesa de Lino Pérez.

1948   Cela publica en Madrid *Viaje a la Alcarria* y en San Sebastián el *Cancionero de la Alcarria*, que irán juntos a partir de la edición de 1954.

1950   En enero, estreno en el cine Coliseum de Madrid de la película de Jaime de Mayora, *El sótano*, en la que Cela interviene como actor.

1951   Después de algunos forcejeos con la censura del gobierno peronista argentino, en febrero se publica en Buenos Aires, *La colmena*. La obra es prohibida en España.

1954   La familia Cela Conde se traslada a vivir a Palma de Mallorca.

1956   En Palma de Mallorca se empieza a editar, en abril, la revista mensual *Papeles de Son Armadans*, de la que es fundador y director. Visita, con Ernest Hemingway, El Escorial y coincide de nuevo con él en el entierro de Pío Baroja en el mes de octubre.

1957   El 21 de febrero es elegido para ocupar el sillón Q de la Real Academia Española. El día 26 de mayo lee su discurso de ingreso sobre «La obra literaria del pintor Solana», al que le contesta el académico Gregorio Marañón.

1964   Cela es investido doctor honoris causa por la Syracuse University, primera universidad extranjera que le concede tal título. El escritor se traslada a su nueva casa de la Bonanova, en grata vecindad de Joan Miró.

| 1975 | El director Ricardo Franco estrena su película *Pascual Duarte*, basada en la novela de 1942. |

| 1977 | El 27 de marzo, Cela responde en la Real Academia Española al discurso de recepción del novelista Gonzalo Torrente Ballester. Ambos disertan sobre el arte narrativo. El rey Juan Carlos I lo nombra senador en las primeras Cortes Generales de la transición democrática, y participa en la redacción del texto de la Constitución. |

| 1980 | En enero es investido doctor honoris causa por la Universidad de Santiago de Compostela. Le es concedida la Gran Cruz de la Orden de Isabel la Católica. |

| 1982 | Recibe el título de Hijo predilecto de Padrón. Es nombrado Académico de Honor de la Real Academia Galega. Recibe el título de Hijo adoptivo de la ciudad de Torremejía, población pacense donde se ubica *La familia de Pascual Duarte*. Es nombrado Cartero honorario por el rey Juan Carlos I. Se estrena en Madrid la película *La colmena*, dirigida por Mario Camus. Cela participa activamente en ella, mediante la interpretación de uno de los personajes: Matías Martí, el inventor de palabras. |

| 1984 | Se le concede el Premio Nacional de Literatura por *Mazurca para dos muertos*. Es nombrado Forense de honor por la Asociación Nacional de Forenses, por la descripción de una autopsia incluida en esta novela. |

| 1986 | Se publica *Nuevo viaje a la Alcarria*. Recibe la Creu de Sant Jordi y el Libro de Oro de los Libreros Españoles (CEGAL). |

| 1987 | Obtiene el Premio Príncipe de Asturias de las Letras «por la elevada calidad literaria de su abundante y universalmen- |

te conocida obra y por su significación singular dentro de las letras hispanas de este siglo, en las que ha influido considerablemente». Es nombrado Ciudadano de honor de la ciudad de Tucson (Arizona).

1988   Recibe, junto a otras ilustres personalidades, entre las que se encuentran Torrente Ballester, Neira Vilas o María Casares, la medalla Castelao de la Xunta de Galicia. Trabaja en el guion de la serie que, basada en *El Quijote*, rodará Gutiérrez Aragón. Asume la presidencia de la Fundación Cultural Rich, con el objetivo de fomentar la educación y la cultura.

1989   El 19 de octubre le es concedido el Premio Nobel de Literatura «por su prosa rica e intensa, que, con refrenada compasión, configura una visión provocadora del desamparo del ser humano». El discurso de recepción del Nobel lo titula «Elogio de la fábula». Su lectura se realiza el 10 de diciembre, fecha en la que el rey de Suecia le hace entrega del premio.

1991   Se casa en segundas nupcias con Marina Castaño López.

1992   Recibe el Premio Mariano de Cavia de periodismo por su artículo «Soliloquio del joven artista». En la Biblioteca Nacional de Madrid se inaugura la exposición «50 años de *Pascual Duarte*», donde se presentan 187 ediciones del libro, tanto en español como en las numerosas lenguas a las que ha sido traducido.

1993   Es investido doctor honoris causa por la Universidad de Sarajevo. Dada la imposibilidad de realizar el acto de investidura, el rector se desplaza a Galicia para hacer entrega del título. Se inaugura una estatua dedicada al escritor, realizada por el escultor Víctor Ochoa, en la Universidad Complutense de Madrid.

| 1994 | Recibe el Premio Planeta por su obra *La cruz de San Andrés* y la Medalla Picasso de la UNESCO. |

1994   Recibe el Premio Planeta por su obra *La cruz de San Andrés* y la Medalla Picasso de la UNESCO.

1995   El escritor recibe el Premio Cervantes, el más prestigioso galardón literario de los países de lengua española. El 10 de mayo se inaugura en la torre del homenaje del castillo de Torija (Guadalajara) el museo dedicado a su libro *Viaje a la Alcarria*.

1996   El 11 de mayo, Juan Carlos I le concede, en el día de su octogésimo aniversario, el título de marqués de Iria Flavia. El lema que acompaña al escudo del marquesado, «el que resiste, gana», fue elegido por él mismo. El 24 de mayo recibe la Medalla de Oro al Mérito en el Trabajo, junto a personalidades como Antonio Mingote y Rafael Alberti.

1998   El 11 de mayo, coincidiendo con su aniversario, es investido doctor honoris causa por la Universidad de Ciencias Empresariales y Sociales de Buenos Aires (Argentina).

1999   Recibe el Premio Anual de la Asociación de Periodistas de Galicia y en febrero es condecorado con la Orden del Libertador San Martín, de Argentina. El 25 de mayo inaugura el Museo del Ferrocarril John Trulock. Es nombrado doctor honoris causa por la Universidad de Filipinas y por la de Kansai Gaidai (Japón). Publica *Madera de boj*, su última novela.

2002   En la madrugada del 17 de enero, Cela fallece a causa de una insuficiencia cardiorrespiratoria. Sus restos mortales son trasladados hasta Iria Flavia, donde es velado por familiares y vecinos. El día 18, la Colegiata de Santa María, lugar en el que fuera bautizado 86 años antes, es el elegido para despedirle. Reposa en el cementerio de Adina, al pie de un olivo centenario.

Índice de contenidos